KB046127

인생의 오후를 즐기는 최소한의 지혜

From Strength to Strength:
Finding Success, Happiness, and Deep Purpose in the Second
Half of Life
by Arthur C. Brooks
Originally Published in 2022 by Portfolio / Penguin,
an imprint of Penguin Random House LLC., New York.

Copyright ⓒ 2022 by Arthur Brooks
All rights reserved.

Korean Translation Copyright ⓒ 2024 by The Business Books and Co., Ltd.
Korean Translation rights arranged with CREATIVE ARTISTS AGENCY, New York
through EYA Co., Ltd., Seoul.

이 책의 한국어판 저작권은 (주)이와이에이를 통해
저작권자와 독점 계약을 맺은 (주)비즈니스북스에게 있습니다.
저작권법에 의해 국내에서 보호를 받는 저작물이므로 무단 전재와 복제를 금합니다.

인생의 오후를
즐기는

아서 브룩스 지음 | 강성실 옮김 ─────────────

최소한의
지혜

더 멋지고 현명한
인생 후반에 대하여

비즈니스북스

인생의 오후를 즐기는 최소한의 지혜

1판 1쇄 발행 2024년 2월 23일
1판 4쇄 발행 2024년 11월 18일

지은이 | 아서 브룩스
옮긴이 | 강성실
발행인 | 홍영태
편집인 | 김미란
발행처 | (주)비즈니스북스
등 록 | 제2000-000225호(2000년 2월 28일)
주 소 | 03991 서울시 마포구 월드컵북로6길 3 이노베이스빌딩 7층
전 화 | (02)338-9449
팩 스 | (02)338-6543
대표메일 | bb@businessbooks.co.kr
홈페이지 | http://www.businessbooks.co.kr
블로그 | http://blog.naver.com/biz_books
페이스북 | thebizbooks
ISBN 979-11-6254-364-1   03100

* 잘못된 책은 구입하신 서점에서 바꾸어 드립니다.
* 책값은 뒤표지에 있습니다.
* 비즈니스북스에 대한 더 많은 정보가 필요하신 분은 홈페이지를 방문해 주시기 바랍니다.

비즈니스북스는 독자 여러분의 소중한 아이디어와 원고 투고를 기다리고 있습니다.
원고가 있으신 분은 ms1@businessbooks.co.kr로 간단한 개요와 취지, 연락처 등을 보내 주세요.

나의 구루에게 이 책을 바칩니다.

빔 비행기 안에서 만난 한 남자

"더 이상 당신을 원하는 곳이 없다뇨. 터무니없는 생각이에요."

그날 나는 늦은 밤 로스앤젤레스에서 출발한 비행기 안에 앉아 있었다. 비행기가 워싱턴 D.C.를 향해 날아가고 있을 때 내 뒷좌석에서 나이 지긋한 여성의 화난 듯한 목소리가 들려왔다. 기내는 어둡고 조용했다. 승객 대부분은 잠을 자거나 영화를 보고 있었다. 나는 노트북을 올려놓고 지금은 기억이 나지 않지만 당시로서는 내 삶과 행복과 미래를 위해 아주 중요하다고 생각하는 무슨 일인가를 마무리하려는 중이었다.

여자의 남편으로 추정되는 한 남자가 무슨 말인지 알아들을 수 없게 중얼거렸고 다시 그의 아내는 이렇게 말했다. "오, 제발 차라리 죽는 게 낫겠다는 말 좀 그만하세요."

　어느새 나는 그들의 대화에 완전히 집중하고 있었다. 일부러 엿들을 생각은 없었지만 나도 모르게 그렇게 된 것이다. 한 인간으로서의 관심 반, 그리고 사회과학자로서의 직업적인 관심 반으로 그들의 대화에 귀를 기울였다. 나는 뒷좌석에 앉은 남편의 모습을 머릿속으로 그려보았다. 평생토록 이름 없이 열심히 일만 한 인물일지도 모르겠다고 상상했다. 꿈을 이루지 못해 좌절했거나, 원치 않는 일을 마지못해서 하고 있거나, 학교 교육을 제대로 받지 못했거나, 원하는 사업을 해보지 못한 사람일 수도 있겠다고 상상했다. 그리고 이제는 어쩔 수 없이 은퇴를 해야만 하는 상황에 놓여 있는 것 같았다. 어제 뉴스에 나온 것처럼 직장 밖으로 내몰리는 상황 말이다.

　비행기가 워싱턴 D.C.에 무사히 착륙하고 기내에 불이 켜지자 마침내 그 비참한 기분에 빠진 남자의 얼굴을 확인할 수 있었다. 그의 얼굴을 본 나는 낯익은 모습에 크게 놀랐다. 그는 잘 알려진 유명인이었다. 당시 80대 중반의 나이였던 그는 수십 년 전 그가 보여준 용기와 애국심, 업적들로 전 세계적인 사랑을 받고 있는 영웅적 인물이었다. 나 또한 어린 시절부터 그를 존경했다.

　내 뒤에서 그가 비행기 통로를 지나가자 승객들은 일제히 그를 알아보고 나지막한 소리로 존경을 표했다. 조종석 문 앞에 서 있던 조종사 역시 그를 알아보고는 "선생님, 어릴 적부터 무척 존경했습니다."라고 내가 하고 싶은 말을 소리 내어 말했다. 겨우 몇 분 전만 해도 분명 죽고 싶다고 했던 그 남자는 과거의 영광을 알아봐주는 사람들을 향해 환한 미소로 화답했다. 이 모습을 본 나는 궁금해졌다. '지금 기쁨과 자부심에 차 있는 모습이 진짜 이 남자의 본 모습일까, 아니면 20분 전 아내에게 차라리 죽는 게 낫겠다고 말하던 것이 본 모습일까?' 하고 말이다.

그 후 몇 주 동안 나는 그 앞뒤가 맞지 않는 장면을 보고 가지게 된 불편한 감정을 떨쳐내지 못했다.

때는 2012년 여름이었고 나의 마흔여덟 번째 생일이 막 지났을 무렵이었다. 비행기에서 만난 그 사람처럼 세계적인 유명 인사는 아니었지만 나는 직업적으로 꽤 잘나가고 있었다. 워싱턴 D.C.에 있는 한 유명 싱크탱크의 대표로서 몇 권의 베스트셀러도 집필했으며 사람들은 내 강연을 듣기 위해 찾아왔다. 그리고 〈뉴욕 타임스〉New York Times에 내 칼럼이 연재되기도 했다.

나는 8년 전 마흔 번째 생일날 적어놓았던 목표 리스트를 발견했다. 당시에는 그 목표들이 달성된다면 분명 만족스러울 것이라 확신했었다. 마흔여덟 살에 나는 거기에 적혀 있는 목표들을 모두 다 달성한 상태였다. 초과 달성한 목표들도 제법 있었다. 그런데도 특별히 만족스럽거나 행복하지는 않았다. 적어도 내가 생각했던 간절한 소망은 성취했지만 그것이 내가 상상했던 기쁨을 가져다주지는 못했다.

그리고 설사 만족감을 가져다주었다 해도 그것을 계속 유지하는 것이 정말 가능할까? 내가 주 7일 하루 12시간씩 일한다면(실제로 나는 주 84시간씩 일했다) 어느 순간 발전은 더뎌지다가 멈출 것이다. 실제로 나는 이런 쇠퇴가 이미 시작되었다는 생각을 종종 하곤 했다. 그렇다면 어떻게 해야 할 것인가? 지나온 내 삶을 돌아보며 오랫동안 고락을 함께해온 아내 에스터에게 차라리 죽는 편이 낫겠다는 말을 해야 할까? 성공을 좇는 다람쥐 쳇바퀴에서 벗어나 불가피하게 찾아오는 직업적 쇠퇴기를 겸허한 마음으로 받아들일 방법은 없는 것일까? 아니면 최소한 그것을 기회로 전환할 방법은 없을까?

이는 개인적인 의문점이었지만 나는 그 의문점들을 사회과학자로서 하나의 연구 프로젝트처럼 접근해보기로 했다. 그러자 마치 외과 전문의가 자신의 맹장 수술을 하려고 하는 것만큼이나 부자연스럽게 느껴졌다. 그래도 과감히 도전해보기로 하고 지난 9년 동안 나의 미래를 두려움에서 발전의 기회로 바꾸기 위한 탐색을 진행했다.

나는 내 전문 분야인 사회과학에서부터 인접 학문인 뇌과학, 철학, 신학, 역사에 이르기까지 다양한 분야들을 깊이 있게 공부했다. 역사적으로 가장 성공한 인물들의 일대기도 파고들었다. 최고가 되기 위해 노력하는 사람들에 관한 연구에 푹 빠져들어 국가 원수에서부터 철물점 주인에 이르기까지 수백 명의 리더들을 인터뷰하기도 했다.

그 결과 직업적으로 성공한 사람이라면 그저 흔한 정도가 아니라 거의 모두에게서 숨겨진 '괴로움의 근원'을 발견하게 되었다. 나는 이것을 '노력하는 자의 저주'라고 부른다. 최고가 되기 위해 노력하는 사람들은 결국 필연적으로 찾아오는 쇠퇴기가 얼마나 무서운지, 그리고 그들이 일군 성공이 점점 불만족스러워지고 인간관계에서도 결핍을 느끼게 되는 현실을 절감하게 된다.

반가운 소식은 내가 찾고 싶었던 해법까지도 발견하게 되었다는 것이다. '노력하는 자의 저주에서 벗어나는 방법' 말이다. 그렇게 나는 남은 인생을 위한 전략적인 계획을 수립했다. 인생 후반기에 좌절하지 않고 전반기보다 더 행복하고 의미 있는 삶을 살 기회를 만들기 위해서.

하지만 곧 나 혼자서 이런 인생 계획을 세우는 것만으로는 부족하다는 사실을 깨달았다. 그걸 공유해야 한다. 나는 기쁨과 목적이 있는 인생을 살고자 하며, 그런 인생을 사는 데 필요한 일을 할 의지가 있는 이라면 누구에게든 내가 찾아낸 비밀을 알려주려 한다. 일찍이 우리가 삶을 살면서 정복하고자 했던 세상과 달리 여기에는 상을 받기 위한 경쟁이 존재하지 않는다. 당신이 누구든 우리 모두는 성공할 수 있으며 더 행복해질 수 있다. 이것이 내가 노력하는 자인 당신을 위해 이 책을 집필하게 된 이유다.

당신이 이 책을 집어 든 것만 봐도 큰 희생을 감수한 노고와 타협할 줄 모르는 탁월함으로 성공을 이루었음을 미루어 짐작할 수 있다(그리고 솔직히 말해서 운도 적지 않게 따라주었을 것이다). 당신은 칭찬과 존경을 많이 받을 자격이 있으며 아마도 받았을 테다. 하지만 이성적으로 이런 파티가 영원히 지속될 수는 없다는 사실을 이미 알고 있을 것이다. 그리고 어쩌면 파티의 막이 내리고 있다는 신호를 이미 눈치 챘을지도 모른다. 불행하게도 당신은 파티의 끝에 대해서는 깊이 생각해본 적이 없다. 그래서 당신에게는 오로지 한 가지 전략만이 있는 것이다. '파티가 계속 이어지게 하라. 변화를 거부하고 더욱 열심히 일하라.'

하지만 그것이야말로 비참한 결말로 내닫는 길이다. 내 전공 분야이기도 한 경제학에는 '스타인 법칙'Stein's law이라는 것이 있다. 1970년대의 유명 경제학자 허버트 스타인Herbert Stein의 이름에서 따온 이론이다. 스타인 법칙을 한마디로 정리하면 '영원히 계속될 수 없는 것은 결국 멈추게 된다'이다.[1] 너무도 자명한 말이 아닌가? 그런데도 사람들은 자신의 삶과 관련해서는 이 자명한 사실을 항상 무시한다. 그리고 당신 역시 일에서 당신의 성공과 관련해 이 법칙을 무시하는 우를 범한다. 그 결과 점점 뒤처지며 신을 원망하게 되는 것이다.

그러나 그와 다른 길도 존재한다. 능력의 쇠퇴를 부정하는 것이 아니라 그 변화 자체를 힘의 원천으로 만들 수 있다. 쇠퇴를 피하려고 노력하기보다는 완전히 다른 종류의 성공을 발견함으로써 그것을 초월할수 있다는 얘기다. 다른 종류의 성공은 세상이 약속해주는 성공보다 더 좋으며 노이로제나 중독에 빠져들게 만들지 않는다. 과거에 당신이 느꼈던 것보다 더 마음 깊은 곳에서 우러나오는 행복이라 할 수 있으며, 그 과정에서 (어쩌면 생전 처음으로) 인생의 진정한 의미를 발견하게 될수도 있다. 이 책에서 내가 나누고자 하는 내용이 바로 그렇게 되는 과정이다. 그것을 깨달은 후 나의 삶은 완전히 바뀌었다. 당신도 이 책을통해 그렇게 되리라 믿는다.

단, 주의할 점은 이 길이 많은 부분에서 당신의 '노력 본능'을 거스르리라는 사실이다. 나는 당신의 약점을 부정하지 말고 열린 자세로 포용하라고 요구할 것이다. 당신이 살면서 열심히 일해 얻은, 그러나 이제는 당신의 발목을 잡고 있는 그것들을 내려놓으라고 주문할 것이며, 당신을 행복하게 하는 삶의 방식을 채택하라고 주문할 것이다. 설사 그것이 당신을 특별한 존재로 만들어주지는 못한다고 해도 말이다. 용기와 자

신감을 가지고 인생의 쇠퇴기를 직시하라고, 또 세속적인 성공을 추구
하던 여정에서 등한시했던 인간관계를 재건하라고 주문할 것이다. 그리
고 당신이 외면하려고 무던히도 노력했던 인생 전환기의 불확실성 속으
로 뛰어들라고 주문할 것이다.

　이들 중 쉽게 할 수 있는 일은 아무것도 없다. 노력만 하던 사람에게
새로운 기술을 가르치기란 어려운 법! 세속적인 일터에서 탁월한 인재
가 되기 위해 온갖 노력을 다 기울이던 시절에는 말도 안 된다고 치부
했을 생각들을 수용하기 위해서는 엄청난 노력이 필요하다. 하지만 약
속하건대 내 주문대로 해볼 만한 가치가 충분히 있을 것이다. 그렇게
한다면 나와 여러분은 오늘보다 내일 더 행복해질 수 있다.

　우리는 지금보다 더 빛나는 인생의 오후를 보낼 수 있다.

제 1 장

인생의 파티는
계속되지 않는다

역사상 가장 위대한 과학자 다섯 명을 꼽으라면 누가 떠오르는가? 이런 질문은 어느 한 인터넷 사이트 귀퉁이에서 사람들이 논쟁을 벌일 법한 질문이지만 여기서 그런 싱거운 논쟁을 하자는 것은 아니다. 어쨌든 과학을 잘 알든 모르든 당신도 분명 5인의 위대한 과학자 중 한 사람으로 찰스 다윈Charles Darwin을 꼽는 데 이의가 없을 것이다. 그는 생물학에 대한 우리의 이해를 완전히, 그리고 영원히 뒤바꾸어놓은 인물이다. 다윈이 인류에 끼친 영향력이 너무나 큰 나머지 1882년 사망한 이후에도 그의 명성은 사그라들지 않았다.

그런데도 다윈은 자신의 직업적 성취에 대해 부족함을 느끼며 죽음을 맞이했다.

이를 뒷받침할 근거를 살펴보자. 다윈의 부모는 그가 성직자가 되기를 바랐다. 하지만 다윈은 성직자가 되고 싶은 마음도 없었고 그 일이 적성에 맞지도 않았다.

그는 학교 공부에는 그다지 흥미가 없는 학생이었다. 그는 과학에 순수한 흥미를 느꼈고, 과학은 그에게 행복감을 주고 살아 있음을 느끼게 해주었다. 그런 그에게 일생일대의 기회가 찾아왔다. 후에 그는 이일을 "단연코 내 인생에서 가장 중요한 사건"이라고 회상했다. 스물두 살이 되던 해인 1831년, 전 세계를 누비고 다니며 탐사를 벌이는 해군측량선 비글호The Beagle에 박물학자로 승선 제안을 받은 것이다. 그 후 5년 동안 이어진 항해에서 그는 특이한 동식물 표본들을 수집해 영국으로 보냈고 이는 과학자들과 대중의 이목을 집중시켰다.

이 일은 그에게 상당한 명성을 안겨주었다. 하지만 스물일곱 살의 나이에 고국으로 돌아온 다윈은 자연선택 이론을 정립하는 작업에 몰두하기 시작했다. 자연선택은 수 세대에 걸쳐 생물 종이 환경에 적응하며 진화해 수억 년이 지난 현재 우리가 알고 있는 다양한 동식물종으로 분화하게 되었다는 이론이다. 이후 30년 동안 그는 이 이론을 발전시켜 책으로 출판했고, 그의 명성은 꾸준히 높아졌다. 그리고 1859년 50세가 될 무렵 그의 대표작이자 최고의 업적이라 할 수 있는《종의 기원》이 출간되었다. 진화론에 대한 자료를 정리한 이 책은 베스트셀러가 되었고 다윈을 이름만 대면 누구나 아는 과학자 대열에 올려놓는 동시에 과학의 역사를 영구히 바꾸어놓았다.

그러나 이 시기에 다윈은 더 이상 창조적인 성과물을 내놓지 못하고 정체되기 시작했다. 연구는 한계에 봉착했고 돌파구를 찾지 못했다. 비슷한 시기에 체코의 수도사 그레고어 멘델Gregor Mendel은 유전 법칙을 발견해 다윈이 풀지 못했던 진화론의 문제에 대한 해법을 제시했다. 안타깝게도 멘델의 논문은 잘 알려지지 않은 한 독일 학술지에 발표되어 다윈은 미처 그것을 읽어보지 못했다. 그리고 어차피 다윈은 (앞서 학교 공부에는 흥미가 없는 학생이었다고 언급했듯이) 그 내용을 이해할 만큼의 수학 및 독일어 실력을 갖추고 있지 못했다. 인생 후반기에 수많은 저작물을 집필했음에도 불구하고 이후 그의 연구는 그다지 주목받지 못했다.

그러나 말년까지도 그는 유명 인사였다. 특히 사후에는 웨스트민스터 사원에 국민 영웅으로 안장되었다. 하지만 그는 자신의 연구 성과가 뭔가 부족하고 독창적이지 못하다고 생각하며 점점 더 좌절감에 빠져들었다. 한번은 친구에게 이렇게 고백한 적도 있었다. "나는 이 나이에 수년간 이어질 연구를 시작할 만한 용기도, 힘도 가지고 있지 못하다네. 연구는 내가 좋아하는 유일한 일인데도 말이지. 행복하고 만족할 만큼 모든 것을 가졌지만 내 삶은 아주 고달프다네."[1]

다윈은 스스로 인정하지 않았지만 세상의 잣대로 보면 성공적인 인생을 산 것처럼 보인다. 그는 세속적인 관점에서 자신이 '행복하고 만족할 만큼 모든 것을 가졌다'는 사실을 알고 있었지만 그 부와 명성이 이제 바닥을 드러내고 있음을 고백했다. 그에게는 과거에 누렸던 새로운 발전과 성공만이 위안이 되었을 뿐 더 이상 앞으로 나아갈 힘이 없어 보였다. 그렇게 쇠퇴기에 이르러 불행에게 주도권을 넘겨주고 말았다. 전해지는 바에 따르면 일흔셋의 나이로 생을 마감할 때까지 그의 우울감은 나아지지 않았다고 한다.

　다윈이 경험한 쇠퇴와 불행이 그가 이룩한 성과만큼이나 흔치 않은 일이라고 말할 수 있다면 좋겠지만 현실에서 이런 일은 매우 흔하게 일어난다. 사실 다윈이 경험한 쇠퇴기는 지극히 정상적이었으며 그럴 만한 시기에 발생했다. 만약 당신이 다윈처럼 어떤 일을 탁월하게 잘하기 위해 노력했다면 비슷한 패턴의 쇠퇴기와 좌절을 경험할 수밖에 없었을 것이다. 그리고 그런 시기는 생각보다 훨씬 빨리 찾아온다.

'에이징 커브'는 누구에게나
찾아온다

　　　　　　　　　　스물네 살의 나이로 세상을 떠난 제임스 딘은 "서둘러 살고 젊을 때 죽어야 시체라도 보기 좋게 남긴다"라는 말을 남겼다. 굳이 제임스 딘의 말을 인용하지 않더라도 우리는 직업적, 육체적, 정신적 쇠퇴가 불가피하다는 사실을 잘 알고 있다. 그렇지만 그걸 아주 멀고 먼 이야기로 여긴다.

　당신만 그렇게 생각하는 것이 아니다. 대부분의 사람이 나이가 들어 더 이상 예전과 같은 성과를 내기 힘들어지는 날은 한참 뒤에나 올 거라고 생각한다. 흥미로운 설문조사 결과들을 살펴보면 이런 생각을 엿볼 수 있다. 예컨대 2009년의 조사에서 '과연 몇 살부터 노년기라고 생각하는지'를 묻는 질문에서 미국인 응답자 중 가장 많은 수의 사람이 85세라고 답했다.[2] 바꾸어 말하면 79세까지 사는 '평균적인 미국인들'

은 노년기에 접어들기 6년 전에 세상을 떠난다는 말이다.

현실은 이렇다. 거의 모든 고숙련 직종에서 쇠퇴기는 30대 후반에서 50대 초반 사이 어디쯤엔가 찾아든다. 이런 말에 속이 쓰려올지도 모르겠다. 그리고 더 뼈아픈 사실은 직업적으로 더 많은 성취를 이루고 정점을 찍어본 사람일수록 쇠퇴기가 찾아들었을 때 그것을 더 확연히 느낀다는 점이다.

아직까지는 분명 이 말을 믿기 어려울 테니 그 근거가 될 만한 사례들을 하나씩 살펴보자.

가장 먼저 두드러지게 쇠퇴기를 경험하는 집단이라 할 수 있는 운동선수들의 이야기부터 시작해보겠다. 폭발적인 힘이나 전력 질주가 요구되는 종목의 운동선수들은 20~27세 사이에 최고의 기량을 발휘한다. 반면 지구력을 요구하는 종목의 운동선수들은 역시나 젊은 시절이기는 해도 조금 늦은 나이에 정점을 찍는다.[3] 누구도 기량 있는 운동선수가 60세까지 경쟁력을 유지하리라 기대하지 않으며 새삼스러운 일도 아니다. 그리고 내가 이 책을 집필하면서 만난 대다수의 운동선수는 서른 살이 될 즈음에는 새로운 직업을 찾아야 한다고 생각했다(사람들이 신체 능력 저하가 언제쯤 찾아올 것이라 예상하는지를 묻는 설문조사는 찾아볼 수가 없어서 내가 비공식적으로 물어보았다). 그들은 이런 현실이 달갑지는 않지만 대체로 자연스럽게 받아들인다.

하지만 우리가 현재 '지식 노동자'라고 부르는 이들로 넘어오면 이야기가 완전히 달라진다. 짐작건대 이 책을 읽고 있는 대다수의 독자가 여기에 해당할 것이다. 운동 기술과 강한 체력보다는 아이디어와 지적 능력이 요구되는 직종에서 일하는 사람들은 아무도 70세가 되기 전에 쇠퇴기가 찾아온다는 사실을 인정하려 하지 않으며 일부는 70세가 지나서 쇠퇴기가 찾아온다고 응답하기도 한다. 이들은 운동선수들과는 달리 현실을 직시하고 있지 못하다.

과학자들을 한번 보자. 노스웨스턴 대학 켈로그 경영대학원에서 전략과 경영자 과정을 가르치고 있는 벤저민 존스Benjamin Jones 교수는 상을 받을 정도의 과학적 발견과 획기적인 발명을 인생의 어느 시기에 하게 될 가능성이 가장 높은지에 대해 수년간 연구했다. 존스는 지난 100년 사이에 생존했던 유명 발명가와 노벨상 수상자들을 추적 조사한 결과 위대한 과학적 성취를 이룬 가장 일반적인 연령대가 30대 후반이라는 사실을 발견해냈다. 그는 위대한 발견을 할 가능성이 20대와 30대 사이에 꾸준히 증가하고 40대와 50대, 60대에는 급격히 감소한다는 사실을 보여주었다. 물론 일반적인 범주를 벗어나는 인물들도 존재한다. 그러나 70세에 커다란 혁신을 이루어낼 가능성은 그것을 스무 살에 해낼 가능성과 거의 비슷하다. 즉, 가능성이 거의 제로라는 뜻이다.[4]

이와 같은 사실은 노벨상을 받은 물리학자 폴 디랙Paul Dirac이 나이듦이 모든 물리학자에게 저주와도 같음을 노래하는 다소 음울한 시를 쓰는 데 영감이 되었을 것이다. 그의 시는 다음과 같이 끝을 맺고 있다.

서른 번째 생일이 지나면
산 송장처럼 사느니 죽는 편이 나을 것이다.

디랙은 20대 중반에 이룬 성과로 서른한 살에 노벨상을 받았다. 그는 서른 살이 채 되기도 전에 양자장론quantum field theory을 창시해 스물네 살에 케임브리지 대학에서 박사 학위를 받았다. 스물여덟에는《양자역학의 원리》The Principles of Quantum Mechanics를 집필했고 이 책은 오늘날에도 여전히 교과서로 사용되고 있다. 서른 살에는 케임브리지 대학의 석좌 교수가 되었다. 그렇다면 그 후에는 어떻게 되었을까? 학자로서 활발히 연구 활동을 이어가며 몇 가지 중대한 발견을 내놓기도 했다. 그러나 초창기에 그가 이룬 성과에는 미치지 못했다. 이런 이유로 그가 위와 같은 시를 썼던 것이 아닐까.

물론 노벨상 수상자들은 보통의 과학자들과 다를 수도 있다. 존스는 공동 저자와 함께 물리학과 화학, 의학 분야에서 특허를 보유하고 있거나 다양한 수상 경력을 가지고 있는 동시에 논문에 자주 인용되는 연구자들의 자료를 면밀히 조사했다. 그리고 최고의 성과가 과거보다 더 늦은 나이에 나타나고 있다는 사실을 발견했다. 주된 요인은 첨단 기술과 관련된 연구에 요구되는 지식이 지난 수십 년 동안 많이 증가했기 때문이다. 그런데도 1985년 이후 최고의 기량을 발휘하는 연령은 그리 높아지지 않았다. 물리학자는 50세, 화학자는 46세, 의사는 45세로 나타났다. 그 나이 이후로는 혁신적인 성과가 가파르게 하락한다.

과학 이외의 지식 분야들도 기본적으로 동일한 패턴을 따른다. 작가는 40~55세에 쇠퇴기를 맞이한다.[5] 금융업 종사자들은 36~40세에 최고 전성기를 맞이한다.[6] 의사들은 또 어떤가. 30대에 전성기를 누리는 듯 보이지만 시간이 갈수록 급격히 기술력이 저하된다.[7] 내 또래의 사람들은 나이가 지긋한 의사를 보면 마커스 웰비(1969~1976년 사이에 미국에서 방영된 의학 드라마 〈의사 마커스 웰비〉의 주인공으로, 나이가 지긋하다.—옮긴이)를 떠오르게 하는 의사가 존재한다는 사실에 안도감을 느낀다. 그러나 최근 캐나다에서 마취과 의사와 환자 사이에 10년 동안 벌어진 소송을 조사한 결과, 65세 이상의 의사들이 51세 이하의 젊은 의사들에 비해 의료 사고를 낼 가능성이 50퍼센트 더 높은 것으로 나타났다.

기업가들의 경우에는 흥미로운 현상이 관측된다. 기술 기업 창업자들은 보통 20대에 엄청난 명성과 부를 얻지만 그들 중 상당수는 서른살 정도가 되면 창의성의 쇠퇴를 겪는다. 《하버드 비즈니스 리뷰》Harvard Business Review에 보고된 바에 따르면 벤처 투자사로부터 10억 달러 이상의 투자를 받고 사업을 시작하는 창업자들은 주로 20~34세에 포진해 있다. 그리고 이보다 나이가 많은 창업자의 수는 아주 적은 것으로 나타났다. 일부 학자들은 고성장 스타트업 창업자들의 평균 연령이 실제로는 45세라고 주장하며 이 보고를 반박하기도 한다.[8] 설사 그것이 사실이라 해도 핵심은 동일해 보인다. 중년에 도달하면 기업가로서의 능력이 급격히 저하된다는 사실이다. 가장 낙관적인 추정치에 비추어 보더라도 약 5퍼센트의 창업자들만이 60세 이상이다.

이와 같은 양상은 지식 노동에 국한되지 않는다. 경찰부터 간호사에 이르기까지 숙련직에서도 생각보다 이른 시기에 나이에 따른 업무 능력의 저하가 두드러지게 나타난다. 장비 서비스 기술자와 사무직 노동자들이 최고의 기량을 발휘하는 연령대는 35~44세. 반숙련직인 조립

라인 노동자와 우편물 분류 노동자의 경우 45~54세가 정점이다.[9] 항공 교통 관제사의 경우 연령에 따른 업무 능력 저하의 정도가 심하고 업무 과실에 따른 결과가 아주 중대하기에 강제 퇴직 연령이 56세로 정해져 있다.[10]

업무 능력의 저하는 쉽게 예견할 수 있어 한 학자는 특정 직업군에서 그것을 무섭도록 정확하게 예견하는 모델을 만들어냈다. 캘리포니아 대학 데이비스 캠퍼스의 딘 키스 사이먼튼Dean Keith Simonton은 창조적인 직업군의 업무 능력 저하에 관해 연구해 평균적인 업무 능력 저하 패턴을 분석하는 모델을 구축했다. 방대한 양의 데이터를 분석해 나타난 그래프는 다음과 같다.

● 그래프 1 **창작 및 학문적인 직종에서 연차에 따른 평균 생산성**[11]

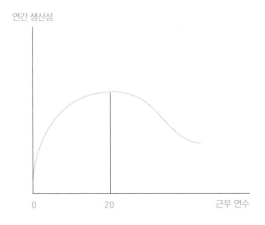

창작 활동을 하는 직업군에서는 평균적으로 일을 시작한 후 약 20년이 지난 시점에 최고 기량을 발휘하는 것으로 드러났다. 따라서 보통 35~50세에 능력 저하가 나타나기 시작한다고 한다. 하지만 이는 여러 직업들의 평균치이며 사이먼튼은 직업들 사이에 상당한 차이가 있다는 사실도 발견했다. 예컨대 그는 여러 직업들의 '반감기', 즉 평생 이루어낼 성과의 절반을 이루어낸 나이를 살펴보았다. 그 결과 평균적으로 반감기가 그래프에서의 정점과 거의 일치했다. 반감기 20년에 가장 근사하게 맞아떨어지는 집단은 소설가다. 소설가들은 보통 등단한 후 20.4년을 기준으로 그 전과 후에 작품 활동을 절반씩 한다. 이와 비슷한 또 하나의 집단은 수학자로, 반감기가 21.7년이다. 20년보다 반감기가 약간 빠른 집단은 시인으로, 반감기가 15.4년이다. 지질학자는 반감기가 그보다 늦어 28.9년을 기록했다.

이것이 의미하는 바가 무엇인지 잠시 생각해보자. 예를 들어 당신이 자료 조사를 진행하는 데이터 분석가라고 해보자. 22세에 대학을 졸업하고 일을 시작한다면 평균적으로 44세에 정점에 도달한 후 기량이 저하됨을 느끼게 될 것이다. 혹은 당신이 25세에 문학 석사 학위를 따고 막 활동을 시작한 시인이라고 가정해보자. 사이먼튼의 데이터에 따르면 당신은 40세 정도까지 평생 동안 쓸 시의 절반을 써낼 테고, 그 후로는 생산성 하락을 보일 것이다. 반면 지질학자라면 최고 전성기는 54세 정도에 찾아올 가능성이 높다.

클래식 연주자였던 나는
어떻게 사회과학자가 되었나

이 연구를 처음 시작했을 당시, 나는 음악가들에게도 이 패턴이 적용되는지 무척 궁금했다. 음악가들 중에서도 특히 클래식 음악가들의 경우 말이다.

클래식 음악가들 중에는 나이가 들어서까지 지속적으로 활동하는 유명인들이 꽤 있다. 1945년 더블 베이스 연주자인 제인 리틀Jane Little 열여섯의 어린 나이에 애틀랜타 교향악단의 단원이 되었다. 그리고 71년간 활동한 후 여든일곱 살이 되어 은퇴했다(엄밀히 말해 은퇴라고 말할 수는 없다. 콘서트 중 '쇼처럼 즐거운 인생은 없다'There's No Business Like Show Business라는 뮤지컬 곡을 연주하며 무대 위에서 숨을 거두었기 때문이다).[12]

그러나 제인 리틀을 일반적인 사례라고 하기는 힘들다. 대다수는 훨씬 더 일찍 은퇴한다. 그런데도 상당히 늦은 나이에 은퇴가 이루어지고 있는 것만은 분명하다. 설문조사에 따르면 클래식 음악가들은 30대에 최고의 기량을 발휘한다고 한다. 나이가 어린 연주자들은 나이 많은 연주자들이 경쟁력을 잃고 난 뒤에도 오랜 기간 중요한 자리를 계속 차지하고 있다며 종종 볼멘소리를 하기도 한다(교향악단 단원들 중에도 대학 교수처럼 정년을 보장받는 지위가 있다). 문제는 이 나이 든 연주자들이 스스로도 쇠퇴를 인정하지 않는 경우가 많다는 것이다. 피츠버그 교향악단에서 연주하는 58세의 프렌치 호른 연주자는 "은퇴할 때가 됐다는 걸 인정하기란 매우 힘든 일이죠."라고 고백하기도 했다. "우리는 부인하는 데 선수들이에요. 애초에 입단할 가능성이 희박하다는 사실을 받아들이지 않았기에 성공할 수 있었거든요. 그래서 초기에는 부인하는 자세가 장점으로 작용합니다."[13]

이 프렌치 호른 연주자의 이야기는 내 이야기는 아니지만 평행 이론이 작동하는 세상에서는 나의 이야기가 될 수도 있었다.

사실 어린 시절, 나는 세계 최고의 프렌치 호른 연주자가 되겠다는 목표를 가지고 있었다. 그래서 호른 연습을 혹독하게 했다. 하루에 수 시간씩 연습하는 것은 물론 합주단을 발견하면 어디든 달려가서 연주했다. 자극을 받기 위해 침실 벽에 유명 호른 연주자들의 사진을 붙여놓기도 했다. 훌륭한 클래식 음악 페스티벌이라면 빠뜨리지 않고 달려갔고 시애틀 출신의 중산층 아이가 찾을 수 있는 최고의 선생님을 찾아가 배웠다. 나는 항상 최고였고 첫 번째 자리에 앉았다.

한동안은 어린 시절의 꿈이 실현되는 것처럼 보였다. 열아홉 살에는 대학을 그만두고 실내악 앙상블 전문 연주자로 연주 여행을 다니기 시작했다. 대형 승합차를 타고 전국을 돌아다니며 1년에 100여 회씩 연주회를 했다. 건강보험에도 가입되어 있지 않았고 집세를 내는 날이면 항상 신경 쓰이곤 했지만 스물한 살의 나이에 나는 50개 주를 모두 가보고 15개국을 방문했으며 라디오에서 간간이 흘러나오는 곡들을 담은 앨범도 가지고 있었다. 나의 꿈은 20대에 클래식 음악 순위에서 높은 순위를 기록하고 몇 년 뒤 최고의 교향악단에 입단한 후 나중에는 솔로 연주자가 되는 것이었다. 솔로 연주자는 클래식 음악가가 오를 수 있는 최고의 자리다.

그런데 20대 초반이었던 그때 이상한 일이 벌어졌다. 내 연주 실력이 점점 퇴보하고 있었던 것이다. 지금까지도 무엇이 원인이었는지 잘 모르겠다. 연주 기술이 떨어지기 시작했고 그것은 변명의 여지가 없는 사실이었다. 아무것도 도움이 되지 않았다. 유명한 스승들을 찾아가 연습을 더 많이 해보기도 했지만 예전의 기량을 되살릴 수는 없었다. 쉽게 연주할 수 있었던 곡들이 어려워졌다. 연주하기가 까다로웠던 곡들은 아예 연주가 불가능해졌다.

어리지만 거침이 없었던 그 시절 내가 맞은 최악의 순간은 뉴욕 카네기홀에서 공연했을 때였다. 연주하려는 곡에 대해 설명을 하면서 앞으로 나가다가 발을 헛디뎌 관객석 쪽으로 그대로 넘어진 것이다. 연주회를 마치고 집으로 돌아오는 길에 그날 있었던 일을 떠올리며 나는 그것이 분명 신의 메시지일지도 모른다는 우울한 생각에 빠졌다.

하지만 그것이 신의 메시지든 아니든 나는 그 메시지에 귀 기울이지 않았다. 나 자신을 '최고의 호른 연주자'와 떼어놓고 상상할 수는 없었기 때문이다. 최고의 호른 연주자가 되는 걸 포기하느니 차라리 죽는 편이 나았다.

나는 9년을 더 삐거덕거리며 그 길을 계속 고집했다. 스물다섯 살에 바르셀로나 시립 교향악단에 입단했고 연습량도 늘렸지만 연주 실력은 계속해서 퇴화했다. 몇 년 후 플로리다의 한 작은 음악 학교에서 교사로 일하게 되었고 그곳에서 기적처럼 연주 실력이 되살아나기를 기대했지만 그런 일은 결코 일어나지 않았다. 다른 대비책을 마련해야 할지도 모른다는 생각이 들어 아내 외에는 누구에게도 말하지 않고(수치스러웠으므로) 원격 수업을 신청해 대학 학사 과정을 공부했다. 그렇게 교수를 만난 적도, 강의실에 발을 들여본 적도 없이 서른 번째 생일을 맞이하기 한 달 전에 경제학 학사 학위를 받았다. 내게는 슬리퍼를 신고 나가 우편함에 담겨 있는 학위증을 가져오는 것이 졸업식이었다. 봉투에는 눈에 띄게 '접지 마시오'라고 적혀 있었지만 학위증은 접혀 있었다.

나는 비밀리에 밤에 공부를 계속했고 1년 후 경제학 석사 학위를 취득했다. 그러는 와중에도 호른 연습을 계속했고 음악가로 생계도 유지하면서 언젠가 연주 실력이 되돌아올지도 모른다는 헛된 희망을 버리지 못했다.

하지만 그런 일은 일어나지 않았다. 그리고 서른한 살이 되었을 때 마침내 나는 패배를 인정했다. 더 이상 비틀거리는 음악가의 삶으로 되돌아갈 수 없었다. 그렇다면 내 인생에서 다른 무슨 일을 할 수 있단 말인가? 나는 마지못해 '가업'을 잇기로 했다. 나의 아버지는 교수셨고 할아버지 또한 교수셨다. 음악에 대한 열망을 포기하고 박사 학위 과정을 밟기 시작했다.

인생은 그렇게 계속되는 것이다. 그렇지 않은가? 그럴지도 모르겠다. 공부를 마친 후 나는 사회과학을 연구하고 가르치는 대학 교수가 되었다. 현재 나는 이 일을 아주 즐긴다. 하지만 아직도 날마다 내 첫사랑이자 천직이라 여기는 음악을 생각한다. 심지어 나는 요즘에도 무대에서 연주하는 꿈을 종종 꾼다. 교향악단의 연주 소리가 들리고 관객들이 보인다. 나는 더없이 행복하게 음악의 흐름 속에 몸을 맡기고 그 어느 때보다 훌륭한 연주를 선보인다. 그러다 잠에서 깨어 어린 시절의 열망이 이제는 환상에 불과할 뿐임을 자각한다.

사실 나는 운이 좋은 편이었다. 이제 나는 누구에게나 쇠퇴기가 불가피하게 찾아오며 내가 그걸 보통 사람들보다 10년에서 20년쯤 더 빨리 감지했다는 사실을 알고 있다. 덕분에 대안을 일찍 마련해 학업 쪽으로 방향을 바꿔 새로운 인생을 설계할 수 있었다. 그런데도 젊은 시절 겪은 이른 쇠퇴기의 아픔을 이야기하려니 이 글을 쓰면서도 마음이 힘들다. 나는 그런 일이 다시는 일어나지 않게 하리라 스스로 맹세했다.

하지만 데이터는 거짓말을 하지 않는다. 그런 일은 또 일어날 것이다.

나이 든 후의 노력이
당신을 배신하는 이유

대부분의 사람에게 쇠퇴는 반갑지 않은 놀라움 그 이상의 것이다. 또 엄청난 미스터리이기도 하다. 우리는 어려서부터 연습이 완벽함을 만든다고 배워오지 않았던가? 완전한 숙달은 1만 시간, 혹은 그와 같이 아주 오랜 시간 동안의 연습에서 온다고 말해주는 다양한 연구들이 존재한다. 다시 말해 삶에는 공식이 있다. '어떤 일을 더 많이 하면 그 일을 더 잘하게 된다'는 공식 말이다.

하지만 반드시 그렇지는 않다. 앞서 그래프에서 봤듯이 발전은 우상향으로 이루어지지 않는다. 그렇다면 아래로 향하는 부분은 어떻게 설명할 것인가?

초기의 이론에서는 나이를 먹어감에 따라 '지능'이 감소한다고 보았다. 연구자들은 모든 연령대의 인지 능력(지능지수)을 비교 분석한 결과 나이가 적은 사람들이 나이가 많은 사람들보다 훨씬 더 인지 능력이 뛰어나다는 사실을 여러 차례에 걸쳐 발견했다. 그에 따라 나이가 들수록 지능지수가 떨어지고 그 결과 능력도 쇠퇴한다는 시각을 가지게 된 것이다. 하지만 이와 같은 분석에는 근본적인 오류가 존재한다. 이 연구에서는 (대체로 더 나이가 어린) 더 교육 수준이 높은 사람들과 교육을 많이 받지 못한 사람들을 비교했다. 연구자들이 오랜 시간 동안 개개인을 조사해본다면 과거의 연구에서 보여준 것보다 지능의 감퇴가 그렇게 두드러지지 않는다는 사실을 발견하게 될 것이다.[14]

지능이 낮아지는 더 설득력 있는 이유는 뇌의 구조가 바뀐다는 설명이다. 구체적으로 말하자면 전전두엽 피질(이마의 바로 뒤에 위치한 뇌 부분)의 기능이 바뀌는 것이다. 우리 뇌에서 전전두엽 피질은 유년기에 가장 나중에 발달하고, 성인이 되어서는 가장 먼저 퇴화한다. 주로 기억력과 집행 기능, 억제 기전inhibitory mechanisms 등을 담당하는데 그중 억제 기전은 현재 당면한 문제와 관련이 없는 정보를 차단해 중요 기술에 집중하여 그것을 향상시킬 수 있도록 도와주는 능력이다. 따라서 전전두엽 피질이 크고 강할수록 당신의 전문 분야에서(그것이 법률 사건을 다루는 일이든 외과 수술이든 버스 운전이든) 점점 더 높은 수준의 기량을 발휘할 수 있다.

중년이 되면 전전두엽 피질의 효용성이 떨어지는데 그 때문에 여러 가지 파급 효과가 발생한다. 첫째로 빠른 분석 능력과 창조적 혁신성이 떨어진다. 바로 이것이 쇠퇴가 진행되고 있는지를 판단할 때 근거로 삼을 수 있는 부분이다.[15] 두 번째로는 한때 쉽게 수행했던, 이를테면 멀

티태스킹과 같은 특정 기능들을 수행하기가 아주 어려워진다. 나이 든 사람들은 젊은이들보다 훨씬 더 쉽게 주의가 산만해진다. 만일 십 대 자녀가 있다면(혹은 있었다면) 아이들에게 음악을 듣거나 친구들과 문자 메시지를 주고받으면서 공부하면 공부에 집중할 수 없다고 핀잔을 준 적이 있을 것이다. 하지만 실제로 그렇게 할 수 없는 사람은 바로 당신이다. 사실 나이 든 어른들은 정확히 자신이 자녀에게 조언한 대로 휴대폰과 음악을 끄고 사색하거나 일할 수 있는 고요한 곳으로 가는 것이 인지력을 높이는 방법이다.[16]

퇴보를 보이는 또 다른 기능은 이름과 사실을 기억해내는 능력이다. 50세가 될 때쯤이면 당신의 뇌는 뉴욕 공공 도서관만큼이나 방대한 정보로 가득 차 있다. 반면 당신 뇌 속에서 일하는 사서는 제 역할을 하지 못하고 굼뜨고 쉽게 집중력이 흐트러진다. 당신에게 필요한 정보를 사서에게 찾아달라고 요구하면(예를 들면 누군가의 이름) 그는 천천히 일어서서 커피를 마시고 정기간행물 코너에서 마주친 오랜 친구와 이야기를 나눈 뒤 자신이 무얼 찾고 있었는지 까먹곤 한다.[17] 그럴 때 당신은 수년간 알고 있었던 정보를 잊어버린 자신을 책망한다. 마침내 사서가 돌아와서 "그 남자의 이름은 마이크예요"라고 말해주면 마이크는 이미 가버린 뒤고 당신은 다른 일을 하고 있다.

이처럼 쇠퇴는 당혹감을 주지만 어떤 이들은 그것을 꽤 지혜롭게 받아들인다. 노벨상을 수상한 물리학자 폴 디랙의 경우를 살펴보자. 그는 나이 서른에 퇴물이 된 물리학자들에 대한 서글픈 시를 썼다. 실제로 그에게는 20대와 30대 초반이 가장 중요한 성과를 내고 가장 생산성이 높았던 시기였다. 30대 중반 이후 그는 여전히 연구 활동을 하는 학자였고 몇 가지 주요 성과물도 냈지만 이전의 성과에는 미치지 못했다.

그래도 그는 나름대로 최선을 다했다. 디랙은 70세의 나이에 천재가 만년을 보내는 일터로만 비쳤던 따분한 케임브리지 대학을 떠나 플로리다 주립대학의 교수직을 수락했다. 그는 플로리다의 따뜻한 햇살 속에서 수영을 하며 말년을 보냈다. 대학 동료들과 점심을 먹고 낮잠을 자기도 했다. 주목할 만한 결과는 없어도 계속해서 논문도 발표했다. 그의 마지막 논문은 그가 답을 찾을 수 없었던 질문에 대한 연구였다. 논문은 다음과 같이 솔직한 문장으로 끝을 맺는다.

"나는 오랜 세월 그에 대한 답을 찾았지만 아직도 찾지 못했다. 나는 내가 할 수 있는 한 그 연구를 계속 할 것이고, 바라건대 다른 이들 또한 내 뒤를 따라 그렇게 해주길 바란다."[18]

안타깝게도 디랙이 보여준 침착함은 일반적이라고 할 수 없다. 완전히 다른 분야에서 노벨상을 두 번 수상한 최초의 인물인 라이너스 폴링Linus Pauling의 경우를 살펴보자. 디랙과 다른 많은 이들처럼 그는 20대에 가장 훌륭한 통찰력을 보여주었다. 30대에는 과거 10년 동안의 연구 성과를 집약한 유명한 저서 《화학 결합의 본질》The Nature of the Chemical Bond을 내놓았다. 수십 년 전에 한 화학 결합에 관한 연구로 그는 1954년 노벨 화학상을 수상했다. 위대한 발견을 이룬 이후에도 폴링은 과학 연구를 계속했지만 대중 활동에 더 많은 시간을 쏟기 시작했다. 이를 두고 일각에서는 대중의 이목을 끌기 위한 활동이라고 치부하기도 했다. 폴링은 제2차 세계대전이 끝나자 반핵 운동에 관심을 기울였다. 미국과 유럽에서 반전 운동이 번지고 있었던 시기였으므로 노벨상을 수상한 화학자이자 핵무기를 개발한 과학자들과 동시대의 과학자로서 반핵 운동을 하는 그의 명성은 높아져만 갔다.

폴링은 냉전이 최고조에 이르렀던 당시 핵실험을 금지하려는 노력을 인정받아 1962년 노벨 평화상을 수상했다. 이것을 계기로 그는 논란이 많은 정치 인사가 되었다. 어떤 이들은 그를 영웅으로 추앙했고 또 다른 이들은 사기꾼이라며 비난하기도 했다. 후자의 그룹은 그가 1970년에 소련에서 수여하는 레닌 평화상을 수락했다는 사실을 강조했다.

사회 참여에 대한 갈망이 남달랐던 그는 이후 유사 과학으로 대중의 관심을 끌기 시작한다. 겸상적혈구병과 같은 특정 유전 형질을 가진 사람들은 확실히 구분되도록 의무적으로 문신을 새겨 반려자가 될 사람에게 미리 경고를 해줘야 한다고 제안하는 우생학을 주창한 것이다. 더 유명한 것은, 비타민으로 수많은 질병(심지어 암까지도)을 치료할 수 있으며 생명도 획기적으로 연장할 수 있다는 이론을 펼친 것이다. 또한 정신 질환을 앓는 환자들에게 고함량의 비타민을 처방하는 분자 교정 정신의학orthomolecular psychiatry이라는 것을 주창하기도 했다.

아마 '고함량의 비타민 C가 감기를 예방해준다'는 말을 한번쯤은 들어보았을 것이다. 이 이론의 출처는 1970년대에 출간된 그의 유명 저서들이다. 이 이론은 만년에 그가 주장한 모든 이론이 그랬듯이 과학적으로 근거가 없음이 수차례 밝혀졌다. 실제로 케임브리지 대학의 교수 스티븐 케이브Stephen Cave가 기록한 바에 따르면, 폴링은 주류 의학계에서는 돌팔이 의사라는 오명을 쓰게 되었고 과학 저널을 통해 그를 비판

하는 수많은 사람의 말을 맹렬히 비난하며 대부분의 여생을 보냈다고
한다.[19]

위대한 성취라는
이름의 독

폴링에게 쇠퇴가 그렇게 견디기 힘들었던
이유는 아마도 자신의 능력이 쇠퇴함에 따라 대중에게서도 멀어질 수
밖에 없는 현실을 견뎌야 했기 때문이리라. 유명인이든 평범한 사람이
든 한때는 존경을 받았지만 어느 순간 사람들에게 쓸모없어지거나 소
외되는 것만큼 힘든 일은 없다. 나는 이 책을 집필하기 위해 자료 조사
를 진행하면서 다음과 같은 한탄을 수도 없이 들었다. 예컨대, 뉴욕의
한 희귀 서적상과 이야기를 나누었을 때 그는 자신의 직업을 사랑하고
일을 즐긴다고 말하면서도 이렇게 한탄했다.

> 저는 평생 동안 희귀 서적상으로 일해왔어요. 스물네 살 정도까지
> 는 운이 좋게도 밥 딜런, 존 업다이크, 존 쿳시, 우드워드와 번스타
> 인, 에벌린 워, 파운드, 처칠, 루스벨트 등 훌륭한 저자들이 쓴 희귀
> 본을 아주 많이 보유하고 있었죠. 20년 전에는 디너파티에서 사람
> 들을 만나면 고서를 찾아내어 그걸 팔기 위해 이곳저곳을 돌아다
> 니며 제가 겪은 모험담에 사람들이 큰 관심을 보였지요. 하지만 지
> 난 10여 년 동안은 테이블 건너편 사람들의 관점에서 저를 바라보

게 되더군요. 사람들이 절 어떻게 봤을까요? 아마 '한물간 장사꾼'으로 봤을 거예요.

유명 대학에서 고위 관리직을 맡고 있는 한 50세 여성은 이렇게 말했다.

인간의 실수를 최소화할 수 있을 만큼 컴퓨터 소프트웨어가 발전해서 사람이 작업물을 직접 눈으로 재확인할 필요가 없어진다면 저는 일자리를 잃게 되겠죠. 제가 보기에 그렇게 될 날이 5년에서 10년 정도 남아 있는 것 같아요. 일하는 동안 당분간은 저의 노쇠함을 감추려고 노력하겠지요. 영원히 그걸 감출 수는 없겠지만 말이에요. 소득을 포기하지 않고 대안을 찾을 수 있는 시간이 있었으면 좋겠어요. 어느 날 갑자기 해고된다면 맙소사 그래도 살길을 찾아야겠죠. 별 수 있나요.

50대의 한 유명 여성 언론인의 말도 들어보자.

10시간의 격무를 계속 이어갈 자신이 없을 때가 많았어요. 수면 부족과 잦은 출장으로 몸은 망가졌죠. 젊은 시절에는 빨리 회복되곤 했는데 이젠 더 이상 그렇지가 않더군요. 동료들을 보면 40대에 쇠퇴가 찾아오는 경우가 많더라구요. 외부인의 관점에서 보면 권태기가 찾아온 것처럼 보이죠. 시의회 회의, 고속도로 추돌 사고, 살

인 사건, 세금 문제 등을 취재하기 위해 문을 나서는 발걸음이 그렇게 무거울 수가 없어요. 수년간 100번쯤 취재한 일들이니까요. 그들은 지친 거예요.

2007년에는 캘리포니아 대학과 로스앤젤레스 대학, 프린스턴 대학의 연구팀이 1,000명 이상의 노인들에 대한 데이터를 분석했다. 《노인학 저널》Journal of Gerontology에 발표된 그들의 연구 결과에 따르면 자신이 쓸모 있다고 느껴본 적이 없거나 거의 그렇게 느끼지 않는 노인들이 자신의 쓸모 있음을 자주 느끼는 노인들보다 경도 장애가 발생할 확률이 거의 세 배 더 높으며 연구 도중 사망한 비율 또한 세 배 이상 더 높았던 것으로 나타났다.

과거에 쓸모 있었던 기억만으로도 충분하지 않느냐고 말할지도 모르겠다. 그러나 그것은 사람들이 돈과 권력, 명성을 쌓아올리려 노력하면서 하는 일반적인 가정이다. 그것을 한 번 쌓으면 영원하리라 생각하는 것이다. 인생을 보물찾기로 여기면서 나가서 보물 단지만 하나 찾으면 이후 평생 행복하게 살 수 있을 것이라 생각한다. 설사 영광스러운 날들은 지나가 버렸다 해도 말이다. "가서 부자가 되고 일찍 은퇴하라. 유명해지고 그 유명세가 사그라지면 과거를 회상하며 즐겨라."라고 말한다. 내가 몸담고 있는 직종에서는 종신 재직권만 얻으면 만사형통이라고 생각한다. 그리고 전성기가 기울면 과거에 이룬 성취를 기억하며 살면 그만이라고 여긴다.

이와 같은 기준에서 바라보면 이 책의 서두에서 언급한 비행기에서 만난 남자가 세상에서 가장 행복한 사람이어야 마땅할 테다. 그는 부자였고 유명했고 오래전에 한 일로 사람들의 존경을 받고 있었다. 그는 인생의 경주에서 승리한 것이었다! 다윈과 폴링의 경우도 마찬가지다. 하지만 그들은 행복하지 않았다. 삶의 모델이 완전히 잘못된 것이었기 때문이다. 그것은 인간의 노력만을 강조하는 완전히 잘못 만들어진 모델을 기반으로 하고 있다. 사실 비행기에서의 그 남자가 '평범한' 삶을 살았다면, 즉 뛰어난 무언가를 성취한 적이 없었다면 현재 그렇게 비참하리만치 소외되었다고 느끼지 않았을 것이다.

이것은 '직업심리적 중력의 법칙'principle of psychoprofessional gravitation으로 설명할 수 있다. 즉, 쇠퇴로 겪게 되는 고통이 과거에 성취한 명성에 대한 정서적 집착과 직접적인 연관성이 있다는 개념이다.[20] 기대치가 낮고 높은 성과를 내지 않는다면(혹은 높은 성과를 내고도 직업적 성취에 대해 부처님처럼 집착하지 않는 마음을 유지한다면) 아마도 쇠퇴기가 찾아왔을 때 큰 고통을 겪지 않을 것이다. 그러나 탁월한 성취를 달성하고 그것에 모든 노력을 다 바치고 있는 상태라면 그 정점에서 필연적으로 내려와야 할 때 박탈감을 느낄 수밖에 없게 된다. 그리고 그것이 바로 고통이다.

젊은 시절의 뛰어난 재능과 성취가 인생 후반기에 겪게 될 고통에 대한 보험 증서가 되어주지는 못한다. 연구에 따르면 오히려 그와 반대로 일에서 권력과 성취를 좇아온 사람들이 그렇지 않은 사람들보다 은퇴 후 더 불행해하는 것으로 나타났다.[21]

텍사스 대학 오스틴 캠퍼스의 심리학과 교수인 캐럴과 찰스 홀라한

Carole and Charles Holahan 부부에 따르면, 심지어 일찍이 재능 있는 인재로 인정받는 것이 나중에 문제가 될 수도 있다고 한다.[22] 그들은 젊은 시절 뛰어난 재능의 소유자로 대중적으로 인정받았던 수백 명의 노인들을 살펴보았다. 그리고 연구 결과 어린 나이에 영재성을 보이는 것은 80세의 정신 건강에 좋지 못한 영향을 끼친다는 결론에 도달했다.

홀라한 부부의 연구는 높은 기대치에 부응하며 사는 삶이 얼마나 힘든지, 그리고 자녀에게 '너는 천재야'라고 말해주는 양육 방식이 얼마나 잘못되었는지 보여주고 있다. 높은 성취가 오랜 시간이 지나고 난 뒤 사람들에게 부정적인 영향을 미친다는 증거는 또 있다. 프로 운동선수들의 사례를 생각해보자. 다수의 운동선수가 선수 생활을 끝내고 나면 아주 힘들어한다. 은퇴 후 중독이나 자살로 이어진 비극적인 사례를 흔히 찾아볼 수 있을 정도다. 은퇴한 선수들이 적어도 일시적으로 불행해하는 것은 어쩌면 정상인지도 모르겠다. 나는 1996년 올림픽에서 금메달을 딴 체조 선수 도미니크 도스Dominique Dawes에게 경쟁에서 이겨 최고의 자리에 오르고 난 뒤의 삶이 어떠한지에 대해 물어보았다. 그녀는 일상적인 생활을 즐기고 있지만 그에 적응하는 게 쉽지는 않았고 지금도 여전히 그렇다고 답했다. 그녀는 "올림픽 선수로서의 자아를 가지고 살면 결혼 생활도 망치고 자녀들에게도 부족한 엄마로 남게 될 것 같아요."라고 솔직하게 말했다. "매일의 삶을 올림픽처럼 산다면 주변 사람들을 비참하게 만들 뿐이죠." 도스는 올림픽에서 금메달을 딴 이후 최고의 성취를 이룬 후 많은 이들이 빠지는 함정에 빠지지 않기 위해 의식적인 노력을 기울이며 살고 있다. 자녀들을 낳고 행복한 결혼 생활을 하며 독실한 천주교 신자로서 말이다. 그녀는 과거의 영광 속에서 살고 있지 않았다. 다른 많은 유명 인사들이 잘 해내지 못하는 일이다.

영광의 순간을 저장해두었다가 오랜 시간이 지난 뒤 그걸 꺼내어 다시 누릴 수 없다는 사실은 불만족의 문제를 낳는다. 이 문제도 앞으로 다룰 예정이다. 인간은 애초에 오래전에 성취한 것을 즐기도록 만들어진 존재가 아니다. 우리는 마치 돌아가는 다람쥐 쳇바퀴 속에 있는 것과도 같다. 성공이 가져다주는 만족감은 순간적일 뿐 지속되지 않는다. 우리는 그 만족감을 즐기기 위해 멈춰 설 수가 없다. 만약 그렇게 하려면 쳇바퀴의 문을 열고 빠져나와야만 한다. 그래서 우리는 달리고 또 달린다. 지난 성공보다 더 큰 다음의 성공이 우리가 갈망하는 지속적인 만족감을 가져다주리라 기대하면서 말이다.

따라서 쇠퇴의 문제는 이중고로 작용한다. 불만족이 찾아오는 것을 막기 위해 우리에겐 어느 때보다 더 큰 성공이 필요하지만 우리의 능력은 쇠퇴하고 있다. 아니, 실제로는 삼중고라 할 수 있다. 우리가 일정한 능력을 유지하려고 애쓰면 애쓸수록 일중독과 같은 중독 행위에 빠지고 말기 때문이다. 그 결과 노력하는 사람들은 배우자와 자녀, 친구들과의 돈독한 관계를 희생시키고 건전하지 못한 관계 패턴에 빠지게 된다. 그런 일이 이미 벌어진 후에는 아무도 다시 일어서도록 도와주지 않는다.

그래서 성취를 이룬 많은 이들이 악순환에 빠지곤 한다. 쇠퇴를 두려워하고 점점 더 드문드문 찾아오는 승리에 불만족스러워하며, 먼 과거가 되어버린 성공에 중독되어 다른 이들로부터 소외된다. 이 세상이 당신을 도와줄 자원으로 넘쳐난다면 모를까, 누구도 성공한 사람을 측은하게 여기지 않는다. 안락한 삶을 누리는 것처럼 보이는 노력가의 고통스러운 하소연은 다른 이들에게는 배부른 불평으로 들릴 것이다.

그렇지만 그 노력가들의 말은 사실이다.

쇠퇴를 인정하고
새로운 곳으로 나아가라

노력가 친구에게 결론적으로 이 말을 전하고 싶다. 당신은 아주 열심히 노력해서 어떤 기술을 습득했을 것이고, 그 결과 당신의 분야에서 성공하게 되었다. 하지만 타인의 부러움을 사고 있는 당신의 기술은 곧 눈에 띄게 쇠퇴하게 된다. 일찍 찾아온다면 30대, 늦게 찾아온다 해도 50대 초반에는 말이다. 미안하지만 이는 유쾌하지 않은 현실이다.

그렇다면 당신은 앞으로 어떻게 해야 할까? 오직 세 개의 길이 존재할 뿐이다.

1. 쇠퇴기가 찾아온다는 사실을 부정하고 좌절과 실망을 안겨주는 쇠퇴에 분노한다.

2. 쇠퇴를 수긍하고 받아들이며 피할 수 없는 비극으로서 나이듦을 경험한다.

3. 당신을 여기까지 성장시킨 기술이 미래까지 보장해주지는 않는다

는 사실을 인정하고 새로운 기술과 능력을 개발할 필요가 있다는 사실을 받아들인다.

3번 선택지를 골랐다면 축하한다. 이제 당신에게는 밝은 미래가 열릴 것이다. 하지만 그렇게 되기 위해서는 여러 가지 새로운 기술의 습득과 새로운 사고방식이 필요하다. 이어지는 장에서 이에 대해 살펴보도록 하자.

제2장

나이 듦을
어떻게 극복할 것인가

쇠퇴는 막을 수가 없다. 하지만 나이듦이 항상 나쁘지만은 않다(손주들의 재롱을 보는 즐거움이나 플로리다 해변이 보이는 아파트에서 은퇴 후의 삶을 즐길 수 있기 때문만은 아니다. 그것도 물론 장점 중 하나겠지만 말이다). 사실 우리가 자연스럽게 더 똑똑해지고 더 능력을 향상시킬 수 있는 방법은 존재한다. 나이가 들어감에 따라 더욱 발전할 수 있는 방법은 나의 새로운 강점을 이해하고 개발하고 연습하는 것이다. 그럴 수만 있다면(걱정 마시라. 이제부터 그 방법을 알아볼 것이다) 인생의 쇠퇴를 새롭고도 멋진 성공으로 탈바꿈시킬 수 있다.

나이가 들어도 유창한 말솜씨는 거의 쇠퇴하지 않는다는 사실을 아는가? 나이가 들면서 젊은 시절보다 더 풍부한 어휘력을 자랑하기도 한다. 그 결과 여러 가지 능력 개발이 가능해진다. 예를 들면 단어 철자 보드 게임을 더 잘하고 외국어 공부도 꽤 잘할 수 있다. 발음을 정확하게 하지는 못하더라도 단어를 외우고 문법을 이해하는 데에는 문제가 없다. 연구 조사에 따르면 사람들은 모국어와 외국어의 어휘력을 죽을 때까지 유지하고 향상시킨다고 한다.[1]

그와 비슷하게, 나이가 들수록 복잡한 생각을 조합하고 활용하는 능력은 더 뛰어나다.[2] 다시 말해서 젊을 때처럼 반짝이는 새로운 발명품을 내놓거나 문제를 빠른 속도로 해결하긴 힘들 수 있다. 그러나 알고 있는 개념을 활용하고 그것을 다른 이들에게 표현하는 능력은 훨씬 더 좋아진다. 다른 사람들이 낸 아이디어를 해석하는 능력도 더 좋아진다. 심지어 가끔은 그 아이디어를 제안한 사람들에게 그것을 해석해줄 정도다.

내 개인적인 삶에서도 이 사실을 확인할 수 있었다. 나는 젊은 시절 스페인에서 살았고 지금까지 30년 이상을 바르셀로나를 오가며 살고 있다. 바르셀로나에서는 스페인어와 카탈루냐어를 사용한다. 그곳에 살았을 때는 두 개 언어 모두를 말할 줄 알았지만 미국에 살게 되면서 실력이 녹슬었다. 그런데 이상하게도 쉰 살이 될 무렵 두 언어의 실력이 향상되어 바르셀로나에 살았을 때보다 지금 더 잘하게 되었다. 마찬가지로, 사회과학자로서 젊었을 때보다 나이 든 지금 더 데이터를 기반으로 이야기를 잘 풀어내는 편이다. 내가 한때 썼던 학술 논문을 지금도 쓸 수 있을지는 의문이지만(가끔 20년 전 내 연구에 등장하는 수학이 이해가 가지 않을 때가 있다) 서로 어떤 통찰로 연결되어 있고 삶에서 그것을 어떻게 적용할지에 대해서는 설명해줄 수 있다. 이런 연유로 이해 불가한 수학적인 학술 논문이 아니라 이 책을 집필하고 있는 것이다. 젊은 시절에는 새로운 아이디어를 내는 일을 잘했다면 이제는 내 아이디어와 다른 이들의 아이디어를 융합하는 일을 잘한다.

인생 후반기에 나타나는 이와 같은 능력들은 특정 직업들에 유리하게 작용하기도 한다. 예컨대 이론 수학자들은 사이먼튼의 데이터가 보여주듯이 이른 시기에 절정기를 맞이하고 일찍 쇠퇴하는 편이다. 하지만 응용 수학자들은(수학을 활용해 이를테면 경제 현실에서의 문제를 해결하는 사람들) 훨씬 더 늦게 절정기를 맞이한다. 그들은 나이 많은 사람들이 두각을 나타내는 기술인 '이미 존재하는 아이디어를 결합해 활용하는 일'을 전문으로 하기 때문이다. 역사가들은 또 어떤가? 그들은 존재하는 사실과 생각을 조합하는 대표적인 전문가들이다. 기이하게도 그들은 전형적인 쇠퇴기의 범위를 훨씬 벗어나는데, 평균적으로 일을 시작한 후 39.7년 후에 절정기를 맞이하는 것으로 나타났다. 이것은 무엇을 의미할까? 역사가가 되려고 마음먹고 서른두 살에 박사 학위를 받았다고 가정해보자. 안 좋은 점은 나이 오십에도 여전히 경력이 부족한 역사가 대우를 받을지도 모른다는 사실이다. 그러나 좋은 점도 있다. 일흔두 살에 여전히 가야 할 길이 절반 정도 남아 있다는 것이다! 당신이 역사가라면 80대에는 최고의 책을 집필할 수 있도록 건강 관리를 잘 해두는 편이 좋겠다.

이러한 사실들을 그저 무작위적인 현상으로만 받아들인다면 인생에서 철자 보드 게임 선수가 되거나 사학 박사 학위를 취득하는 것 이상의 실행 가능한 전략을 세우기란 힘들 것이다. 그러나 이런 일들은 절대로 무작위적으로 일어나는 현상이 아니다. 1960년대 후반 영국의 심리학자 레이먼드 카텔Raymond Cattell은 왜 이런 일들이 일어나는지 그 이유를 찾기 위한 연구에 착수했다.[3] 카텔이 찾아낸 답을 통해 노력하는 자의 저주를 끊고 삶을 바꾸는 방법에 대해 알아보도록 하자.

인간을 구성하는
두 가지 지능

1971년 카텔은《능력: 그 구조와 성장, 그리고 작동》Abilities: Their Structure, Growth, and Action이라는 제목의 책을 출간했다. 그는 그 책에서 인간에게는 두 종류의 지능이 있으며, 인생의 시기별로 더 활발히 작동하는 지능이 있다고 상정했다.

첫 번째 지능은 '유동성 지능'fluid intelligence으로, 카텔은 이것을 논리적 판단과 유연한 사고를 하며 새로운 문제를 해결하는 능력으로 정의했다. 우리가 흔히 말하는 타고난 지능이 여기에 속한다. 연구자들은 이것이 읽기와 수학적 능력 둘 다와 관련이 깊다는 사실을 발견해냈다.[4] 일반적으로 혁신가들은 유동성 지능이 아주 높다. 지능지수 측정을 전문적으로 했던 카텔은 이들의 유동성 지능이 성인이 된 초반에 상대적으로 가장 높게 나오고 30~40대에 급격히 감소하기 시작한다는 사실을 알아냈다.[5]

카텔은 이 발견을 근거로 어린 사람들은 자연스럽게 새로운 아이디어를 내기 쉬운 혁신가가 될 수밖에 없다고 믿었다. 만약 그가 지금 생존해 있었다면(그는 1998년 아흔둘의 나이로 세상을 떠났다) 내가 지금까지 쓴 글을 읽어보고는 내가 말하고 있는 직업적 쇠퇴(너무 일찍부터 퇴보하는 초기의 능력들)가 열심히 일하는 모든 성공적인 사람들이 자신의 커리어를 시작할 때 의존하게 되는 유동성 지능에서 비롯되는 현상이라고 말했을 것이다.

초기에 직업적으로 성공을 경험했고 당신의 직업이 새로운 아이디어를 내거나 어려운 문제를 해결하는 것과 관련된 일이라면, 단언컨대 당신은 높은 유동성 지능(에 더해 당신의 노력과 좋은 조건을 제공하는 부모, 혹은 좋은 운)을 가지고 있을 것이다. 현대 산업 사회에서 큰 성공을 거둔 대부분의 젊은 능력자들은 유동성 지능에 기대어 일한다. 그들은 빨리 배우고 중요한 일에 고도의 집중력을 발휘해 해결책을 마련한다. 그러나 불행하게도 지금까지 살펴봤듯이 보통은 나이가 들면 이런 능력을 유지할 수가 없다. 아마도 당신이 이 책을 읽고 있는 이유이기도 할 것이다.

하지만 유동성 지능만이 유일한 지능은 아니다. 바로 이 대목에서 카텔의 연구가 중요한 의미를 지니는데, '결정성 지능'crystallized intelligence 이라는 개념이다. 결정성 지능은 과거부터 현재까지 쌓아온 지식을 '활용하는' 능력이다. 앞서 든 거대 도서관의 비유를 다시 한번 생각해보자. 하지만 이번에는 도서관 사서가 얼마나 행동이 굼뜬지 탓하는 대신 사서가 둘러봐야 할 장서의 규모가 얼마나 큰지, 그리고 비록 시간은 조금 걸릴지언정 사서가 한 권의 책을 어디에서 찾아야 하는지 정확히 알고 있다는 사실이 얼마나 경이로운지 생각해보자. 과거에서부터 쌓아온 지식에 의존하는 결정성 지능은 40대, 50대, 60대로 점점 나이가 들어감에 따라 높아지고 꽤 늦은 나이까지 퇴화하지 않는 경향성을 보인다.

카텔은 두 가지 지능에 대해 다음과 같이 설명한다. "유동성 지능은 추상적인 문제를 해결하는 탈맥락화decontextualized된 능력의 개념이다. 반면 결정성 지능은 살아가면서 사회화와 학습을 통해 배운 지식이 그 중심을 이루고 있다."⁶ 이 말을 해석해보면 이렇다. "당신은 어린 시절 선천적인 지능을 가지고 있지만 나이가 들어감에 따라 지혜가 생겨난다. 어릴 때는 다양한 아이디어를 양산해낼 수 있는 반면 나이가 들면 그 아이디어들이 무엇을 의미하고 그것들을 어떻게 활용해야 하는지를 알게 된다."

더 자세히 들여다보면, 카텔은 우리에게 앞에서 등장한 [그래프 1]의 성공 곡선이 사실상 유동성 지능 곡선을 나타낸다고 말해주고 있다. 유동성 지능은 30대 중반 정도까지 상승 곡선을 그리고 난 뒤 40대와 50대에 하향 곡선을 그린다. 그런가 하면 그 뒤에 또 하나의 곡선이 숨어 있다. 바로 결정성 지능 곡선으로, 중년과 노년까지 계속 성장하는 곡선이다. [그래프 2]를 보면 결정성 지능 곡선이 어떤 양상을 보이는지 확인할 수 있다.

이는 당신과 내게 의미가 큰 발견이다(사실은 아주 중대한 발견이다). 만약 당신의 일이 오로지 유동성 지능에만 의존하는 일이라면 전성기와 쇠퇴기가 상당히 빨리 찾아오게 되리라는 사실을 알 수 있다. 하지

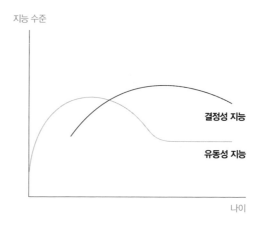

만 당신의 일이 결정성 지능을 요구하는 일이라면, 혹은 일을 할 때 결정화된 지능에 더 많이 의존하도록 스스로 일의 방향을 설정할 수 있다면 이야기는 달라진다. 전성기는 더 늦게 찾아올 테고 쇠퇴기 또한 훨씬 더 늦게 찾아올 것이다. 따라서 유동성 지능에 의존하는 일에서 결정성 지능에 의존하는 일로 갈아탈 수만 있다면 당신은 이른 쇠퇴의 문제에서 벗어날 수 있다.

그렇다면 앞서 설명한 커리어 곡선은 어떨까? 기술 기업가들과 같은 일부의 사람들은 커리어 곡선이 유동성 지능의 발달 곡선과 사실상 일치한다. 따라서 아주 어린 나이에 퇴화가 발생한다. 하지만 그 외의 다른 분야에서는 두 가지 유형의 지능을 혼합해서 활용하고 그래서 최고 전성기도 더 늦게 겪는다. 두뇌 속의 방대한 도서관과 그 정보를 활용하는 능력에 거의 모든 것을 의존하는 일부 직업들의 경우에는 삶에서 최고 전성기가 늦게 찾아오기도 한다.

유동성 지능이 관할하는 영역에서 쇠퇴가 찾아오면 당신은 그것을 분명히 알아챌 것이다. 하지만 세월이 흐를수록 혁신을 추구하기보다는 후배들을 지도하는 쪽으로 직업의 방향을 재설정한다면 나이가 들었을 때 자신의 강점을 살려서 일할 수 있다. 어떤 직업들은 다른 직업들보다 그렇게 하기가 더 쉽다. 예컨대, 역사학자는 아주 방대한 양의 지식과 그것을 종합하기 위한 지혜가 필요한 직업이다. 따라서 거의 전적으로 결정성 지능만을 활용하는 분야라 할 수 있다.

그러나 결정성 지능을 활용하는 직업들 중 역사학자보다 우리 주변에서 더 흔히 볼 수 있는 직업도 있다. 그 대표적인 직업이 교사다. 이 직업 역시 구술 능력과 많은 양의 축적된 정보를 설명하는 능력이 필요한 일이다. 따라서 이 분야에서 젊은 사람보다 나이 든 사람을 선호하는 것은 당연하다. 〈고등교육 연감〉The Chronicle of Higher Education에서 최근에 진행한 조사에 따르면 가장 나이가 많은 대학 교수들이 학과 내에서 교수 평가 점수가 가장 높은 것으로 나타났다.[7] 특히 인문학 분야에서 이 현상은 더욱 두드러졌다. 인문학 분야에서는 교수들이 임용된 지 얼마 안 된 젊은 시절에 가장 낮은 점수를 받았고 60대와 70대로 갈수록 점수가 높아졌다(이 책을 읽고 있는 대학생들에게 팁을 하나 주자면 가장 나이가 많은 교수들의 수업을 신청하라).

이처럼 대학 교수들이 인생 후반기에 성공을 거둘 수 있다는 현실이 아마도 그들의 직업 수명이 긴 이유일 것이다. 미국의 평균 퇴직 연령은 62세인 데 반해 교수들 중 4분의 3이 65세 이후에 퇴직할 계획을 가지고 있다고 한다.[8] 내가 조교수로 일하게 된 첫해에 하루는 60대 후반의 교수와 대화를 나누게 되었다. 나는 그에게 퇴직을 생각하고 있는지 물었다. 그러자 그는 웃으며 자신은 정년퇴직보다는 교수로서 할 수 있는 다른 역할을 찾아보고 있다고 말했다.

아마 학과장이 이 말을 들었다면 씁쓸한 미소를 지었을 것이다. 대학 관리자들은 종신 교수들이 말년에 연구 생산성(연구 생산성은 특히 분석적인 작업의 경우 유동성 지능에 크게 좌우된다)이 현저히 떨어지는 것에 대해 종종 불만을 토로하기도 한다. 그들 입장에서는 나이 지긋한 교수들이 젊은 학자들(자신의 연구 과제를 발전시키고 싶어 안달 났으며 유동성 지능이 절정에 도달해 있는)의 자리를 대신 채우고 있기 때문이다. 그러나 관점을 바꿔 거기에 또 하나의 기회가 도사리고 있음을 알아야 한다. 나이 든 교수들이 더 복잡한 학술지 논문을 쓰게 만드는 것은 중요하지 않다. 그보다 그들이 교수로서의 지위를 유지하면서 학생들을 가르치는 일을 위주로 하도록 직업의 방향을 조정하도록 만들어야 한다.

인생 후반에 지도자의 길로 들어서는 것은 동서고금을 막론하고 훌륭한 지혜문학(기독교에서 구약 성경의 〈잠언〉, 〈전도서〉, 〈욥기〉 및 〈시편〉 일부를 통틀어 이르는 말. 더 넓게는 격언과 잠언 등 주로 인생의 의미와 삶에 대한 교훈을 담은 작품을 말한다.─옮긴이)에 항상 등장하는 주제다. "가르침은 마치 하나의 타오르는 촛불을 이용해 다른 초들을 밝히는 것과도 같다." 오이겐 헤리겔Eugen Herrigel이 쓴 유명한 책 《마음을 쏘다, 활》에 등장하는 나이 지긋한 궁도 스승의 말이다. "그리하여 스승은 올바른 예술 정신을 대대로 전수해 예술의 등불이 꺼지지 않고 타오르도록 한다."

여기서 기원전 1세기경 고대 로마의 정치가이자 변론가, 학자, 철학자였던 마르쿠스 툴리우스 키케로Marcus Tullius Cicero의 지혜를 들여다보자. 키케로는 그 시대를 대표하는 가장 중요한 웅변가였으며 오늘날에도 여전히 영향력을 미치고 있다. 그 시대에 쓰여진 현존하는 라틴 문학의 4분의 3은 키케로의 작품이다.[9] 그는 말년에 아들에게 〈의무론〉De Officiis이라는 제목으로 바른 인간의 책무에 대해 쓴 공개 서한을 보내기도 했다. 이 서한에는 젊은이의 의무에 대한 내용이 대부분을 차지하고 있지만 인생 후반기의 소명 의식에 대한 내용도 자세하게 담겨 있다.

> 나이가 들면 육체 노동이 줄어들기 마련이다. 그 결과 정신 활동은 사실상 증가한다. 나이 든 이들은 친구들과 젊은이들에게, 그리고 무엇보다도 국가에 가능한 많은 도움이 될 수 있도록 원로로서의 조언과 현실적인 지혜를 제공하도록 노력해야 한다.[10]

키케로는 노년과 관련해 다음의 세 가지 믿음을 가지고 있었다. 첫째, 빈둥거리지 말고 도움이 되는 일에 헌신해야 한다고 믿었다. 둘째, 노년에 인간이 가진 가장 큰 재능은 지혜이며, 배움과 사색은 다른 이들의 삶을 풍요롭게 만들어준다는 것이다. 셋째, 그는 우리가 노년에 발휘할 수 있는 타고난 능력으로 상담해주는 것을 꼽았다. 즉, 다른 이들에게 멘토가 되어주고 조언하고 가르쳐야 한다는 뜻이다. 그리고 이런 활동은 부와 권력과 명예와 같은 세속적인 보상을 축적하지 않는 방식으로 이루어져야 한다.

키케로는 단순히 훌륭한 조언을 제공하는 데 그치지 않았다. 그는 자신의 조언에 걸맞게 살았고 그것을 실천하면서 죽음을 맞이했다. 그는 사회 참여적인 지식인에게는 위험한 시대에 살았다. 오늘날 우리 사회에는 캔슬 컬처cancel culture(자신과 생각이 다른 사람을 공개적으로 배척하는 현상 또는 그런 행동 방식—옮긴이)라는 것이 존재해 정치적으로 다른 입장을 표명해도 문제가 없지만 키케로는 예순셋의 나이에 정치적인 이유(율리우스 카이사르Julius Caesar가 암살된 후 마르쿠스 안토니우스Mark Antony를 비판한 것)로 암살당했다. 정치적 입장이 다르다는 이유로 도망자 신세가 되었던 그는 로마 백부장에게 붙잡혀 죽임을 당할 위기에 처한다. 결정성 지능이 정점에 도달해 있었던 키케로는 죽음 앞에서도 지도자로서의 위엄을 잃지 않았다. "병사여, 당신은 지금 전혀 올바르지 못한 행동을 하고 있소."라고 백부장을 훈계했다. "그래도 나를 죽이는 건 한번 올바로 해보시오."[11]

몇 해 전 실리콘밸리의 한 유명 기술 기업에 강연을 갔을 때, 내 머릿속은 결정성 지능의 활용에 대한 생각으로 가득 차 있었다. 강연이 끝나갈 무렵 한 젊은 직원이 업계가 직면한 다양성 문제에 대해 어떻게 생각하는지 내 의견을 물었다. 그는 기술직군에서 소수 인종과 여성의 수가 부족하다는 점을 지적했고, 나는 그 문제를 짚어준 것이 내심 반가웠다. 나는 그 질문에서 기회를 포착해 젊은이들이 점령하고 있는 업계에서 '연령 다양성'에 대해서도 생각해본 적이 있는지 되물었다. "이 회사에는 나이가 많은 직원들이 얼마나 있나요?" 이 질문에 대한 그의 답변은 내게 큰 참고가 되었다. "30세 이상의 직원들을 말씀하시는 건가요?"

노인을 위한 일자리를 만들라는 얘기가 아니다. 많은 일들을 겪어보고 이미 책에 나오는 모든 멍청한 실수들을 다 해본 이로부터 지혜와 경험을 얻으라는 얘기다. 그들은 젊은이들이 실수를 하기 전에 그것을 미연에 방지할 수 있도록 가르침을 줄 수 있다. 지난 몇 년에 걸쳐 젊은 세대가 장악하고 있는 기술 기업들은 추문으로 공격받으며 대중의 존경심이 바닥으로 곤두박질쳤다. 한때는 자본주의의 미래로 추앙을 받았지만 이제는 그들이 판매하는 제품은 유해하며 해당 기업의 경영인들은 이기적이고 유치하다는 평가를 자주 받고 있다. 다른 업계의 나이 많은 경영인들은 젊은 기술 기업가들이 저지르고 있는 명백한 실수에 고개를 절레절레 흔들고 있을 뿐이다.

그렇다면 잘나가는 기술 기업가들은 어떻게 하는 것이 좋을까? 제품 개발팀에 나이 든 직원들을 채용하고 마케팅 부서와 임원단에도 나이 든 직원들을 기용해야 한다. 그들에게는 반짝이는 아이디어만 필요한 것이 아니다. 역경을 견디는 시간 속에서만 얻을 수 있는 현실적인 지혜가 필요하다.

시간에 맞서지 말고
새로운 흐름으로 갈아타라

　　　　　　두 번째 곡선이 존재한다는 사실은 우리 모두에게 아주 좋은 소식이다. 첫째, 이제 우리는 보통 40대나 50대에 능력이 퇴화하는 이유를 알게 되었다. 다시 말해서 당신이 나와 비슷한 나이거나 더 많다면 능력의 퇴화는 당신 혼자만의 문제가 아니라는 뜻이다. 둘째, 나이가 많은 사람을 성공의 길로 이끄는 두 번째 곡선이 존재한다는 사실을 알게 되었다. 셋째, 대부분의 측정 수치에 따르면 두 번째 곡선에서 얻는 보상이 첫 번째 곡선에서 얻는 보상보다 더 가치가 높다(설사 수익성이 낮고 명예를 드높이는 것이 아니라 해도)는 사실이다. "지식은 토마토가 식물학적으로 과일이라는 사실을 아는 것이고, 지혜는 토마토를 과일 샐러드에 넣으면 안 된다는 것을(과일 샐러드에 넣으면 맛이 없으므로) 아는 것이다."라는 격언이 말해주듯이 말이다. 또 성경에는 "우리에게 우리의 날을 세는 법을 가르쳐주셔서 지혜의 마음을 얻게 해주십시오."라는 말씀이 나온다.[12]

만약 당신이 유동성 지능의 쇠퇴를 경험하고 있다면(그리고 나와 비슷한 나이대라면), 그것은 당신이 한물갔다는 뜻이 아니다. 그것은 유동성 지능 곡선을 벗어나 결정성 지능 곡선으로 갈아타야 할 때임을 의미한다. 시간의 흐름에 맞서 싸우는 사람들은 새로운 곡선에 올라타려고 하기보다 기존 곡선의 흐름을 바꾸려고 노력한다. 하지만 곡선의 흐름을 바꾸기란 거의 불가능하다. 그래서 사람들은 결국 실패하고 좌절한다.

그렇다면 사람들은 왜 도전하고 또 도전할까? 두 가지 이유에서다.

첫째, 유동성 지능 곡선이 자연스럽게 하강 곡선을 그릴 수밖에 없다는 사실을 모르기 때문이다. 사람들은 그저 자신에게 뭔가 문제가 있다고 생각한다. 둘째, 새로운 종류의 성공으로 이끌어줄 또 다른 곡선의 존재를 모르기 때문이다.

설사 또 하나의 곡선이 존재한다는 사실을 어렴풋이 알고 있다 할지라도 그곳으로 뛰어오르기가 어렵고 두려울 것이다. 자신의 분야에서 (지도자의 역할이 무엇을 의미하든) 지도자의 역할을 맡기 위해 삶과 직업에 변화를 도모하기 위해서는 용기와 불굴의 의지가 필요하다. 모두가 그렇게 되기를 원하지 않으며 많은 이들은 그렇게 하기를 거부한다.

그러나 또 다른 곡선으로 뛰어오르는 데 성공한 사람들은 거의 항상 아주 큰 보상을 누린다. 이 책을 집필하면서 진행한 인터뷰를 통해 나는 50대와 60대, 70대에 가장 행복하고 만족스러운 삶을 사는 사람들이 예외 없이 이 도약에 성공한 사람들이라는 사실을 발견했다. 여기서 몇 가지 사례를 살펴보자. 쉰여덟 살의 남성 보험계리사의 이야기부터 들어보자. 그는 내게 다음과 같이 말했다.

저는 지금 퇴직을 기다리는 시점에 있습니다. 저는 퇴직을 일을 그만두는 게 아니라 제게 아주 중요해진 다른 일들을 할 수 있는 기회로 보고 있죠. 낮에 일하는 본업 외에 일주일에 한 번씩 저녁에 대학원생들에게 금융 수학을 가르치고 있습니다. 저의 오랜 경험 속에서 우러나온 통찰을 열정 넘치는 젊은 학생들과 공유할 수 있다는 것이 매우 보람찹니다. 그들은 배움에 목말라 있고 저는 학생들을 만나 그들이 교과서 밖에서 통찰력을 키울 수 있도록 도와주는 게 즐겁습니다.

퇴직 후 작은 대학에서 교수직을 맡게 된 한 여성 언론인도 내게 이와 비슷한 말을 전했다.

저는 제가 운 좋게 대학에서 강의하게 되었다고 생각해요. 대학은 나이가 많은 사람을 우대해주는 분위기거든요. 저는 함께 일하는 교수들과 비교했을 때 젊은 나이고, 그분들은 아주 매력적이고 똑똑한 분들이세요. 그게 TV 뉴스 언론인과 대학교수 사이의 아주 큰 차이 중 하나인 것 같아요. 나이 많은 이들이 인정받고 지도자의 자리에 올라 그들이 가진 지식을 높이 평가받지요. 하지만 TV 뉴스는 혁신을 중시하기에 이런 분위기가 가능하지 않아요.

인생을 산다면
바흐처럼

지난 장에서 우리는 역사적으로 훌륭한 노력가의 사례를 몇 가지 살펴보았다. 찰스 다윈과 라이너스 폴링은 제2의 곡선이 존재한다는 사실을 알지 못했고 두 번째 도약도 이룰 수 없었다. 그러나 역사적으로 두 번째 도약을 탁월하게 잘한 인물도 있다. 내가 가장 좋아하는 사례는 원치 않는 쇠퇴기를 맞이해 두 번째 곡선을 발견하는 기쁨을 알게 된 위대한 작곡가 요한 제바스티안 바흐Johann Sebastian Bach 다.

1685년에 태어나 독일 중부에서 유명한 음악가의 대열에 들어선 바흐는 젊은 나이부터 특별한 천재 음악가로 세상에 이름을 알렸다. 일생동안 그는 그 시대에 사용할 수 있는 모든 악기들을 편성한 연주곡을 1,000여 곡 이상 작곡했다.[13] 관현악단과 합창을 위한 위대한 칸타타 곡들을 작곡하는 데만도 수십 개의 펜이 소모되지 않았을까 싶다. 그의 협주곡들은 구성이 완벽했다. 피아노 협주곡들은 단순하면서도 우아했다.

바흐는 내가 가장 좋아하는 작곡가다. 나는 어린 시절 그의 음악을 너무나 사랑하여 사람들에게 자랑스럽게 '바흐'Bach가 영어로는 '브룩'Brook이라는 성에 해당하며 더 일반적인 형태로는 '브룩스'Brooks라는 점을 굳이 강조하기도 했다. 내가 가장 사랑하는 음악가와 내가 성이 똑같다니!

그렇다 해도 바흐에 대한 나의 사랑이 그렇게 유별난 편은 아니다. 20세기 최고의 스페인 첼로 연주자인 파블로 카잘스Pablo Casals는 바흐의 무반주 첼로 모음곡을 전 세계의 클래식 애호가들에게 널리 알렸고 바흐를 그의 음악적 영웅으로 다음과 같이 칭송했다. "신성이 분명하게 드러날 때까지 인간 본성의 껍데기를 벗겨내고, 일상적인 활동에 영적인 열정을 불어넣고, 덧없는 것에 영원의 날개를 달아주고, 신성한 것은 인간적으로, 인간적인 것은 신성하게 만든 것이 바로 역사상 가장 위대하고 순수한 음악의 경지에 오른 바흐가 한 일이다."[14]

또한 작곡가 로버트 슈만Robert Schumann은 이렇게 표현하기도 했다. "종교가 그 종교의 창시자에게서 기인한 것처럼 음악 역시 바흐에게서 기인했다." 바흐를 예수에 비유한 슈만만큼 내가 바흐를 좋아하는지는 모르겠으나 지금 내가 이 글을 쓰면서 듣고 있는 〈마태수난곡〉이나 〈미사곡 B단조〉를 이 장을 다 읽고 난 뒤 꼭 한 번 들어보길 권한다. 사람들이 왜 바흐를 '다섯 번째 복음 전도사'라고 부르는지를 알게 될 것이다.

그런데 바흐의 엄청난 생산성은 음악에만 국한되지 않았다. 그에게는 자녀가 무려 20명이나 있었다. 서른다섯 살의 나이에 비극적으로 세상을 떠난 사랑하는 첫 번째 아내 마리아 바르바라Maria Barbara가 낳은 일곱 명의 자녀가 있었고, 두 번째 아내 안나 막달레나Anna Magdalena와의 사이에서 13명의 자녀가 있었다. 그리고 그들 중 10명만이 성인이 되어서까지 살아남았는데 그중 네 명은 작곡가가 되어 스스로의 힘으로 상당한 명성을 얻기도 했다. 가장 유명한 음악가로 이름을 남긴 자녀는 카를 필리프 에마누엘 바흐Carl Philipp Emanuel Bach로, 후대에는 C. P. E.로 잘 알려져 있다.[15]

바흐가 따르는 음악 양식은 하이바로크High-Baroque였다. 활동 초기에 그는 이 음악 양식에서 그때껏 가장 훌륭한 작곡가로 많은 이들의 인정을 받았다. 작곡 의뢰가 밀려들었고, 왕실에서도(특히 안할트 쾨텐의 레오폴트 대공Prince Leopold of Anhalt-Köthen) 그를 찾기에 바빴다. 어린 작곡가들도 그의 스타일을 모방하려 했다. 그는 사랑하는 대가족과 함께 높아져 가는 음악가로서의 명성을 누리며 살았다.

그러나 그의 명성과 영광은 계속되지 않았다. 한 유망한 젊은 음악가가 등장해 하이바로크 양식을 디스코 음악 같은 구식 음악으로 치부하며 바흐를 능가하는 실력으로 그를 중앙 무대에서 밀어냈기 때문이다. 그 찬탈자는 다름 아닌 바흐의 아들 C. P. E.였다.

C. P. E.는 일찍부터 그의 아버지와 똑같은 음악적 재능을 보였다. 성장하면서 그는 바로크 음악을 숙달했지만 모두가 듣고 싶어 하는 최신식의 클래식 음악에 더 매료되어 있었다. 새로운 양식의 클래식 음악의 인기가 높아짐에 따라 C. P. E의 명성도 함께 높아졌다. 반면 바로크 음악은 고루한 구식 음악이라는 인식이 생겨났다. 새로운 양식의 음악을 작곡하려 하지 않거나 할 수 없는 바흐를 비롯한 다른 바로크 음악 작곡가들과 함께 말이다.

그렇게 해서 C. P. E.는 자신의 아버지 바흐를 가문을 대표하는 유명 음악가의 지위에서 밀어냈다.

바흐의 말년에는(그리고 이후 한 세기 동안) C. P. E.가 바흐 가문을 대표하는 최고의 음악가로 여겨졌다. 요제프 하이든Joseph Haydn과 루트비히 판 베토벤Ludwig van Beethoven은 C. P. E.를 존경하여 그의 음악을 수집했다. 볼프강 아마데우스 모차르트Wolfgang Amadeus Mozart도 이렇게 말했다. "바흐가 아버지이며 우리는 그의 자녀이다." 여기서 바흐는 아버지 J. S. 바흐가 아닌 C. P. E. 바흐를 지칭한 것이다.

J. S. 바흐는 다윈의 경우처럼 최고의 자리에서 밀려나 이제는 경쟁자에게 뒤처지고 있다고 생각하며 비통해하는 편이 쉬웠을 것이다. 하지만 그는 그러는 대신 아들의 독창성을 자랑스러워하며 혁신적인 음악

가에서 음악 스승으로 자신의 인생을 재설계했다. 그는 삶의 마지막 10년을 특히 바로크 음악 양식의 작곡 기법을 가르치기 위해 하나의 주제를 기본으로 한 푸가와 카논 곡집인 《푸가의 기법》The Art of Fugue을 작곡하는 데 바쳤다.

《푸가의 기법》은 일종의 작곡 교본집이다. 바흐가 세상을 떠나고 100년이 흐른 뒤 《푸가의 기법》은 재발견되어 대중 앞에 연주되기 시작했다. 오늘날에는 연주회에서 《푸가의 기법》을 흔히 들을 수 있다. 교본이 너무나 아름다워서 그것이 마치 문학 작품이나 시로 여겨진다면 어떨지 상상해보라. 그것이 바로 J. S. 바흐의 위대함이다.

하지만 그의 재능 못지않게 인상적인 것은 바로 그의 회복탄력성이다. 그는 혁신적인 음악가로 인정받는 삶을 살다가 직업적 쇠퇴기를 맞이했다. 그러나 그는 좌절과 우울 속으로 빠져들기보다는 스스로 스승의 역할을 자처하고 행복한 아버지로서 인생을 마감했다.

J. S. 바흐는 문자 그대로 교본 작업을 하던 중 세상을 떠났다. 《푸가의 기법》에 담겨 있는 14번째 푸가는 완성되지 못하고 중간에 멈추어 있었다. 몇 년이 흐른 뒤 C. P. E.는 이렇게 덧붙였다. "푸가가 거의 완성될 무렵… 작곡가는 세상을 떠났다." Uber dieser fuge… ist der verfasser gestorben[16] 또한 그 곡에는 마지막으로 바흐 가문을 상징하는 특별한 의미가 담겨 있었다. 바흐는 《푸가의 기법》을 작곡하면서 B♭–A–C–B♯의 배열을 사용했다. 독일에서는 B♭을 그냥 'B'로 표기하고, B♯은 'H'로 표기한다. 다시 말해서 바흐는 자신의 이름(B-A-C-H)을 주제로 곡을 만들고 있던 것이었다. 그리고 운명처럼 이것이 그가 마지막으로 작

곡한 곡이 되었다. 그야말로 작곡가로서 가장 강렬한 인상을 남기고 떠났다고 할 수 있다.

이번에는 찰스 다윈의 삶에 대해 다시 생각해보자. 남겨진 기록으로만 판단하자면 두 인물은 비슷하게 위대하다. 두 사람 모두 특출난 재능을 타고났고 젊은 나이에 이룬 혁신과 성취로 명성을 얻었다. 두 사람 모두 젊은 날의 혁신적인 성과가 다른 이들에게 추월당한 후에도 엄청난 존경을 받았다. 그리고 두 사람 모두 사후에 영구적인 명성을 얻었다. J. S. 바흐는 그 시대의 다른 모든 작곡가들(C. P. E.를 포함해)을 무색하게 만들었으며 오늘날 진지한 음악을 좋아하는 음악 애호가들 사이에서도 가장 사랑받는 음악가라 해도 과언이 아니다. 다윈은 역사상 가장 위대한 과학자 중 한 사람으로 이미 잘 알려져 있다(반면 그레고어 멘델은 많은 이들에게 낯선 인물이다).

두 사람의 가장 달랐던 점은 자신의 삶을 관리하는 부분이었다. 즉, 혁신가로서 중년에 찾아온 쇠퇴기를 어떻게 받아들이는가에서 차이를 보였다. 다윈은 벽에 부딪혔을 때 실의에 빠져 우울해했다. 그의 인생은 슬픔 속에서 막을 내렸다. 대부분의 사람처럼 그는 두 번째 곡선을 찾거나 발견하지 못했다. 다시 말해 그는 만년에 오직 쇠퇴만을 경험했다.

한편 바흐는 자신의 유동성 지능 곡선이 기울고 있다는 사실을 알아차렸을 때 있는 힘껏 도약해 결정성 지능 곡선 위에 올라탔고, 과거를 돌아보지 않았다. 그는 혁신가로서 뒤처질 때 스스로 지도자가 되는 길을 선택했다. 전하는 바에 따르면 그는 사랑과 존경을 받고 충족감과 행복을 느끼며 생을 마감했다. 비록 전성기 때만큼 유명하지는 않았다 하더라도 말이다.

위대한 작곡가 요하네스 브람스Johannes Brahms는 바흐 사후 100년 후 "바흐를 연구하라."라고 말했다. "바흐의 곡들 속에서 음악의 모든 것을 발견하게 될 것이다."[17] 《푸가의 기법》이라는 아름다운 교본 덕분에 작곡가들은 수 세기에 걸쳐 하이바로크 양식의 음악을 이해하고 재현할 수 있게 되었다. 교본이 푸가와 카논 작곡법을 너무도 알기 쉽게 보여주는 까닭에 어떤 학생이든 비록 스승만큼 훌륭하게는 아닐지라도 가장 기본적인 수준으로는 작곡을 할 수 있을 정도다.

그의 모범적인 삶 또한 주목해야 할 필요가 있다. 그는 자신의 소명을 나이가 들면서 바뀐 능력에 꼭 맞게 재정립했다. 그렇게 해서 자신의 삶을 기쁨과 사랑, 타인을 위한 봉사로 가득 채웠다. 브람스의 조언을 음악에만 국한시켜서 받아들이지 말자. 바흐를 연구함으로써 우리는 우리의 삶도 향상시킬 수 있다.

우리는 모두 재능을 가지고 태어난다. 어떤 사람은 그 재능을 어린 시절에 발견한다. J. S. 바흐도 어린 시절부터 두각을 나타낸 사람 중 하나로, 다른 사람들은 불가능하다고 생각했지만 열다섯 살에 오르간 연주를 시작했고 20대에는 작곡가로서 명성을 떨쳤다. 반면 내가 가르치는 학생들처럼 자신의 천직을 늦게 발견하는 사람도 있다. 수년 동안 대학과 대학원을 다니며 자신이 가야 할 길을 찾기도 한다. 또 어떤 이들은 한동안 다른 길을 가다가 그것이 엉뚱한 방향임을 깨닫고 난 뒤에야 자신의 길을 찾기도 한다. 내가 만나본 한 건축가가 그랬는데, 그는 고급 과학 교육을 모두 받고 난 뒤에야 자신이 건축에 남다른 열정이 있다는 사실을 알게 되었다고 한다. 그리고 나 역시 그에 해당한다. 나는 음악이 내 천직이라고 굳게 믿고 있었지만 예상치 못한 일의 발생으로 계획과 다른 길을 찾아야만 했고, 사회과학 분야에서 내 천직을 발견 했다.

당신이 일찍이 자신의 천직을 어떻게 찾게 되든, 세상에 도움이 되는 방향으로 열정적으로 그 일에 열중하라. 하지만 굳이 성공에 매달리지 는 마라. 당신의 능력이 변화하게 되면 언제든 그에 따라 변화할 준비 를 하고 있어야 한다. 세속적인 명성이 사그라든다 해도 그 변화를 수 용하고 그것에서 얻을 수 있는 이점을 찾고자 노력하라. 모든 환경의 변 화가 배우고 성장하고 가치를 창조하는 기회가 된다는 사실을 명심하 라. 이 장에서 말하고자 하는 요지는 단순히 안 좋은 상황을 좋은 방향 으로 극복하라는 것이 아니라 인생 후반기에 비로소 찾아오는 '엄청난 기회'를 놓쳐서는 안 된다는 것이다.

J. S. 바흐는 그가 지도자로서 한 작업이 사후 100년 후 재발견되어 전 세계 모든 콘서트에서 연주되고 역사상 가장 위대한 작곡가로 수많 은 이들의 인정을 받는 계기가 되리라고는 생각하지 못했을 것이다. 그 는 그저 자신의 재능을 유리하게 활용해 그가 사랑하는 음악을 가르치 고 음악가로서 명성이 높아지고 있는 자녀들을 응원하고자 했을 뿐이 었다. 그러다 자신도 모르는 사이에 유동성 지능 곡선에서 결정성 지능 곡선으로 갈아타게 된 것이었다.

삶의 후반기를 당신의 지혜를 이용해 타인을 돕는 활동에 바쳐라. 당 신에게 가장 중요한 가치를 남들과 공유하면서 나이 들어라. 탁월함은 항상 그에 대한 보상으로 돌아온다. 그리고 이것이 나이가 들면서 당신이 가장 훌륭해질 수 있는 방법이다.

'더 열심히'가 아닌
'더 지혜롭게' 일하는 법

'두 번째 곡선에 올라타라.' 노력가들이여, 이것이 바로 인생 후반기를 잘 보내는 비법이다. 유동성 지능이 가져다주는 보상을 추구하는 것에서 결정성 지능이 가져다주는 보상을 추구하는 것으로 삶의 전략을 바꿔라. 그리고 지혜를 사용하는 법을 배워라.

물론 짐작할 수 있겠지만 그게 다는 아니다. 두 번째 곡선에 올라타야 한다는 사실을 아는 것과 실제로 그렇게 하는 것은 별개의 일이다. 실제로 노력가들은 습성상 첫 번째 곡선에서 벗어나기가 힘들다. 그들은 여간해서는 그만두지 않는다. 그저 더 열심히 일할 뿐이다. 하지만 실제 데이터에서 확인했듯이 현실적으로 유동성 지능 곡선이 꺾이는 일을 막을 수는 없다. 더 열심히 일하는 전략은 통하지 않는다.

따라서 앞으로 이 책에서는 당신이 새로운 도약을 할 수 있도록 돕는 데 집중하려 한다. 첫째로, 당신의 발목을 잡는 세 가지 요인이 무엇인지, 그리고 그것들을 어떻게 제거할 수 있는지 알아볼 것이다. 그 세 가지는 일과 성공 중독, 세속적인 보상에 대한 집착, 그리고 쇠퇴에 대한 두려움이다. 그리고 두 번째 곡선으로의 이동이 첫 번째 곡선에 안주하는 것보다 더 만족스러우려면 지금 당장 무엇을 시작해야 하는지 살펴보려 한다. 그것은 바로 인간관계를 개발하고, 영적인 여정에 오르고, 자신의 약점을 수용하는 것이다. 마지막으로 다음 단계로의 선환이 시작될 때의 정서적인 측면에 대해서도 이야기해볼 것이다.

앞으로 자세히 살펴볼 테지만 간략하게 한마디로 정리하자면 이렇다. '당신을 위한 두 번째 곡선은 분명히 존재하며 당신은 얼마든지 그 곡선에 올라탈 수 있다. 그리고 당신은 그러한 변화에 커다란 즐거움을 느끼게 될 것이다.'

From Strength 🕊 *to Strength*

제3장

불행으로 이끄는
성공 중독에서 벗어나기

이 책을 쓰면서 여러 사람을 만나 인터뷰하던 중 내 마음을 가장 아프게 했던 이야기는 내 나이 또래의 한 여성의 사연이었던 것 같다. 그녀는 월스트리트에서 굉장한 성공을 거둔 인물이었다. 큰돈을 벌고 많은 존경도 받았다. 그런데 최근 들어 그녀는 여기저기서 실수를 하기 시작했다. 관리자로서의 판단력은 예전만큼 예리하지 못했고 그녀의 감 또한 신뢰할 수 없었다. 한때는 사무실의 전 직원들을 호령했지만 이제는 어린 직원들이 그녀의 말을 신뢰하지 못하고 있다는 게 보였다. 이처럼 쇠퇴의 징후가 찾아와 충격에 빠져 있었던 그녀는 나의 칼럼을 보고 내게 연락을 해왔다.

나는 그녀의 삶에 대해 여러 가지 질문을 던졌다. 그녀는 그다지 행복해 보이지 않았고 오랫동안 행복하지 못했던 것 같았다. 어쩌면 행복해본 적이 없었는지도 모르겠다. 결혼 생활은 불만족스러웠고 술을 과하게 마셨다. 대학생 자녀들과의 관계는 그런대로 문제 없어 보이기도 했지만 친밀감이 없었다. 그녀에게는 진짜 친구가 거의 없었다. 놀라우리만치 장시간 일했고 육체적으로는 항상 지쳐 있었다. 그녀에게는 일이 전부였다. 마치 '일을 하기 위해 사는 것'처럼 일했다. 그리고 이제는 그 일마저도 손가락 사이로 모래가 빠져나가듯 사라지는 것 같아 두려움을 느끼고 있었다.

그녀는 이 모든 상황을 스스로도 인정했다. 당신에게 그녀의 불행을 해결할 방법이 분명해 보일지도 모르겠다. 실제로 나 또한 그녀에게 왜 불행의 근원을 개선하기 위해 노력하지 않았는지 물어보았다. 시간을 들여 시들어가는 결혼 생활을 되살리고, 자녀들과 더 많은 시간을 함께 보내고, 술을 줄이고, 잠을 더 자고, 몸의 컨디션을 더 잘 관리하기 위한 노력을 하지 않았는지 말이다. 애초에 자신을 녹초로 만들 만큼 열심히 일한 덕분에 그녀가 성공할 수 있었다는 사실은 알고 있다. 하지만 어떤 것이 당신을 비참하고 힘들게 만든다면 그것을 개선할 방안을 찾아야 하지 않을까? 당신이 빵을 좋아한다고 가정해보자. 하지만 글루텐을 소화하기가 힘들다면 어떻게 하겠는가? 빵을 먹지 않게 될 것이다. 빵을 먹으면 몸이 아프기 때문이다.

그녀는 내 질문에 대해 잠시 생각하는 듯했다. 그리고 마침내 나를 바라보며 무미건조하게 말했다. "아마 행복하기보다 특별해지기를 더 원했던 것 같아요."

놀란 나의 얼굴을 바라보며 그녀는 설명을 이어갔다. "행복해지기 위해 하는 일들은 누구나 할 수 있는 일들이잖아요. 휴가를 가고, 친구들이나 가족들과 함께 시간을 보내는 등의 일 말이에요. 하지만 위대한 일은 누구나 성취할 수 있는 게 아니죠." 처음에는 이 말을 가볍게 듣고 넘겼지만 혼자 곰곰이 생각해보니 나 또한 내 삶에서 이런 선택을 했었다는 사실을 깨달았다. 조금 더 솔직하게 말하자면 어쩌면 대부분의 경우에서 그랬는지도 모른다.

금융업 종사자인 이 여성은 다른 이들이 존경하고 좋아할 만한 자신의 모습을 창조하기 위해 오랜 시간을 쏟아부었다. 더 중요한 사실은 그녀가 연출한 열심히 일하고 크게 성공한 경영 간부로서의 자신이 스스로가 존경할 만한 모습이라는 점이다. 그리고 드디어 그녀는 성공했다! 하지만 그 무엇도 영원할 수는 없다. 그녀는 이제 일터에서 시간을 보낼수록 점점 더 만족감이 줄어들고 있었다. 행복감뿐만 아니라 권력도 명예도 점점 사그라드는 느낌이었다. 그녀의 문제는 대체 무엇이었을까? 바로 자신이 창조해낸 '특별한 사람'이 완벽한 사람이 아니라 부족한 사람이었다는 사실이다. 자신을 나타내는 표상과 진짜 자신을 맞바꿨다고 말할 수 있다.

우리도 다른 이들을 이렇게 대하는 경우가 종종 있다. 그들이 가지고 있는 육체적 아름다움이나 돈, 권력과 같이 부러움을 살 만한 한두 가지의 특질로 그들을 축소시키는 것이다. 이것을 '대상화'라고 부른다. 유명 인사들은 이런 방식으로 자신이 대상화되는 것이 얼마나 끔찍한 일인지에 대해 자주 언급한다. 예컨대, 돈만 보고 하는 결혼과 같이 대상화로 이루어진 결혼은 필연적으로 비참한 결말을 맞이할 수밖에 없다.

개념적으로는 타인을 대상화시키는 것이 잘못된 행동임을 우리는 잘 안다. 하지만 그럼에도 어느새 그 사실을 잊은 채 스스로에게 그렇게 하는 경우가 많다. 앞서 언급한 여성은 일과 성취, 세속적인 보상, 자존심을 중심으로 '특별한 자신'을 정의해놓고 대상화했다. 설사 그 대상화가 서서히 옅어졌다 해도 세속적인 성공에 너무나 집착한 나머지 이제는 행복을 가져다줄 수 있는 변화를 도모할 수 없는 상태로 스스로를 몰아넣었다.

그녀는 일에 중독되어 있었고, 그 이전에는 성공에 중독되어 있었다. 모든 중독이 그렇듯이 중독은 그녀의 인간성을 말살시켰다. 자신을 완전한 인간으로 대우하기보다는 고성능 기계처럼 대우한 것이다. 아니면 지금까지는 고성능 기계였지만 이제는 마모되어가고 있는 기계로 보고 있는지도 모른다.

아마 당신도 이와 다르지 않은 상황일 테고 솔직히 말하자면 나 또한 그러하다. 그래서 이번 장에서는 자기 대상화와 일중독, 그리고 특히 성공 중독과 같은 문제들의 밑바닥을 들여다보려 한다. 이와 같은 문제들은 우리의 유동성 지능 곡선이 하강 곡선을 그리도록 만드는 원인이 된다. 우리가 새로운 성공을 향해 도약하려면 바로 이 중독의 압제에서 벗어나는 길을 찾아야 한다.

행복이 아닌 특별함을
선택한 사람들

"아마 행복하기보다 특별해지기를 더 원했던 것 같아요."

그 여성의 말을 들었을 때 머릿속에 어렴풋이 뭔가가 떠오르는 듯했지만 며칠 동안 그것이 정확히 뭔지 짚어낼 수가 없었다. 그러다가 마침내 기억이 났다. 과거 알코올 중독과 약물 중독으로 오랫동안 고생했던 한 친구와의 대화였다. 그는 중독에 시달리던 내내 아주 불행했으며 자신도 그 사실을 알고 있었다고 말했다. 나는 그에게 단순한 질문을 던졌다. "그렇게 비참하다고 느꼈다면 왜 그 행동을 멈추지 않고 계속했던 거지?" 그는 앞서 등장한 금융업계 여성처럼 답변하기 전에 잠시 뜸을 들였다. "나는 행복을 느끼기보다 흥분된 상태 그 자체를 더 좋아한 것 같아."

그때 이런 생각이 들었다. '행복한 사람보다는 특별한 사람이 되기를 선택하는 사람들은 중독자다.' 이 말이 당신에게는 이상하게 들릴지도 모르겠다. 술에 완전히 중독된 사람을 한번 떠올려보라. 아마도 냉혹한 세상에서 받은 상처를 술과 약으로 위로하고 있는 노숙자의 모습이 단번에 생각날 것이다. 열심히 일해서 높은 자리에 올라간 '성공한 사람'을 떠올리는 사람은 없다. 그들이 중독의 희생양이 될 가능성이 거의 없다고 생각하기 때문이다.

유감스럽지만 틀렸다. 경제협력개발기구OECD에 따르면 음주 가능성은 교육 수준과 사회경제적 지위에 비례해 상승한다고 한다.[1] 일각에서는 스트레스가 많은 직종의 사람일수록 술에 의존하는 경우가 많다고 한다. 여기에는 위험한 수위의 과음도 포함되며 과음은 스위치를 끄듯 일시적으로 불안한 마음을 잠재울 수 있다.

하지만 노력가가 빠지기 쉬운 중독에 알코올 중독만 있는 게 아니며, 알코올 중독이 그들이 빠지게 되는 가장 나쁜 중독도 아니다. 내가 본 가장 형편없고 가장 치명적인 중독 중 하나는 바로 일중독이다. '워커홀리즘'workaholism이라는 단어는 1960년대에 심리학자 웨인 오츠Wayne Oates가 만든 말이다. 오츠가 아들의 얼굴도 보기 어려울 만큼 아주 바쁘게 일하자 오츠의 아들이 그의 사무실로 찾아와 아버지를 만나기 위해 약속을 잡았던 일이 계기가 되어 이 단어가 만들어졌다고 한다. 오츠는 1971년에 '워커홀리즘'을 '끊임없이 일하려고 하는 통제할 수 없는 충동'이라고 정의 내렸다.[2]

워커홀리즘은 사회적으로 성공한 사람들에게서 흔히 나타나는 증후군이다. 직장에서 보내는 시간을 한번 생각해보자. 《하버드 비즈니스 리뷰》의 조사에 따르면 미국의 평균적인 최고경영자는 주당 62.5시간을 일하는 반면 평균적인 노동자는 주당 44시간을 일하는 것으로 나타났다.[3] 이 조사 결과는 충분히 공감이 가는 부분이다. 내가 최고경영자로 일했던 10년 동안 나 또한 주당 60시간 이하로 일해본 적이 있었는지 생각이 잘 나지 않기 때문이다. 많은 리더들은 이보다 훨씬 더 많은 시간을 회사에서 보낸다. 그 결과 다른 관계를 개발할 시간이 거의 없다.

지나치게 장시간 일하는 리더들은 일을 충분히 잘해내려면 어쩔 수 없다고 종종 변명한다. 하지만 나는 그 말을 믿지 않는다. 조금만 더 깊이 들여다보면 (나의 삶을 봐도 그렇고 다른 이들의 삶을 봐도 그렇고) 일중독자들은 악순환에 빠져 있다. 그들은 다른 이들보다 더 많이 일해서 성공했고, 따라서 필요 이상으로 일을 많이 하고 있다. 그리고 자신의 천문학적인 생산성을 유지하기 위해서는 항상 그 속도를 유지해야 한다고 믿는다. 높은 생산성을 유지해온 결과 남들에게 뒤처지는 것을 두려워하게 되어 계속 달려가려는 성향을 보이게 된다. 그리고 머지않아 일이 인간관계와 그 밖의 활동들을 모두 밀어낸다. 결국 일중독자에게는 일밖에 남는 것이 없게 되어 악순환은 더 강화된다.

그렇게 일중독은 두려움과 외로움을 키운다. 동시에 두려움과 외로움은 일중독을 키운다.

심리 치료사들은 다음의 세 가지 질문을 통해 일중독을 진단한다.

- 자유 시간에도 일과 관련된 활동을 하는가?
- 일하지 않을 때에도 일에 대해 생각하는가?
- 당신에게 요구되는 수준 이상으로 일을 해내는가?[4]

하지만 나는 이와 같은 진단 기준이 문제의 근본을 건드리지는 못한다고 생각한다. 장담컨대 이 책을 읽고 있는 독자들 중 많은 사람이 위 질문에 모두 '그렇다'고 답할 것이다. 진정으로 자기 일을 즐기고, 잘하고 싶어 하는 사람이라면 말이다. 일을 '잘하기' 위해서는 그저 해고되지 않는 정도의 노력 그 이상이 요구된다. 일을 열심히 하고 즐긴다고 해서 모두가 일중독자이지는 않다.

나는 실제로 일중독으로 들어선 사람들을 많이 만나보았고 나 또한 그 범위에 들어간다. 따라서 내가 볼 때 일중독을 제대로 진단하려면 다음과 같은 질문을 던져봐야 한다.

- 퇴근 후 사랑하는 사람들을 위해 쓸 에너지를 남겨두지 않고 에너지가 모두 방전될 때까지 일하는가?
- 늘 일할 틈을 엿보는가? 이를테면 일요일 날 배우자가 외출하고 나면 즉시 일 모드로 바뀌고 배우자가 집에 돌아올 시각이 되면 일하고 있었다는 사실을 숨기기 위해 일하던 흔적을 치우는가?
- 일이 특별히 바쁘지 않을 때조차도 누군가가(이를테면 배우자) 사랑하는 사람들과 더 많은 시간을 가지기 위해 일을 줄이라는 제안을 하면 불안하거나 기분이 언짢은가?

이 질문이 알코올 중독자에게 하는 질문과 아주 유사하게 들리지 않는가? 그렇다면 당신의 생각이 틀리지 않았다. 심리 치료사 브라이언 로빈슨Bryan Robinson은 일중독과 가족 관계에 대해 폭넓은 저술 활동을 해왔다. 그는 알코올 중독자들이 배우자에게 하는 행동들 중 상당 부분을 일중독자들도 동일하게 한다는 사실을 증명했다.[5] 중독자들은 제대로 이해받지 못하고 공격받는다고 생각하기에 비밀스럽게 행동한다. 그러는 동안 배우자는 외면당했다고 느끼고 상처받는다. 그 결과 파경에 이르는 경우도 흔하다.[6] 일중독자는 배우자가 감사할 줄 몰라서 파경에 이르렀다고 정당화하기도 한다. 이 책을 집필하던 중 한 남자가 내게 이런 말을 한 적이 있다. "제 아내는 돈으로 살 수 있는 좋은 것들은 원하면서 그 돈을 벌기 위해 제가 일을 많이 하는 것에 대해서는 화를 내더라고요." 오, 저런!

일중독자들은 14시간 동안 일하는 것이 자신의 성공에 결정적인 역할을 했다고 믿으며, 실제로 생산성이 극도로 줄어드는 시점이 바로 일한 지 14시간째가 되는 때다. 경제학자들의 연구 결과에 따르면 하루에 노동 시간이 8~10시간 이상으로 넘어가면 높은 생산성을 기대하기 어렵다.[7] 만약 당신이 하루에 12~14시간씩 일하는 사람이라면 오후 늦은 시간이나 저녁 무렵에는 집중하기가 아주 어렵다는 사실을 이미 알고 있을 것이다. 인간의 집중력이란(특히 앉아서 하는 업무의 경우) 그렇게 오랜 시간 지속될 수가 없다.

모든 중독의 공통점은 그 대상이 술이든 도박이나 박수갈채 혹은 '일'이든 인간이 사랑할 가치가 없는 무언가와 건강하지 못한 관계를 맺는다는 점이다. 일중독자의 삶에서는 일과의 관계가 가장 중요하다. 그래서 그들은 특별한 기념일에도 출장을 가고 자녀의 어린이 야구 리그에도 참석하지 못한다. 또 어떤 이들은 일 때문에 결혼 생활을 포기하고 '일과 결혼했다'는 꼬리표를 달기도 한다. 일에 대해 일반적인 시각을 가지고 있는 사람들에게는 일 때문에 다른 생활을 포기한다는 사실이 도저히 이해가 가지 않을 것이다. 하지만 일중독자에게서 일을 떼어놓으려 하는 것은 곰에게서 새끼를 빼앗으려 하는 것과도 같다.

일중독은 당신을 일에 얽매여 있게 만들며 더 심각하게는 그러한 패턴을 계속 고수하도록 만든다. 해가 뜨나 달이 뜨나 늘 당신에게 가장 중요했던 일과 멀어지는 행동을 하는 게 두렵기 때문이다. 그리고 그로 인해 인생 2막으로의 도약이 불가능해지는 것이다.

성공 중독자에게
충분한 성공이란 없다

해결책을 알아보기에 앞서 조금 더 근원적인 측면을 들여다볼 필요가 있다. 알코올 중독자들은 술에 중독되어 있다. 그건 틀린 말이 아니다. 하지만 더 엄밀하게 말하면 그들은 '술이 뇌에 미치는 영향'에 중독된 상태라고 할 수 있다.

그리고 일중독 역시 같은 원리로 작동한다. 일중독자가 진정으로 열망하는 것은 일 자체가 아니다. 성공이다. 그들은 돈과 권력, 명예를 위해 자신을 말살해가며 일한다. 그런 보상들이 인정과 박수와 칭찬의 한 형태이기 때문이다. 마약에서부터 소셜미디어에 이르기까지 모든 중독 물질이 그렇듯이 인정과 박수와 칭찬은 신경전달물질인 도파민의 분비를 자극한다.[8]

그 이유가 무엇일까? 내가 만난 사람들 중 몇몇은 성공에 흥분하는 이유로 '비록 순간적일지언정 평범한 삶의 음울함을 가려주기 때문'이라고 답했다. 성취는 우울감으로부터 자신을 끌어올리는 하나의 방편이다. 모르는 사람의 존경을 받기 위해 자신이 사랑하는 사람들을 등한시할 만큼 자신이 '평범하다'는 생각이 공포를 불러일으킨다는 것은 확실히 뭔가가 잘못되었다는 뜻이다.

하지만 이는 역사적으로 유명한 '최고의 노력가'들 사이에서는 아주 흔히 나타나는 현상이다. 20세기에 가장 영향력 있는 정치가였던 윈스턴 처칠의 사례를 한번 살펴보자. 그는 자신의 '우울증'에 대해 자주 언급했는데, 우울증을 다스리기 위해 위스키를 마시고 강박적으로 일에 매달리고 최고가 되기 위한 갈망에 사로잡히기도 했다. 전시의 총리로서 눈코 뜰 새 없이 바쁜 와중에 정신적 고통을 그대로 방치할 수 없었던 그는 동시에 43권의 책을 집필하기도 했다.

그와 비슷하게 에이브러햄 링컨 역시 평생 동안 때때로 극도로 우울해했고 가끔은 자살 충동을 느끼기도 했다고 전해진다. 한번은 친구에게 자기는 주머니에 칼을 넣고 다닐 수 없다고 말하며 그 칼을 자신에게 사용하게 될까 두렵기 때문이라고 밝히기도 했다.[9] 대부분의 역사가는 1838년 링컨이 살았던 일리노이주 스프링필드의 지역 신문 〈상가모 저널〉Sangamo Journal에 익명으로 실린 '자살의 독백'The Suicide's Soliloquy이라는 시의 지은이가 링컨일 것으로 추정하고 있다. 다음은 그 시의 일부 내용이다.

나의 다정한 검이여! 칼집에서 나와
번득이는 자태를 뽐내며 너의 힘을 발휘하라.
내 숨통을 갈가리 찢어
피가 솟구쳐 온몸을 적시게 하라!

이 시는 링컨이 흥분 상태에서 쓴 것으로 짐작된다. 정신과 의사 존 가트너John Gartner에 따르면, 링컨은 경조증을 앓고 있었던 것이 분명하다. 경조증은 높은 성취도를 보이는 인물들에게 우울 삽화(기분 저하와 함께 전반적인 정신 및 행동 변화가 나타나는 시기를 의미. 삽화라는 용어는 증상이 존재하는 시기와 증상이 없는 시기가 뚜렷하게 구분된다는 의미로 쓰인다.—옮긴이)가 나타날 때 그 사이에 간간이 끼어드는 정신병적 증상이다.[10] 링컨은 우울증 치료를 받기 전 코카인에서 아편에 이르기까지 모든 것을 시도해보았다고 한다. 그러나 그가 실제로 의지할 수 있었던 치료법은 일과 세속적인 성공이었다.

약 400년경에 쓰여진 성 아우구스티누스Saint Augustine의 《고백록》에는 멋진 구절이 등장한다. 그는 제3자의 관점에서 성공에 대한 자신의 끝없는 갈망을 묘사하며 글을 시작한다. "나는 끓어오르는 강렬한 열정으로 (…) 명예를 갈망했다." 모든 성공 중독자라면 이 부분에 공감할 것이다. 그리고 그는 밀라노 거리에서 우연히 만나 은밀히 존경하게 된 한 걸인에 대해 묘사한다. "그는 기뻐하고 나는 번뇌한다. 그는 걱정이 없고 나는 두려움에 휩싸여 있다."

아마도 우리는 성공 중독 덕분에 진화했을 수도 있다. 만약 성공이 우리를 타인에게 더 매력적으로 보이게 하면서(성공 중독으로 결혼 생활을 망치기 전까지는 성공 때문에 매력적으로 보일 수 있다) 우리의 유전적 적합도를 강화시켜준다면 그 말이 맞을지도 모른다. 그러나 누구도 지속적으로 눈에 띄고 특별한 성취를 달성할 수는 없다. 몇몇 리얼리티 TV 스타들과 우연히 유명인이 된 인물들은 예외겠지만 성공하기 위해서는 피나는 노력과 희생이 요구된다. 1980년대에 의사 로버트 골드만Robert Goldman은 그가 진행한 유명한 연구에서 야심이 큰 운동선수들 중 절반은 오늘 올림픽 금메달을 딸 수만 있다면 그 대가로 5년 뒤 기꺼이 죽을 용의가 있다는 사실을 발견했다.[11] 존 밀턴John Milton은 그의 시 〈리시다스〉Lycidas에서 이렇게 말했다. "명성은 순수한 정신이 즐거움을 거부하고 수고로운 인생을 살도록 만드는 원동력이다."

하지만 목표는 충족될 수가 없다. 성공 중독자에게 '충분한 성공'이란 존재하지 않기 때문이다. 성공에서 오는 기분 좋은 흥분 상태는 하루 이틀 정도 지속될 뿐이다. 그리고 난 뒤에는 다음 성공을 향해 달려가야 한다. 젊은 시절 포뮬러원 자동차 경주 선수로 유명세를 누렸던 알렉스 디아스 리베이로Alex Dias Ribeiro는 "행복해지기 위해 성공에 의존하는 사람은 불행하다."라고 썼다. "그런 사람에게는 성공적인 커리어의 종말이 인생의 종말이 된다. 인생의 쓴맛을 느끼며 죽음을 맞이하거나 다른 일에서 더 큰 성공을 찾으며 죽는 날까지 하나의 성공에서 또 다른 성공으로 옮겨가며 사는 것이 그의 운명이다. 이런 상황에서는 성공한 다음에는 삶이 존재하지 않는 것이나 마찬가지다."[12]

왜 내가 아닌 나의 '이미지'를 사랑하는가?

어려서부터 나는 타인을 대상화하는 것은 매우 나쁜 행동이라고 배웠다. 아버지는 내게 남자로서 절대로 다른 이들을(특히 여성을) 그들의 신체적 특성만으로 판단하지 말라고 가르치셨다. 사람을 신체적 특성만으로 판단하는 행위는 인간성을 말살하는 것이며 죄악시되어야 마땅하다.

이런 도덕적 가르침이 새롭거나 특별히 종교적인가 하면 그렇지는 않다. 이는 임마누엘 칸트 철학의 핵심 주제 중 하나이기도 하다. 그는 "한 사람이 다른 사람의 욕구의 대상이 되는 즉시 도덕적 관계를 맺고자 하는 모든 동기는 작동을 멈춘다. 왜냐하면 다른 이의 욕구의 대상이 된다면 그 사람은 사물이 되는 것이고 모든 이에게서 그런 대우를 받을 수 있기 때문이다."라고 적었다.[13]

이 말은 성적 대상화에 주로 초점을 맞추고 그것이 어떻게 인간의 건강한 삶을 파괴하는지에 대해서 언급하고 있지만, 대상화가 '일'에서 일어날 때는 그 형태가 조금 다르다. 1844년에 쓰여진 다음의 글에는 카를 마르크스의 관점이 잘 드러나 있다. "인간의 상상력과 뇌, 그리고 심장에서 일어나는 자연 발생적인 활동은 인간에게서 분리되어 독립적이고 개별적으로 일어난다. (…) 그 활동은 마치 다른 이에게 속해 있는 것만 같다. 즉 이는 인간의 자아 상실을 의미한다."[14] 이 문장은 마르크스가 자본주의를 비판하는 내용이다. 마르크스는 자본주의가 사람을 인간성이 제거된, 생산성만 남아 있는 기계로 만들어버림으로써 불행으로 몰아넣는 사회 제도라고 보았다. 인간이 대상화되고 축소되고 있다는 말이다.

나는 마르크스가 자본주의를 평가하는 내용에는 동의하지 않는다. 그러나 인간을 노동자로 대상화하는 것이 인간의 행복을 망가뜨린다는 그의 지적은 매우 정확했다고 본다. 2021년 두 프랑스인 연구자는 직장 내에서 자신이 도구로 이용되고 있으며 주체로 인정받지 못하고 있다는 느낌을 받는 것과 관련해 직장에서의 대상화를 연구했고, 그 내용을 《프런티어스 인 사이콜로지》Frontiers in Psychology 저널에 발표했다.[15] 그들의 조사에 따르면 직장에서의 대상화는 극도의 피로와 직업 불만족, 우울증, 직장 내 성희롱 등을 야기하는 것으로 나타났다.

타인의 대상화에 대한 도덕적 판단은 아주 자명하다. 하지만 만약 대상화하는 사람과 대상화를 당하는 사람이 동일 인물이라면 어떨까? 다시 말해, 자신의 완전한 인간성을 존중하지 않고 3인칭의 시각에서 자신을 바라보는 '자기 대상화'의 경우 말이다.[16] 거울 속 자신의 모습을 들여다보고 순전히 자신의 외모 때문에 스스로가 부족하고 무가치하다고 느끼거나, 반대로 충족감과 행복을 느끼는 경우가 자기 대상화의 예라 할 수 있다. 외모뿐만이 아니라 일의 성과나 직업적 지위로 자신의 가치를 좋게(혹은 나쁘게) 판단하는 것도 여기에 속한다.

자기 대상화는 자존감과 삶의 만족도를 저하시킨다. 연구에 따르면, 여성들 사이에서 외모를 중심으로 일어나는 자기 대상화는 신체에 대한 수치심과 낮은 자존감으로 이어져 삶의 만족도를 떨어뜨린다.[17] 특별히 매력적인 사람들조차도 자신을 대상화의 관점으로 바라보게 되면 종종 자기 비판적으로 흐르곤 한다. 우리의 신체에는 항상 뭔가 부족한 부분이 있기 때문이다. 이 모든 상황은 오늘날 소셜미디어의 등장으로 더 심각해졌다. 소셜미디어가 자기 대상화를 그 어느 때보다 손쉽게 만들고 있는 것이다.[18]

젊은 여성들을 대상으로 한 연구에 따르면, 자기 대상화는 자기 소외를 불러일으키고 자주성을 떨어뜨리며 섭식 장애와 우울증에 직접적인 원인을 제공하는 것으로 밝혀졌다.[19] 또한 매일의 일상적인 업무에서 경쟁력도 떨어뜨린다. 2006년 19~28세의 79명의 여성들을 대상으로 한 실험에서는 스웨터와 수영복 중 무작위로 옷을 지정해주어 입게 하고 전신 거울에 자신의 모습을 비추어본 후 자기 이미지에 대한 설문조사지에 답하고 색깔을 판별하는 일상적인 활동을 수행하도록 했다.[20] 그 결과 ('내 몸이 곧 나'라는 생각을 하게 되기 쉬운) 수영복을 입은 여성들이 스웨터를 입은 여성들보다 색깔 판별을 현저히 더 느리게 한다는 사실이 드러났다.

우리가 일터에서 '내 일이 곧 나'라고 생각하는 자기 대상화를 행할 때 그것이 행복과 일의 성과에 어떤 영향을 미치는지에 대한 연구는 아직 진행된 적이 없다. 하지만 상식적으로 생각해보면 일에서의 자기 대상화는 신체적인 자기 대상화만큼이나 심각한 폭력이다. 우리는 스스로에게 마르크스 시대의 비정한 노동 지배자의 역할을 부여하고 있는 셈이다. 무자비하게 채찍을 휘둘러대며 우리 자신을 호모 에코노미쿠스 Homo economicus (윤리·종교 같은 외적 동기에 영향을 받지 않고 순전히 자신의 경제적인 이득만을 위하여 행동하는 사람—옮긴이)로 바라볼 뿐이다. 그렇게 사랑과 재미는 또 하루의 노동으로 희생된다. 우리는 "나는 지금 성공한 것인가?"라는 내면의 질문에 긍정적인 답을 하기 위해 노동한다. 그렇게 우리는 진짜 인간을 본떠서 만든 가짜 인간이 되었다. 그리고 불가피하게 끝이 다가오면(다시 말해 직업적 쇠퇴가 찾아들 때) 상실감에 빠져 시들어가며 필연적으로 타인에게 잊힌다.

마셜 맥루한Marshall McLuhan은 1964년 그의 저서 《미디어의 이해》에서 "미디어는 곧 메시지다."라는 유명한 말을 남겼다.[21] 그는 유명한 그리스 신화에 등장하는 나르키소스가 자신과 사랑에 빠진 것이 아니라 샘에 비친 '자신의 이미지'와 사랑에 빠졌다는 점에 주목했다. 바로 이것이 우리가 일에서 자기 대상화를 하는 지점이기도 하다. 우리의 일은 우리의 미디어다. 그리고 곧 우리의 메시지다. 우리는 '성공한 자신의 이미지'를 사랑하는 것이지 '실제 삶에서의 자신'을 사랑하고 있는 것이 아니다. 당신은 당신의 직업이 아니고 (나 스스로에게도 상기시켜주어야 하므로) 나도 내 직업이 아니다.

자만심, 두려움, 비교, 그리고 금단 증세

근본적으로 자기 대상화는 자부심 혹은 자만심의 문제다. 자부심 혹은 자만심은 현대 사회에서는 좋은 쪽으로 비춰지는 경우가 많다. 때론 존경의 의미를 담아 그 단어를 사용하기도 한다. 이를테면 나는 우리 아이들에게 그들이 자랑스럽다고 말한다. 아니면 나는 부끄러움도 없이 이 책에 자부심을 느낀다고 말할 수도 있을 것이다.

하지만 대부분의 전통 철학에서 자만심은 사람을 완전히 타락시키는 절대 악행으로 여겨진다. 불교에서는 '마나'mana 라고 부르는데, 이는 산스크리트어로 '자신의 이익을 우선적으로 생각하며 다른 이들을 배려히지 않고 자만하는 마음'을 가리킨다. 이런 자만은 결국 스스로에게 고통을 안겨준다. 토마스 아퀴나스는 그런 마음을 '스스로 탁월해지고자 과도하게 갈망하지만 결국 비참함을 느끼게 되는 마음'이라고 정의했다.[22] 단테의 《신곡》을 보면 사탄이 지나친 자만심의 희생자로 묘사되어 있다. 박쥐의 날개처럼 생긴 자신의 기괴한 날개가 퍼덕거리며 일으킨 바람으로 사탄은 허리 아래가 완전히 얼어붙어 고통 속에 붙박힌다.

자만심에는 엉큼한 면이 있다. 좋은 것 안에 숨어 있기 때문이다. 아우구스티누스는 날카로운 통찰력으로 "거의 모든 종류의 죄는 악행과 상관이 있다. 반면 자만은 좋은 행동 속에 도사리고 있다가 결국 그것을 망가뜨리고 만다."라고 말했다.[23] 너무나도 지당하신 말씀이다. 의미와 목적의 원천이라 할 수 있는 일은 일중독을 낳아 우리의 인간관계를 망가뜨린다. 탁월함의 결과인 성공 또한 중독을 낳는다. 이 모두가 자만심 때문이다.

자만심의 사촌이 바로 두려움이다. 약물과 알코올에 중독된 많은 사람이 '평범한 삶'에 대한 스트레스, 그리고 무료함이 두려워 중독에 빠졌다고 말하곤 한다. 성공 중독자들도 극심한 두려움으로 힘들어하는 경우가 많다. 실패에 대한 두려움일 것이다.

실패에 대한 두려움을 주제로 한 여러 연구들이 존재한다. 일례로, 대학생들은 공개석상에서 말하는 일을 가장 두려워한다고 한다. 어떤 학자들은 그 공포가 죽음에 대한 공포보다 더 크다고 주장해 주목을 끌기도 했다.[24] 내가 학교에서 강의를 하며 지켜본 바에 따르면 평소 가장 노력을 많이 하는 우등생들에게서 그런 증상이 두드러진다. 그들은 실패에 대한 두려움이 너무 큰 나머지 간단한 수업 프레젠테이션을 하는 것조차도 힘겨워했다. 실패에 대한 공포는 어리거나 경험이 부족한 사람들에게만 찾아오지 않는다. 2018년에 실시된 설문조사에 따르면, 최고경영자들 중 90퍼센트가 '다른 걱정보다도 실패에 대한 두려움 때문에 밤잠을 설친다'는 사실을 인정했다고 한다.[25]

두려움은 모든 성공 중독자들에게 생기를 불어넣는다. 철학자 장 자크 루소는 《고백록》에서 "나는 처벌이 두려웠던 것이 아니다. 불명예가 두려웠을 뿐이다. 그리고 그것은 죽음이나 범죄, 이 세상 그 어떤 것보다 더 두려웠다."라고 썼다.[26] 당신도 이 말에 공감하는가?

실패를 크게 두려워하는 사람들이 뭔가를 성취했을 때 충분히 기뻐하지 못하고 중요한 순간에 잘하지 못하면 어쩌나 하는 두려움에 빠져 있다는 사실은 무척 아이러니하다.[27] 다른 말로 하자면, 그들은 가치 있는 뭔가를 얻게 될 가능성에서 동기 부여를 받는다기보다 일을 그르치게 될 가능성에서 오는 두려움에 동기 부여를 받는다.

그리고 바로 이것이 완벽주의라는 악순환으로 이어진다. 사실 완벽주의와 실패에 대한 두려움은 나란히 함께 간다. 완벽주의와 두려움이 당신을 지배할 때 당신은 성공이 '어떤 좋은 일을 이루는 행위'가 아니라 '나쁜 일이 생기지 않도록 막는 행위'라 믿게 된다. 만약 당신이 실패에 대한 두려움으로 고통받고 있다면 이 말이 무슨 뜻인지 정확히 알 테다. 성공을 향한 노력을 멋진 목적지를 향한 흥분되는 여정이 아닌 절벽에서 굴러떨어지지 않기 위해 온 에너지를 집중하면서 벌이는 고난의 행군처럼 여긴다는 것이다.

한편 다른 연구 결과에서 드러난 사실에 따르면 완벽주의자들은 자신이 더 우수한 능력과 더 높은 기준을 가지고 있어 다른 사람들보다 더 훌륭한 성취를 이룰 수 있다고 믿는다. 이런 생각이 맞을 때도 있다! 그리고 이런 기분 좋은 비교는 순간적인 만족감을 주지만 자신이 뒤처지고 있다는 생각은 큰 실패 가능성을 마주하는 것만 같은 극심한 공포감을 불러일으킨다. 내가 다른 이들보다 우월하다고 생각할 때(즉 '우월하다'는 생각이 내 정체성의 핵심을 이룰 때) 실패는 상상도 할 수 없는 일이 된다. 이는 대상화된 자아에서 자기 자신을 배제시키는 것으로 일종의 작은 죽음과도 같다.

많은 성공 중독자들은 자신보다 더 성공한 사람을 보면 자신이 패배자가 된 것처럼 느껴진다고 고백한다. 성공은 근본적으로 지위의 개념이므로 성공은 곧 사회적 신분 상승을 의미한다. 그러나 사회과학자들은 수십 년 동안 위치재位置財(희소하거나 다른 사람들이 대체재보다 선호하기 때문에 가치가 생기는 재화 — 옮긴이)가 행복을 가져다주지는 못한다는 점을 많은 연구를 통해 보여주었다. 사람들은 돈으로 구입할 수 있는 대상 때문에 돈을 좋아한다고 주장하지만 사실 돈조차도 많은 부분에서 위치재의 성격을 지니고 있다. 언젠가 본 달라이 라마의 말씀에 사람들은 10개의 손가락을 가지고 있지만 20개의 반지를 산다고 한다. 이렇게 자신의 지위를 상승시키려는 것이야말로 인간이 가진 본능 중 하나다.

지위 상승을 위해 세속적 성공을 달성하려는 욕구는 강박적 집착을 일으키기 쉽다. 문제는 이런 종류의 성공은(중독을 일으키는 다른 모든 것들과 마찬가지로) 궁극적으로 완수 불가능하며 불만족에 머문다는 사실이다. 이 세상에서 충분히 만족할 만큼 유명해지거나 부자가 되거나 절대적 권력을 가져본 사람은 없다. 철학자 아르투어 쇼펜하우어는 1851년에 "부는 바닷물과도 같다. 많이 마실수록 더 갈증이 심해진다. 그리고 명성 또한 마찬가지다."라고 썼다. 당시는 소셜미디어가 발명되어 모든 문제가 10배 더 심각해진 오늘날보다 150년도 더 전이었다.[28]

한편 성공 사다리에서 높은 자리에 머문다는 것은 끝없는 노력의 연속을 의미한다. 언젠가 한 유명 음악가가 내게 유명해지고 그 유명세를 유지하는 일은 '무료함과 공포의 참담한 조합'이라고 말한 적이 있다. 에밀리 디킨슨Emily Dickinson 또한 그 힘겨움과 단조로움을 그녀의 시 〈저는 아무도 아니에요! 당신은 누구인가요?〉I'm Nobody! Who are you?에 담아낸 바 있다.

> 누군가가 되려고 하는 건 – 우울한 일이다!
> 기나긴 유월 내내 – 우러르는 늪에 대고
> 제 이름을 온 세상에 알리고 싶어
> 쉴 새 없이 개굴개굴 우는 개구리처럼

시어도어 루스벨트Theodore Roosevelt 대통령은 사회적 비교를 '기쁨을 앗아가는 도둑'이라 불렀다고 전해진다. 그가 정말 그렇게 말했든 아니든 그 말만큼은 사실이다. 연구자들은 사회적 비교가 우리의 행복도를 낮춘다는 사실을 오래전에 발견했다.[29] 그것을 증명하기 위해 굳이 구체적인 연구 결과를 살펴볼 필요는 없다. 몇 시간만 인스타그램을 둘러보라. 대부분의 사람이 자존감이 낮아지는 경험을 한다. SNS에 올라온 화려한 모습들에서 당신의 성공과 당신이 자각하는 다른 이들의 성공을 비교하게 되기 때문이다. 그러나 타인의 성공은 정확하지 않은 정보를 기반으로 보이는 대로 판단한 것일 뿐이다. 그렇게 해서 이로울 것은 하나도 없다.

사회적 비교와 실패에 대한 두려움, 완벽주의는 단테가 묘사한 자만심으로 가득한 얼음 바다와도 같다. 만약 무언가에 성공하지 못한다면 다른 이들이 당신을 어떻게 바라볼지, 혹은 당신이 스스로를 어떻게 생각할지에 대한 생각으로 얼음 바닷속에 얼어붙어 있는 것이다. 이것이 성공 중독의 결과다. 그리고 그 중독의 가장 안 좋은 점이 바로 금단 증상이다.

술을 끊은 알코올 중독자들은 육체적 고통을 경험한다. 하지만 과거에 알코올 중독자였던 사람의 이야기를 들어보면 그 고통엔 육체적인 것을 넘어 더 심오한 의미가 있다. 술은 곧 '관계'임을 기억해야 한다. 알코올 중독자들에게 가장 친한 벗은 곧 술이다. 술을 끊는다는 얘기는 그 친밀한 관계를 잃어버린다는 뜻이다. 따라서 술을 끊겠다는 생각만으로도 공허함의 심연을 들여다보는 느낌이 드는 것이다. 다시는 그렇게 좋은 기분을 느끼지 못하리라는 느낌 말이다.

성공 중독자 또한 성공의 자리에서 물러나야 하는 경험을 하게 된다. 나는 워싱턴 D. C. 소재의 싱크탱크를 운영하던 시절 매우 자주 그런 상황을 목격했다. 사람들은 자의든 타의든 정치적인 관심 밖으로 물러나게 되면 대단히 고통스러워했다. 그들은 사실상 잘나가던 과거 이야기 밖에 하지 않았다. 그리고 그들에게 도움과 조언을 좀처럼 구하지 않는 후임들에게 분개하곤 했다.

잊히는 두려움에서
스스로를 구하라

　　　　　아마 당신은 이 장을 읽기 전까지 자신이 성공 중독이라는 사실을 깨닫지 못했을지도 모른다. 그리고 지금도 여전히 확신이 없을 것이다. 그렇다면 다음의 질문들을 살펴보자.

1. 당신은 당신의 직업이나 직급을 기준으로 자신의 가치를 정의하는가?
2. 당신은 돈과 권력, 혹은 명예를 기준으로 당신의 성공 정도를 판단하는가?
3. 당신은 최종적인 직업적 성공 다음에 무엇이 올지 상상이 잘 가지 않는가? 혹은 최종적인 직업적 성공 다음에 무엇이 올지에 대해 불편함을 느끼는가?
4. 당신은 퇴직 연금을 중단 없이 계속 유지할 예정인가?
5. 당신이 이룬 직업적 성공으로 자신이 기억되기를 꿈꾸고 있는가?

만약 위의 질문들 중에 하나라도 '예'라고 답했다면 당신은 지금 성공에 중독된 상태다. 내가 만약 이 프로젝트를 시작할 당시였다면 나역시 위 질문 모두에 긍정으로 답했을 것이다. 그러니 너무 상심하지 마시라.

삶과 일에서 많은 성공을 거둘수록 성공 중독의 문제를 해결하지 않고서는 과거의 성공을 뒤로 하고 새로운 성공을 찾아 앞으로 나아갈수 없다. 성공 중독의 문제를 해결하는 일은 결코 쉽지 않지만 다행스럽게도 이는 재활 센터에 들어가야 하는 문제는 아니다. 당신이 일을 끊겠다고 맹세할 필요는 없다(짐작하건대 당신은 나처럼 생계를 책임져야한다는 점에서 운이 좋다).

그러나 진실을 공개적으로 인정하고 스스로 바뀌겠다는 각오를 해야한다. 당신에게 문제가 있으며 그 문제를 해결하고자 한다는 것, 그리고 지금까지의 노력은 그다지 효과가 없었으며 행복해지기를 원한다고말해야 한다. 어쨌든 이것이야말로 중독에서 회복으로 가는 첫 단계다. 알코올 중독 치료 프로그램에서 하는 첫 번째 일도 '자신이 술 앞에서무력했고 그 때문에 생활이 통제 불능이었다는 점을 인정'하는 것이다.

행복해지기를 원한다면 행복해지고자 하는 솔직한 열망을 말해야 한다. 세속적인 기준에서 조금 덜 특별해질 용의가 있다고 말하고 자신을향한 대상화를 멈추어야 한다. 그리고 자만의 반대 덕목인 '겸손함'으로당신이 지고 있는 짐을 덜고자 하는 간절한 바람을 언급해야만 한다.

내가 개발한 연습 방법이 있는데 아주 도움이 되리라 믿는다. 20세기 초 스페인의 라파엘 메리 델 발Rafael Merry del Val 로마 가톨릭 추기경은 '겸손을 구하는 기도'Litany of Humility라는 아름다운 기도문을 작성했다. 기도에서는 우리가 굴욕을 피할 수 있게 해달라고 하기보다는 굴욕에 대한 두려움을 극복할 용기를 달라고 간구하고 있다. "신이시여, 굴욕에 대한 두려움에서 저를 구원하소서."라고 그는 간청한다. 나는 이 기도문에서 영감을 받아 내 자신이 일중독과 자만심, 실패에 대한 두려움, 완벽주의, 혹은 사회적 비교(이 모두는 당신이 두 번째 곡선으로 도약하지 못하도록 방해하는 요소들이다)에 얽매이고 있다는 생각이 들 때마다 소리내어 말할 수 있도록 기도문 형태의 글을 적어보았다. 당신이 종교가 있든 없든 이 기도문을 활용해보길 권한다. 여기서의 핵심은 자신이 어떤 부분에 중독되어 있는지 언급하고 그것으로부터 자유로워지고자 한다는 점을 소리내어 말하는 것이다.

> 제 삶에서 소중한 사람들보다 일을 우선시하는 마음에서
> 저를 구원하소서.
> 일을 하느라 삶의 소중한 순간에 집중하지 못하는
> 저를 구원하소서.
> 다른 이들보다 우월해지고 싶어 하는 저의 욕망으로부터
> 저를 구원하소서.
> 세상의 공허한 약속에 미혹되지 않도록 저를 구원하소서.
> 직업적 우월감을 느끼는 것에서 저를 구원하소서.
> 자만심이 사랑을 대체하는 마음에서 저를 구원하소서.
> 중독을 극복하려는 고통에서 저를 구원하소서.

쇠퇴하여 잊히는 두려움에서 저를 구원하소서.

가짜 이미지를 만드는
모든 것을 버려라

대부분의 노력가들과 마찬가지로 당신은 수십 년 동안 세속적인 의미에서의 성공을 이루기 위해 노력했을 것이다. 그리고 이제 나는 당신에게 그 본능을 거스르라고 요구하고 있다. 하지만 일단 이 여정에 오르고 나면 삶의 많은 부분들이 당신 자신을 비롯해 타인에게 당신의 성공과 특별함을 보여주는 '이미지'를 구축하기 위함이었음을 알게 될 것이다. 그리고 이들 중 일부는 물질적 전리품, 즉 당신이 세상에서 아주 중요한 존재임을 보여주는 '위치재'다. 이는 집이나 자동차, 배가 될 수도 있다. 하지만 이런 것들이 당신에게 중요하지 않다고 해서 혹은 당신의 성공이 돈과는 상관없다고 해서 우쭐해할 건 없다. 당신의 전리품은 소셜미디어 팔로워 수나 유명한 친구들, 유명한 동네에서 사는 것일 수도 있다.

내가 말하고자 하는 바는 특별함의 상징들이 수많은 따개비처럼 당신을 딱딱한 외피로 감싸고 있다는 사실이다. 이러한 것들은 진정한 만족감을 가져다줄 수 없을 뿐만 아니라 다음 곡선으로의 도약이 어렵도록 당신을 너무 무겁게 만든다.[30] 그것들 중 많은 부분을 덜어낼 필요가 있다. 하지만 어떤 것을 덜어내야 할까?

넓은 집에서 작은 집으로 이사해본 적이 있는 사람이라면 잘 알 텐

데, 필요 없는 물건이 무엇인지 알아내는 게 짐을 쌀 때 가장 어려운 작업이다. 물건을 하나하나 살펴보며 그것에 얽힌 추억을 떠올리고는 "이거 꽤 비싸게 주고 산 건데 언젠가 필요할 때가 있을 거야!"라고 생각하기 때문이다. 그와 마찬가지로, 아주 특별했던 자신의 가짜 이미지를 벗으려고 할 때도 자꾸만 미련이 당신의 발목을 잡을 것이다.

그렇다면 이럴 때 어떻게 해야 할까? 바로 다음 장에서 이에 대해 살펴보자.

제4장

버킷리스트와
행복의 관계

당신이 타이완을 방문하게 된다면 빠뜨리지 말고 반드시 가봐야 할 곳이 있다. 바로 국립고궁박물원이다. 세계에서 가장 훌륭한 중국의 예술 작품 및 공예품들을 비롯해 박물관의 영구 소장품으로 신석기 시대에서부터 20세기 초까지 7,000점이 넘는 유물들이 이곳에 전시되어 있다.

이 박물관의 한 가지 아쉬운 점이라면 봐야 할 게 너무 많다는 점이다. 그런 까닭에 한 번 방문으로는 극히 일부분밖에 구경할 수가 없고, 가이드 없는 박물관 투어는 도자기, 판화, 석상들을 억지로 둘러보는 행렬이 되고 만다. 모든 작품들은 결국 서로 비슷해 보이게 되고 박물관에서 가장 기억에 남는 곳이 스낵 코너가 되는 불상사가 생겨버린다.

그래서 몇 해 전 나는 국립고궁박물원을 제대로 관람하기 위해 유명 작품들 위주로 보여주면서 그들의 예술적·철학적 가치를 설명해줄 가이드를 고용했다. 그때 가이드가 해주는 말 한마디가 내 인생을 바꾸게 될 줄은 꿈에도 모르고 있었다.

옥으로 조각된 청 왕조의 거대한 부처님상을 바라보며 가이드는 이것이 동양과 서양의 예술관이 다름을 보여주는 좋은 예라고 무심히 말했다. 나는 "그게 어떻게 다른 거죠?"라고 물었다.

그는 내 질문에 다음의 반문으로 간결하게 답했다. "제가 만약 예술가가 아직 시작도 하지 않은 예술 작품을 상상해보라고 한다면 무엇을 떠올리시겠어요?"

"비어 있는 캔버스겠죠." 나는 대답했다.

"맞아요. 선생님과 같은 서양인들은 무에서 예술을 창조하는 것으로 보기 때문이에요. 하지만 동양에서는 예술을 이미 존재하고 있는 것으로 봅니다. 우리가 해야 할 일은 이미 존재하는 예술을 '드러내는' 일이죠. 뭔가를 덧붙여서가 아니라 예술이 아닌 부분을 덜어내야 비로소 예술이 그 모습을 드러낸다는 뜻입니다."

내가 떠올린 아직 시작하지 않은 예술 작품의 이미지는 비어 있는 캔버스였던 반면 가이드가 떠올린 이미지는 조각이 되지 않은 자연 그대로의 옥 덩어리였다. 그 옥 덩어리가 궁극적으로 우리 눈앞의 불상이 된 것이다. 내가 생각하는 예술 작품은 이미지와 색상을 입히기 전까지는 존재하지 않았다. 그러나 그가 생각하는 예술 작품은 이미 존재하고 있으며 옥 덩어리 안에서 예술이 아닌 부분을 깎아내야 비로소 진짜 모습이 드러나는 것이었다.

이 비유는 조각의 경우 상당히 쉽게 와닿지만 음악의 경우는 조금 더 어렵다. 하지만 적용이 불가능하지는 않다. 한 인도인 음악가가 내게 브람스의 교향곡이 흐를 때 '어떻게 음악을 들을 수 있는지' 물어본 적이 있었다. 나는 그 질문을 이해하지 못해 그게 무슨 뜻이냐고 되물었다. 85개의 악기가 100데시벨의 볼륨으로 합주를 해대는데 그 음악 소리가 들리지 않는다면 그게 더 이상한 일일 것이다. 그는 자신의 관념으로는 너무 여러 사람이 동시에 음악을 연주하는 것이 음악을 듣기 어렵게 만든다고 설명했다. 이것이 서양의 전통 음악과 인도의 전통 음악 사이의 근본적인 차이다. 서양의 전통 음악은 '제대로 된 음악'을 만들기 위해 소리를 추가하는 반면(이런 이유로 대규모의 교향악단이 브람스 교향곡을 연주한다) 인도의 전통 음악은 '진정한 음악'을 흐리게 하는 모든 소리를 제거한다(그래서 소수의 연주자들로만 구성된 앙상블로 연주한다).

늘 그렇듯이 예술은 삶을 반영하는 거울이다. 서양에서는 손실을 줄이고 더 많이 축적해야지만 성공과 행복이 온다고 믿었다. 더 많은 돈, 더 많은 성취, 더 많은 관계, 더 많은 경험, 더 많은 명성, 더 많은 팔로워, 더 많은 소유물을 말이다. 반면 대부분의 동양 철학에서는 욕심이 물질주의와 허영심을 키워 인간이 원래 타고난 본성을 가리고 행복을 찾는 길에서 벗어나게 한다고 경고한다.[1] 우리는 본연의 모습을 찾을 때까지 우리 삶의 옥 덩어리를 조각해야 한다.

일반적으로 서양의 사고방식에서는 삶에서 남들에게 보여줄 것, 즉 많은 전리품들을 가져야 한다고 생각한다. 하지만 동양의 사고방식에서는 그와 반대되는 방향을 추구한다. 다시 말해 나이가 들면서 우리 자신을 드러내기 위해 무언가를 더 많이 축적하는 것이 아니라 자기 본연의 모습을 찾고 두 번째 곡선을 발견하기 위해 무언가를 더 많이 '덜어내야 한다'고 생각한다. 중국의 사상가 노자가 기원전 4세기에 쓴 《도덕경》에는 다음과 같은 내용이 나온다.

> 나는 인간 본성의 단순함으로 그것을 극복할 것이다.
> 인간의 타고난 본성은 단순하므로 욕망은 존재하지 않는다.
> 욕망이 없다면 인간은 평안할 것이고
> 이 세상은 자연스레 올바른 방향으로 흘러갈 것이다.[2]

내가 노자의 사상을 접했을 때는 이 책을 위한 연구 조사를 시작한 지 얼마 되지 않았던 시점이었다. 이 사상은 완전히 내 마음을 사로잡았다. 나는 예술에 푹 빠져 젊은 시절을 보냈다. 내가 음악을 했기 때문만은 아니고 어머니가 전문 화가였기 때문이다. 그래서 나는 항상 삶이란 '창조적 노력'이라고 생각했다. 그런 생각이 내겐 당연한 것이었다. 내게 가장 행복한 시간은 다양한 생각과 창조적인 상호작용으로 채워지길 기다리고 있는 하얀 캔버스처럼 시작되는 날들이었다.

하지만 타이완 가이드와 이야기를 나누고 난 후 그가 들려준 교훈을 다시 곱씹어보니 인생의 후반기를 살아갈 때는 서양적 사고가 옳지 않을 수도 있겠다는 생각이 들었다. 지금까지 중요하다고 생각한 부분들이 실제로는 행복하고 만족스러운 삶을 사는 데 장애물이 되고 있는지도 모르겠다는 생각이 든 것이다.

50대가 되자 내 삶은 소유물과 성취, 관계, 견해, 책무로 꽉 채워져 있었다. 나는 내 스스로에게 물었다. "정말 행복한 삶을 위한 올바른 공식이 죽을 때까지 점점 더 많은 소유물로 삶을 채우는 것일까?" 분명 그에 대한 답은 '아니오'다. 소유물을 축적하는 전략은 근본적으로 덧없을 뿐만 아니라 시간이 지나면서 첫 번째 곡선이 하락함에 따라 점점 그 효과가 힘을 발휘하지 못하고 노력에 대한 보상도 줄어든다.

첫 번째 곡선에서 벗어나 두 번째 곡선으로 도약하기 위해서는 삶에 더 많은 소유물들을 추가하려고 하기보다는 왜 그것이 그다지 도움이 되지 않으며 결국 모든 걸 빼앗아가게 되는지 이해해야 한다.

버킷리스트가 우리에게
말해주지 않는 것

'버킷리스트'라는 말에는 더 많은 활동을 하고 더 많이 얻고 소유함으로써 행복해지자는 인생 전략이 깔려 있다. 구글에서 이 단어를 검색해보면 약 8,000만 개의 검색 결과가 나온다. 잘 알다시피 버킷리스트란 죽기 전에 보고 싶고, 하고 싶고, 가지고 싶은 모든 것들의 목록이다. 이는 작품을 완성하기 위해 붓칠을 더 하는 것과 정확히 같은 개념이다. 완전하고 행복한 삶을 살기 위해 목록에 있는 모든 일들을 해보겠다는 생각이다.

나는 이 전략을 따르는 사람을 여럿 알고 있고, 분명 당신 주변에도 이 전략을 따르는 사람들이 많을 테다. 가끔 내가 아직 10대였을 때 만났던 한 남자가 떠오른다. 그는 인터넷 초창기 시절 소프트웨어 기업의 경영자였고, 우리 삶을 송두리째 바꾸어놓을 인터넷 혁명이 막 시작되는 전환점에 서 있었다. 그는 가난한 가정환경에서 자라 30대 후반까지 직업적으로 많은 성취를 이루지 못했지만 그가 몸담았던 팀이 지금도 여전히 유명한 한 컴퓨터 프로그램을 개발하게 되면서 그것이 돌파구가 되어 꿈에도 상상 못할 만큼의 큰 부자가 되었다.

이후 그의 정체성은 '성공한 기업가'이자 특별한 능력자가 되었다. 하지만 계속 특별한 능력자로 남기 위해서는 하나의 커다란 성공만으로는 부족했다. 이리저리 노력해보았지만 직업적으로 눈에 띄는 성공은 다시 찾아오지 않았다. 그래서 그는 자신의 버킷리스트로 관심을 돌리기로 했다. 집을 사고 수십 대의 자동차를 구입했다. 마음에 드는 전자 제품들과 예술 작품, 값비싼 골동품들을 사들였다. 그러다 보니 자신이 구입한 물건을 모두 즐길 수 없을 만큼 물건이 많아졌다. 그가 산 물건들은 포장 박스가 뜯기지도 않은 채 거실에 쌓였고 거실은 이내 창고가 되어버렸다. 그림들은 벽에 걸려보지도 못하고 거실 바닥에 나뒹굴었고 구입한 자동차들도 차고 안에서 먼지만 쌓여 갔다.

한 번은 그가 말콤 포브스Malcolm Forbes의 말을 인용해 내게 이렇게 말했다. "가장 많은 장난감을 가지고 죽는 사람이 승자라네."[3] 이 말을 듣고 '가장 많은 장난감을 가지고 있는 사람도 죽기는 매한가지인 걸요'라고 생각했던 기억이 난다.

그가 시간을 보내고 인간관계를 맺는 방식 속에도 그의 구매 행동이

고스란히 담겨 있었다. 그는 쉴 새 없이 여행을 다니며 독일의 성들, 캄보디아의 사원들, 북극의 빙산 등 버킷리스트에 적혀 있는 장소들을 하나씩 지워나갔다. 또한 자신이 본 것을 사람들에게 보여주기 위해 엄청나게 많은 사진을 찍었다. 그의 연락처에는 함께 사진을 찍은 사람을 비롯해 수백 명의 사람들이 친구 그룹에 올라가 있었다. 마치 사람도 수집하는 것 같았다.

그럼에도 불구하고 그는 행복하지 않았다. 그는 과거 자신이 아주 잘나가던 시절(대상화된 자아)에 대해 끊임없이 자랑했고 자신의 성공 이미지를 강화해줄 새로운 사업을 찾고 싶어 했다. 그러는 사이 그가 수집하는 물건과 경험, 사람들은 그가 진정으로 갈망하는 성공의 대체물로 쌓여만 갔다. 그래도 그 갈망은 좀처럼 충족되지 않았다.

이런 불만족은 새삼스러운 문제가 아니다. 지금부터 이 문제에 대해 해결책을 찾은 두 인물을 만나 보자.

돈, 권력, 명성이
목적이 될 때

토마스 아퀴나스는 1225년 란돌포 백작의 아들로 태어나 이탈리아 중부에 위치한 로카세카 성에서 자랐다. 란돌포의 형(아퀴나스의 삼촌)인 시니발드는 베네딕토회 몬테카시노 수도원의 원장이었다. 당시 수도원장의 자리는 사회적으로 엄청나게 명망 높은 자리였다. 아퀴나스의 부모는 그가 귀족 집안의 아들로서 교회에 들어가 많은 사람이 선망하는 삼촌의 자리를 이어받길 기대했다.

그러나 아퀴나스는 그런 세속적인 영광에 아무런 관심이 없었다. 그는 열아홉 살의 나이에 당시 새로 설립된 도미니코 수도회에 입회하겠다는 의사를 밝혔다. 도미니코 수도회는 청빈한 삶과 설교를 통해 복음을 전파하는 탁발 수도회다. 그는 이것을 자신의 진정한 정체성이라 여겼다. 진정한 자신을 찾기 위해서는 부와 명예의 삶은 깎아내버려야 했던 것이다.

그러나 그의 가족은 그의 결정을 받아들이지 않았다. 아키노 집안에 가난하게 사는 사람은 있을 수 없다는 것이었다(부모들은 종종 자녀를 대상화한다. 그렇지 않던가?). 급기야 아퀴나스의 부친은 그를 도미니코 수도회에서 납치해 1년간 성에 감금하기에 이른다. 성에 감금해도 그의 의지를 꺾기 어렵다는 것을 깨닫게 되자 형제들은 그의 신념을 흔들 방도를 궁리한 끝에 매춘부를 고용해 그를 유혹하도록 했다. 그러나 아퀴나스는 벽난로 부지깽이로 그녀를 성 밖으로 쫓아내고 말았다.

마침내 그의 가족들은 두 손을 들었고 그는 세속을 벗어난 학자의 삶을 살 수 있게 되었다. 그는 방대한 철학 저작물들을 집필하며 비로소 진정한 행복을 느꼈다.[4] 세속적인 특별함을 좇기보다 종교적으로 만족감을 얻는 길을 선택했을 뿐만 아니라 그는 그 둘의 차이를 아주 잘 이해하고 있었다. 그가 볼 때 세속적인 길은 '신의 대체재'와도 같았다. 즉, 행복하고자 하는 그들의 갈망을 결코 충족시켜주지 않는 우상을 선택하는 일이었다.[5] 설사 당신이 종교를 믿지 않는다 하더라도 우상이 우리를 잡아끈다는 그의 말에는 동감할 것이다.

그 우상은 돈money, 권력power, 즐거움pleasure, 영광honor이다.

네 가지 우상 중 영광은 건강하지 못한 집착이라고 하기에는 조금 애매하다. 오늘날 '영광'이라는 단어는 아주 긍정적인 의미를 내포하고 있기 때문이다. 나에게는 미 해병대에서 '영광스럽게 군 복무를 할' 예정인 아들이 있다. 아퀴나스가 우상에 포함시킨 '영광'은 이것과는 의미가 조금 다르다. 여기서 영광은 많은 이들에게 이름을 알리는 '명성'을 뜻한다. 하지만 명성은 당신에게 문제가 되지 않는다고("나는 유명해지는 것에는 관심이 없다구!") 무시하기 전에 그 안에 명성의 사촌 격인 명망과 존경도 포함된다는 사실을 알아야 한다. 명망과 존경은 '중요한' 사람들의 호의적 관심이라 할 수 있다. 성공적인 삶을 살고 있으면서도 불안해하는 많은 사람이 실제로 직업적 명망, 혹은 사회적 명망에 엄청나게 집착한다.

아퀴나스는 이러한 우상들이 우리를 만족시키지 못하는 이유가 그것이 완전한 인간이 되는 데 필요하지 않기 때문이라고 주장한다. 그것들은 대상화된 특별한 자신에게 주어지는 위조지폐와도 같다. 아퀴나스는 돈에 대해 다음과 같이 말한다.

> 우리는 부와 세속적인 물질을 갈망하지만 막상 소유하고 나면 그것들을 경시하고 다른 것을 찾는다. (…) 그 이유는 우리가 무언가를 소유하게 되면 그것의 부족함을 더욱 깨닫게 되기 때문이다. 이 사실을 통해 물질의 소유가 불완전하며 그 속에 지상선至上善은 존재하지 않는다는 것을 알 수 있다.[6]

다시 말해서 돈은 만족을 가져다주지 못한다. 그는 권력, 즐거움, 영광이 우리 가슴이 갈망하는 것을 가져다주기에는 부족하다고 결론 내린다.

하지만 아퀴나스는 이에 대해 거만하게 설교하지 않았다. 기억하는가? 그는 자신의 삶으로 이를 몸소 보여주었다. 세상이 인정하는 위대함을 포기하고 진정한 자신을 찾기 위해 세속적인 보상을 깎아냄으로써 진정한 위대함을 달성했다. 만약 아퀴나스가 명망 높은 베네딕토회 수도원 원장이 되었더라면 그의 생애와 관련한 유일한 기록은 중세 수도원장 목록에 이름을 올린 것이었으리라. 그리고 오늘날 그에 대해 아는 유일한 사람은 박사 학위 논문을 쓰고 있는 한 명의 학생 정도였을 것이다.[7] 그렇게 되는 대신 그는 그 시대의 가장 훌륭한 철학자로, 그리고 오늘날까지도 서양 사상과 가톨릭에 아주 커다란 영향을 미친 인물로 기억되고 있다.

아퀴나스의 지혜를 통해 우리는 행복을 찾기 위해 무엇을 깎아내야 하는지 알 수 있다. 이를 위해 나는 '나의 우상은 무엇인가?'라는 간단한 게임을 생각해냈다. 게임을 하는 방법은 다음과 같다. 아퀴나스가 말한 네 가지 집착이 당신에게 얼마나 많은 통제력을 발휘하는지 가장 관심 없는 것부터 순위를 매겨보는 것이다. 만약 권력자가 되는 데 관심이 없다면 권력이 4위다. 돈은 좋지만 돈에 목매고 싶을 정도는 아니라면 돈이 3위다. 이제 남아 있는 것 중 즐거움은 약간 판단하기 까다롭다. 즐거움이 당신을 잡아당겨도 통제할 수 있다. 이것을 2위라고 하자. 그렇다면 이제 남은 것은 명성(명망 혹은 존경)이다. 당신의 등에 있는 원숭이는 항상 타인의 호의적인 관심을 원하고 있다. 무엇인지 밝히기는 조금 부끄럽지만 항상 당신을 끌어당기면서 충족감은 주지 않는 대상이 만약 '타인의 관심'이라면 그것이 바로 '당신이 숭배하는' 우상이다. 그리고 그 우상을 더 많이 얻게 될수록 당신은 더욱 대상화되어 간다.

토마스 아퀴나스의 이야기와 비슷한 일화가 서양에만 존재하지는 않는다. 기원전 624년에 샤카족의 왕인 숫도다나의 아들로 태어난 왕자 고타마 싯다르타의 이야기도 들어보자. 샤카족은 현재 네팔과 인도 사이의 국경 지역에 살고 있었다. 싯다르타가 태어나고 며칠이 지나지 않아 싯다르타의 어머니가 세상을 떠나자 숫도다나는 아들이 절대 인생의 비참함을 알지 못하게 하겠다고 맹세하고 그를 모든 세속적 요구와 욕망이 충족되는 성 안에서만 머물도록 했다.

그래서 싯다르타는 스물아홉 살이 될 때까지 성 밖을 나서본 적이 없었다. 궁금함을 참지 못한 싯다르타는 마부에게 바깥세상을 보여달라고 요청했다. 성 밖으로 나간 싯다르타는 도시에서 한 노인을 마주친다. 그 노인은 그가 생전 처음 보는 인간의 늙은 모습이었다. 마부는 싯다르타에게 모든 인간은 늙는다고 설명해주었다. 성으로 돌아온 싯다르타는 새롭게 알게 된 사실에 동요되어 또다시 성 밖 구경을 요청했다.

두 번째 외출에서는 병들어 신음하는 남자와 썩어가는 시체, 그리고 수행자를 만났다. 싯다르타는 또 한 번 병과 죽음을 보고 몹시 마음이 아팠지만 수행자를 보고는 이해가 잘 가지 않았다. 그 남자가 구하려는 것이 왕자가 풍요 속에서 누리는 속세의 즐거움이 아니라면 도대체 무엇이란 말인가? 그에 대한 마부의 답변이 싯다르타의 삶을 바꾸게 된다. 마부는 수행자가 세속적인 욕심을 포기함으로써 싯다르타가 마음 아파했던 질병과 죽음의 두려움으로부터 해방되고자 하는 것이라고 말했다.

이 말에 자극을 받은 싯다르타는 다음날 수행자가 되어 인생의 고통을 마주하는 법을 스스로 배우기 위해 성을 떠난다. 그 후 그는 6년 동안 모든 즐거움을 포기하고 음식을 절제하고 고통을 견디며 가난한 생활을 한다. 그러나 깨달음에 이르지는 못한다. 그러던 중 하루는 굶주려 있는 그에게 한 소녀가 나타나 밥 한 그릇을 보시한다. 그것을 받은 싯다르타는 불현듯 금욕 그 자체가 인생의 고통에서 우리를 해방시켜주는 핵심은 아니라는 통찰을 얻게 된다. 그래서 그는 음식을 먹고 마시고 목욕재계한 후 진실을 깨달을 때까지 좌선하겠다고 다짐하며 보리수나무 아래에 앉았다.

그리고 며칠이 지난 후 싯다르타는 진실에 도달한다. 바로 고통에서 해방되는 길은 세속적인 것에 대한 금욕이 아니라 그에 대한 집착에서 자유로워지는 데 있다는 것이었다. 중도는 극단적인 금욕과 감각을 만족시키려고만 하는 향락 모두를 경계한다. 두 가지 모두 집착이므로 불만족을 낳기 때문이다. 이 깨달음에 이른 순간 싯다르타는 부처가 되었다.

부처는 집착의 번뇌를 다스리기 위해 '사성제'라는 실질적인 지침을 설파했다. 그 내용은 다음과 같다.

첫째, 인생은 괴로움이다. 만성적인 불만족이 그 원인이다.

둘째, 이 괴로움의 원인은 세속에 대한 갈망과 욕구, 집착이다.

셋째, 이 갈망과 욕구, 집착을 제거함으로써 괴로움에서 벗어날 수 있다.

넷째, 갈망과 욕구, 집착을 제거하는 길은 팔정도를 따르는 것이다.

이 진리를 우리의 문제에 적용해 생각해보자. 나는 살아가면서 세속적인 성공을 통해 물질적 보상에서 만족을 구하는 법을 배우게 되었지만, 그것은 궁극적인 만족을 가져다주지는 못했다. 그 보상에 집착한다면 보상을 얻었을 때 불만족에 괴로울 것이고 그 보상을 더 이상 얻지 못하게 된다면 더욱더 괴로울 것이다. 이 문제를 해결할 수 있는 유일한 방법은 집착을 내려놓고 나의 욕망을 재정의하는 것이다. 그렇게 하기 위해서는 깨달음의 여정에 올라 두 번째 곡선으로 건너가야 한다.

토마스 아퀴나스와 부처 모두 세속적인 보상에 근본적으로 악함이 존재한다고 말하지는 않았다는 점에 유의하자. 사실 세속적인 보상은 공공의 이익을 위해 사용될 수 있다. 돈은 사회를 제대로 작동시키고 가족을 부양하는 데 중요한 역할을 한다. 권력은 다른 이들을 고양시키기 위해 행사될 수 있다. 즐거움은 삶에 생기를 더해준다. 그리고 명성은 선행의 실천에 대중의 이목을 집중시킬 수 있다. 하지만 세속적인 보상이 우리의 삶에서 관심의 초점이 되고 수단이 아닌 목적으로 여겨질 만큼 그것에 집착한다면 그 보상은 우리가 원하는 진정한 만족감을 가져다줄 수 없다.

우리는 첫 번째 성공 곡선에서 세속적인 집착을 좇는다. 달성하기 어려운 만족을 얻기 위해 죽을힘을 다해 노력한다. 그러나 성공 곡선이 하향 곡선을 그리기 시작하면 집착은 우리에게 엄청난 괴로움을 안겨 준다. 그러므로 두 번째 곡선으로 도약하기 위해서는 이러한 집착을 잘 라내야만 한다.

우리는 왜 쾌락의
쳇바퀴에 갇히는가?

비록 수천 년이 걸리기는 했지만 대중문 화와 현대 사회과학은 마침내 싯다르타와 토마스 아쿼나스의 지혜를 따라잡았고 우리가 집착의 문제를 더 잘 이해할 수 있도록 도와주었다.

롤링 스톤즈Rolling Stones의 노래 중 당신이 아는 노래가 하나밖에 없다 면 그 곡은 아마도 그들의 최고 히트곡인 '(I Can't Get No) Satisfaction' (만족할 수가 없어)일 것이다. 이 곡이 시대를 뛰어넘는 최고의 히트곡 중 하나가 된 데는 곡이 대단히 훌륭해서가 아니라 삶에 대한 진실을 이야 기하고 있기 때문이리라. 우리 안의 도마뱀 뇌(더 정확한 용어로 말하자면 변연계) 깊은 곳 어딘가에서 '만족'은 다음의 두루뭉술한 단순 등식으로 정의된다.

만족 = 원하는 것을 얻는 것

너무나 간단해서 어린 아기조차도 이 등식에 따라 반응한다! 내 말이 믿기지 않는다면 한 살배기 아기에게 그가 손을 뻗쳐 집으려고 하는 감자 튀김을 하나 쥐어주고 표정을 살펴봐라. 그 표정은 당신이 최근 직장에서 크게 월급이 올랐을 때나 승진했을 때 지었던 표정과 거의 똑같을 것이다. 뭔가를 진정으로 원하고 얻기 위해 노력해서 마침내 그것을 얻었을 때, 그 보상은 깊은 만족감을 준다.

하지만 그 깊은 만족감은 기껏해야 며칠밖에 지속되지 않는다. 그리고 그것이야말로 진짜 문제다. 그렇지 않은가? 사실 롤링 스톤즈의 노래 제목은 '(I Can't Keep No) Satisfaction'(만족감을 유지할 수 없어)가 되었어야 맞았다. 우리는 만족을 얻으려는 우리의 열망을 충족시키는 법은 대략 알지만 그 만족감을 '유지시키는 법'은 잘 모른다. 마치 우리의 뇌가 뭔가를 아주 오랫동안 즐기는 것을 방해하려는 의도를 가지고 있는 것만 같다.

그런데 그것이 정말 뇌 속에서 일어나고 있는 작용이다. 그 이유를 이해하기 위해서는 '항상성'homeostasis이라는 개념을 알아야 한다. 항상성이란 모든 살아 있는 생명체가 생존에 필요한 안정적인 상태를 유지하려는 경향성을 뜻한다. 이 용어는 1932년 월터 캐논Walter Cannon이라는 내과의사가 그의 저서 《인체의 지혜》The Wisdom of the Body에서 처음으로 소개했다. 그는 이 책에서 신체의 체온과 수분, 당, 단백질, 지방, 칼슘, 산소 수준 등을 조절하는 메커니즘이 우리 몸에 내장되어 있다는 사실을 보여주었다.[8]

항상성은 우리의 생명과 건강을 유지할 뿐만 아니라 약물과 알코올이 우리 몸에서 작용하는 원리도 설명해준다. 처음으로 독한 술을 마시거나 마약을 했을 때 이는 준비되어 있지 않은 당신의 몸에 엄청난 충격을 주게 된다. 중독자들이 항상 그 첫 느낌을 갈망하는 이유가 바로 이 때문이다. 중독성 마약뿐만이 아니다. 나는 처음으로 커피를 많이 마셨을 때 그와 비슷한 경험을 했다. 7학년 때 친구의 부모님이 에스프레소 머신을 구입했다(1977년 당시에는 에스프레소 머신을 갖고 있는 집이 거의 없었다). 친구와 나는 스타벅스로 달려갔다. 우리는 시애틀에 살고 있었고 당시 그곳은 세계에서 유일한 스타벅스 매장이었다. 친구와 나는 그곳에서 약 500그램의 원두를 사 와서 각자 여덟 잔의 에스프레소를 마셨다. 그날 밤 나는 제정신이 아닌 상태로 친구네 집 지붕 위로 기어 올라가다가 지붕 홈통에 베여서 배에 큰 상처를 입었다. 피를 많이 흘리던 와중에도 밤하늘의 별들이 어찌나 밝게 반짝이던지 그 광경에 넋을 잃었던 기억이 난다. 당신 역시 중독성 물질을 처음으로 사용하면 이와 비슷한 경험을 할 수 있다. 그래서 스타벅스가 광고에서 '그 첫 모금의 느낌'이라는 카피를 사용하는 것이다.

그 첫 모금(혹은 첫 접촉이나 타격)은 기쁨을 주지만 당신의 뇌에서는 이를 균형 상태를 깨뜨리려는 공격자의 침입으로 간주한다. 뇌는 몸으로 들어오는 약물을 중화시키는 작용으로 반격한다. 첫 느낌을 다시 느끼는 것이 불가능해지는 이유가 바로 이 때문이다. 이제 나는 하루 종일 커피를 마실 수 있게 되었고 그렇게 먹어도 지붕 위로 기어 올라가지 않는다. 더욱이 항상성은 위안이나 재충전을 위해 사용되는 이런 물질들에 대해 반동 효과를 보이기도 한다. 이를테면 술을 마신 후 느끼는 숙취나 헤로인을 끊었을 때 나타나는 금단 현상, 그리고 카페인이 부족할 때 느끼는 피로도 이에 해당한다.

중독은 기본적으로 항상성이 제대로 작동하지 못해서 나타나는 증상이다. 뇌는 신체의 균형을 깨뜨리려는 공격자의 지속적인 맹공격에 대응하는 데 아주 능숙해진다. 그래서 열네 살 때 처음으로 마신 술은 아주 흥분되고 기분 좋은 느낌을 주는 반면 어른이 되고 나서 마시는 술에는 아무런 감흥을 느끼지 못하는 것이다. 더구나 술이 깰 때는 기분이 아주 나빠진다. 그럴 때 뇌는 몸에서 보내는 '알코올 거부' 신호로 고통받는다. 그래서 당신은 '정상적인 느낌'을 받기 위해 또 술을 찾게 된다.

우리의 감정에 대해서도 동일한 원리가 작동한다. 좋은 일이든 나쁜 일이든 감정적으로 충격을 받았을 때 뇌는 아주 기분이 좋은 상태나 아주 기분이 언짢은 상태를 오래 유지하지 못하도록 균형을 되찾고 싶어 한다. 특히 좋은 감정인 경우 더욱 그렇다. 인간의 진화 과정에서 그것이 생존에 도움이 되었기 때문이다. 유인원 조상이 숲에서 달콤한 딸기를 찾았다고 해서 오랜 시간 계속 기뻐하기만 할 수는 없다. 그랬다가는 외부의 위협을 인지하지 못하고 호랑이 밥이 되어버릴 테니까.

그런 이유로 우리는 성공에 관해서도 충분히 만족할 수가 없다. 만약 당신이 성공을 가장 높은 가치로 생각한다면 비참한 기분을 느끼지 않기 위해 하나의 성공에서 또 다른 성공으로 옮아가며 성공만을 좇아다닐 것이다. 그것이 바로 일에서 항상성이 작동하는 방식이다. 성공했을 때의 들뜬 기분은 이내 중화되고 숙취만 남게 된다. 곧 성공에서 오는 희열감을 다시 찾을 걸 아는 당신의 뇌는 기본적으로 성공하지 못했을 때의 느낌을 기준으로 삼게 된다. 얼마 지나지 않아 당신은 실패했다는 느낌을 받지 않기 위해 지속적인 성공을 원하게 된다. 이것이 우리 사회과학자들이 '쾌락의 쳇바퀴'hedonic treadmill라고 부르는 상황이다. 쉬지 않고 달리고 또 달리지만 목표를 향한 진정한 발전은 이루지 못하는 상태로, 달리기를 멈추거나 속도를 늦추어 완전히 뒤로 나가떨어지지 않도록 그저 안간힘을 쓰고 있는 상태를 뜻한다.

그렇다면 다시 앞서 등장했던 등식으로 돌아가 이 모든 의미를 더 정확하게 담고 있는 등식으로 수정해보자.

만족 = 원하는 것을 지속적으로 얻는 것

정서적으로는 쾌락의 쳇바퀴 속에서 제자리를 돌고 있음에도 불구하고 눈앞에 매달려 있는 당근은 내가 해냈다는 순간적인 흥분감을 불러일으킨다. 그러다 당신의 능력이 쇠퇴하기 시작하면 상황은 더 심각해진다. 당신이 그 어느 때보다 빨리 달리고 있음에도 불구하고 당근은 점점 더 멀어진다. 그렇게 불만족은 쇠퇴의 문제를 심화시킨다.

몇 년 전 본 한 만화 속에 등장했던 장면이다. 한 남자가 그의 임종을 앞두고 슬퍼하는 가족들에게 마지막으로 이렇게 말한다. "쓰레기가 될 물건들을 더 많이 사모을 걸 그랬군." 성공한 사람들은 자신의 부를 늘리기 위해 쉬지 않고 일하는 경우가 많다. 자신이 소비하거나 상속하고자 하는 것보다 훨씬 더 많은 부를 축적하면서 말이다. 하루는 부자 친구에게 그 이유를 물어보았다. 그는 부자가 된 사람들은 자신의 가치를 물질적인 잣대로 측정하는 방법밖에 모르기 때문이라고 말했다. 그래서 그들은 시간이 갈수록 쾌락의 쳇바퀴를 계속 밟으며 돈을 벌고 소유물을 획득하고 있는 것이다. 그리고 언젠가는 마침내 진정으로 성공하고 행복해져서 죽어도 여한이 없기를 희망한다.

하지만 그런 일은 일어나지 않는다.

욕망보다 더 강한
실패에 대한 두려움

진화 심리학에 따르면 인간이 점점 더 많은 것을 얻기 위해 노력하는 경향은 지극히 정상이다. 대부분의 역사에서 대다수의 인간은 굶주림에 시달렸다. '부자' 유인원만이 여분의 동물 가죽과 화살촉, 옥수수 몇 바구니, 말린 생선을 가지고 있었다. '더 많이' 가지고 있다는 것은 곧 생존 우위를 가지고 있다는 뜻이다. 추운 겨울을 더 잘 날 수 있다는 의미이기 때문이다.

하지만 우리의 유인원 조상은 그저 겨울을 날 수 있기만을 원하지 않았다. 그보다 더 큰 야망이 있었다. 배우자를 만나 자녀를 낳고 가정을 꾸리고 싶었던 것이다. 어떻게 해야 그렇게 할 수 있었을까? 그저 충분한 정도를 가진 것만으로는 그렇게 할 수 없었을 것이다. 그렇다. 그는 옆 동굴에 사는 남자보다 더 많이 가지고 있어야만 했다. 그래야지만 여성들에게 더 능력 있는 배우자감으로 비추어져 혼인 성사율이 높아지기 때문이다.

이것이 바로 우리가 평생에 걸쳐 지위와 부를 중심으로 한 사회적 비교에 지나치게 집착하는 이유다. 성공에서 얻는 만족감에 대해 이야기할 때 고려해야 하는 또 한 가지 사항이 있다. 그것은 성공이 지극히 상대적이라는 점이다. 사회적 계급이라는 것은 어쨌든 당신이 몸담은 공동체 내에 있는 사람들을 기준으로 정해진다. 그것이 지리적 공동체든, 직업적 공동체든, 가상 공동체든 말이다. 나는 수억 달러의 재산을 소유하고 있으면서도 스스로 실패자라고 느끼는 많은 사람을 알고 있다. 그들이 그렇게 느끼는 이유는 옆에 억만장자 친구들이 있기 때문이다. 또 할리우드에는 자신보다 다른 배우가 더 유명하다는 이유로 우울해하는 유명 배우들이 있다.

우리는 모두 사회적 비교가 터무니없고 유해하다는 사실을 잘 알고 있다(바로 앞 장에서 이에 대해 이야기했다). 그리고 연구 결과도 이를 뒷받침해준다. 학자들은 '남에게 뒤지지 않으려고 따라하기'에 동참했을 때 우리가 불안과 심지어 우울감까지 느낀다는 사실을 보여주었다.[9] 문제 풀이를 이용해 인간의 감정을 측정한 한 실험에서 가장 불행한 사람은 다른 이들과 비교해 자신이 어떻게 문제를 푸는지에 가장 신경을 많이 쓰는 이들이었다.[10] 타인의 부러움을 사서 느끼는 한순간의 기쁨은 다음 순간 다른 사람보다 적게 가져서 느끼는 불행에 의해 잠식되고 만다. 그런데도 다른 이들보다 더 많이 가지고자 하는 욕구는 우리를 끊임없이 잡아 이끈다.

불행히도 우리는 자신을 타인과 비교하는 게임을 멈추기 힘들다는 생각을 자주 한다. 이로써 또 하나의 등식이 도출된다.

성공 = 지속적으로 타인보다 더 많이 소유하는 것

다시 말해서 성공에서 만족감을 느끼기 위해서는 당신이 러닝머신 위를 계속 달리는 것만으로는 부족하며 다른 사람들보다 '조금 더 빨리' 달려야 한다는 것이다.

하지만 상황은 더 심각해진다. 당신만 러닝머신 위를 계속 달리는 게 아니다. 실패 또한 당신을 좇고 있다. 당신은 이 사실을 누구보다 잘 안다. 하지만 달리기를 멈추면 우스꽝스러운 소셜미디어 밈의 한 장면처럼 뒤로 나가떨어질 것이란 사실도 잘 알고 있다. 그리고 그럴 가능성은 점차 높아진다. 나이가 들면서 필연적으로 능력이 쇠퇴하면 더 빨리 달린다 해도 조금씩 뒤처질 수밖에 없기 때문이다.

그 결과 당연히 두려움이 생긴다. 그래서 다음과 같은 공식에 빠지고 만다.

실패 = 더 적게 가지는 것

더 많이 가지고자 하는 '욕구'보다 더 강력하게 작용하는 것은 더 적게 가지는 데 대한 '저항'이다. 우리는 이득을 얻기 위해 노력하는 것보다 손해를 줄이기 위해 더 많은 노력을 기울인다. 프린스턴 대학 교수인 대니얼 카너먼Daniel Kahneman은 아모스 트버스키Amos Tversky와 함께 발표한 '전망 이론'prospect theory으로 노벨 경제학상을 수상했다.[11] 전망 이론은 사람이 이득과 손실을 똑같은 방식으로 측정하는 '이성적인 주체'라는 가정에 반기를 든 이론이다. 이 이론은 사실상 사람들이 똑같은 것을 얻을 때보다 잃을 때 정서적으로 훨씬 더 많은 영향을 받는다고 이야기한다.

우리는 카너먼과 트버스키가 지적한 '손실 회피' 성향을 가지고 있다. 뉴스에서 주식이 10퍼센트 상승했을 때에 비해 10퍼센트 하락했을 때 유독 호들갑을 떠는 이유도 바로 이 때문이다. 이것이 우리가 실망하는 상황을 매우 두려워하고 연구 결과가 보여주듯 실망을 회피하기 위해 갖은 노력을 다하려고 하는 이유이기도 하다.[12] 예컨대 돌아가신 나의 아버지는 지나친 비관주의자였다. 한번은 몬태나주 시골 지역으로 장거리 자동차 여행을 떠났을 때 아버지가 가스가 떨어져 도로변에서 밤을 보내야 할지도 모르겠다고 말했다. 연료계에는 기름이 절반 이상 채워져 있었다. 나는 아버지에게 왜 그렇게 항상 극단적인 최악의 상황을 가정하는지 여쭤보았다. 그러자 아버지는 "실망하는 것보다 뜻밖의 기쁨을 누리는 편이 더 낫기 때문이지."라고 답하는 것이 아닌가.

또다시 손실을 회피하기 위해 노력하는 것이 진화론적으로 유리한 방향임을 알 수 있다. 인간이 항상 배고픔의 위기에 놓여 있었던 시대 (산업 시대가 시작되기 전 인류는 거의 항상 그랬다)에는 이득은 그냥 좋은 것이지만 손실은 잠재적으로 치명적인 것이었다. 누군가가 당신의 동굴에 몰래 침입해 겨울 양식으로 말려놓은 소고기를 가져가면 당신은 굶어 죽게 된다. 전망 이론은 당신이 시계가 네 개나 더 있는데도 시계를 잃어버리면 왜 그렇게 기분이 나쁜지 그 이유를 설명해준다. 당신이 그 시계를 유인원 조상이 저장해놓은 소고기 육포로 생각하고 있기 때문이라는 것이다.

산업화와 세계화, 기업화로 모두가 풍족하게 살고 생활 수준이 평준화되었다 해도 우리 안에 내재된 신경생물학적 본능은 여전히 우리를 지배하고 있다. 다행스럽게도 산업화된 세계에서는(혹은 오늘날 세계 대부분의 지역에서는) 추운 겨울이 인간에게 치명적인 위협이 되지는 않으며 시간이 흐를수록 더욱더 그렇게 되어 가고 있다. 하지만 우리는 여전히 더 많이 가짐으로써 안도감을 느끼고 타인에게 성공을 과시하고 싶어 하고, 더 적게 가져서 느끼게 되는 두려움과 수치심 등의 기분 나쁜 감정을 피하려는 욕구를 가진다.

이성적으로만 보면 현대 사회에서 다섯 대의 자동차나 다섯 개의 화장실, 혹은 다섯 벌의 셔츠를 가지기 위해 우리의 에너지를 사용하고 있다는 것은 말이 되지 않는다. 우리는 그냥 그것들을 '원할' 뿐이다. 신경과학자들은 그 이유를 이렇게 설명한다.[13] 새로운 물건을 사거나 돈을 따거나 더 많은 권력과 명성을 얻게 되거나 새로운 섹스 파트너가 생기는 것 등에 대해 생각하면 도파민이 분비되기 때문이라고 말이다. 도파민은 쾌락을 느끼게 하는 신경전달물질로, 거의 모든 중독 행위의 원인으로 작용한다.[14] 뇌는 우리의 생명을 살리고 유전자를 후대에 전달하게 될 가능성이 높은 행동을 하면 우리에게 보상하도록 진화해왔다. 이는 현대 생활에서는 시대착오적 발상일지도 모르지만 어쨌든 이것이 오늘날 우리 삶의 현실이다.

문제는 이 장에 등장한 등식들이 단기적 기쁨에 반응하는 도파민 분비와 관련이 있다는 점이다. 이 등식들은 지속적인 만족감을 가져다주지 못한다. 특히 인생 후반기가 가까워지면 더욱 그렇다. 상대적으로 가진 게 적고 자신의 능력을 증명해야 하는 경우가 많은 젊은 시절에는 세속적인 보상이 많이 따랐을 때 일시적인 만족감을 느끼기도 한다. 하지만 나이가 들어감에 따라 그 만족감이 절대로 지속되지 않는다는 사실을 깨닫기 시작한다. 그리고 공허함이 찾아온다. 그러는 사이 쇠퇴가 시작되면서 두려움은 계속 우리를 지배한다. 그래서 심리학자 칼 융Carl Jung은 "젊은이에게는 일반적인 목표로 여겨지는 것이 늙은이에게는 신경증적 장애가 된다."고 말하기도 했다.

이 사실을 가장 잘 보여주는 사례가 10세기에 스페인 코르도바 지역의 통치자이자 칼리프(정치와 종교의 권력을 아울러 갖는 이슬람 교단의 지배자를 이르는 말—옮긴이)였던 압드 알–라흐만 3세Abd al-Rahman III다. 알–라흐만은 아주 사치스러운 삶을 살았던 절대 군주였다. 그는 일흔 살 때 자신의 삶을 다음과 같이 평했다.

> 나는 지금껏 50년이 넘도록 승리와 평화 속에서 이 나라를 통치했다.
> 백성들에게는 사랑을 받았고 적은 두려움에 떨게 하였으며 우방에게는 존경을 받았다.
> 나는 부와 영광, 권력, 즐거움을 내 뜻대로 누릴 수 있었다. 세속적인 물질은 나를 더할 나위 없이 행복하게 하기에 부족함이 없었다.[15]

상상할 수 없을 정도로 많은 명성과 부와 즐거움이라고 하니 아주 좋게 들리지 않는가? 하지만 그는 이어 다음과 같이 써내려간다.

> 나는 내가 온전히 순수하게 진심으로 행복했던 날들을 열심히 세어보았다. 모두 세어보니 14일이었다.

원하는 것이 적어질수록
행복은 더 가까워진다

요약해보면 우리가 가진 욕구를 보여줌과 동시에 지속적인 만족을 얻을 수 없는 이유를 모두 설명해주는 세 가지 공식은 다음과 같다.

> 만족 = 원하는 것을 지속적으로 가지는 것
> 성공 = 다른 이들보다 더 많은 것을 지속적으로 가지는 것
> 실패 = 더 적게 가지는 것

불만족은 우리가 점점 더 높은 보상을 좇도록 만드는 병이다. 직업적 쇠퇴기가 찾아왔을 때 그렇게 고통스러워하는 이유 중 하나는 만족감을 얻지 못하는 공허함 때문이다. 만족할 수 있을 만큼 충분히 성취하기를 간절히 원할수록 우리는 오히려 뒷걸음질치고 있는 자신을 발견한다. 천천히 러닝머신 위에서 떠밀려 나가고 있는 것이다.

물론 우리는 심정적으로는 이 사실을 알고 있다. 하지만 이 사실을

아는 것과 문제의 해결책을 아는 것은 별개다. 그런 현실을 보여주는 놀라운 사건 중 하나가 '쾌락의 쳇바퀴'라는 용어를 만든 당사자이자 유명 심리학자인 필립 브릭만Philip Brickman이 미시간 대학에 있는 그의 연구실 건너편 건물에서 뛰어내려 자살한 일이다.[16] 온라인 소매업의 선구자라 할 수 있는 자포스Zappos의 창업자이자 초 베스트셀러 《딜리버링 해피니스》의 저자이기도 한 기업가 토니 셰이Tony Hsieh의 사례도 마찬가지다. 그는 오랜 기간의 약물 중독과 자기파괴적인 행동으로 주변 사람들을 스스로 차단시켰고 이후 2020년에 불과 마흔여섯의 나이로 사망했다.[17]

하지만 모든 희망을 포기하기에 앞서 좋은 소식도 들어보시라. 지속적인 만족감을 느끼는 일은 가능하다. 단, 이전의 공식을 통해서는 불가능하다. 잘못된 계산 방식은 모두 무시하고 대신 아래의 등식을 따라야 한다. 이는 싯다르타와 토마스 아퀴나스, 그리고 현대 사회과학의 지혜를 한데 모아 얻은 등식이다.

만족 = 당신이 가지고 있는 것 ÷ 당신이 원하는 것

만족은 당신이 가지고 있는 것을 당신이 원하는 것으로 나눈 값이다. 앞에서 봤던 등식과의 차이점이 무엇인지 알겠는가? 모든 진화론적 공식과 생물학적 공식은 우리를 분자, 즉 당신이 '가지고 있는 것'에 집중시킨다. 당신이 삶에 만족하고 있지 못하다면 오랫동안 그래왔을 가능성이 크다. 만족의 등식에서 분모인 '원하는 것'을 고려하지 않았기 때문이다. 원하는 것이 무엇인지 제대로 이해하지 못한 채 소유물을 늘리기만 하면 당신의 요구는 급격히 증가해 제멋대로 활개를 치게 된다. 성공 사다리의 높은 곳으로 올라갈수록 만족감은 점차 줄어들기가 쉽다. 왜냐하면 당신이 원하는 것은 항상 가지고 있는 것을 능가하기 때문이다. 그리고 그럴 때 당신의 만족도는 떨어진다.

나는 이와 같은 상황을 무수히 많이 봤다. 엄청난 물질적 성공을 거두었음에도 더 부자가 되고 더 유명해질수록 만족감이 점점 줄어들기만 하는 상황 말이다. 서른 살에 산 쉐보레보다 쉰 살이 되어 산 메르세데스 벤츠가 만족감을 덜 준다면 그건 왜일까? 이제 그녀는 페라리를 원하게 되었기 때문이다. 하지만 그녀는 왜 예전만큼의 만족감을 느낄 수 없는지 그 이유를 모른 채 그저 러닝머신 위에 다시 올라가 달리기 시작한다. 그리고 달리고 또 달린다.

세상에는 미처 의식하지 못한 채 당신의 요구가 폭발하도록 만드는 교묘한 방법들이 가득하다. 당신은 러닝머신 위를 계속 달리며 점점 불어나는 당신의 소유물(돈)을 가지고 그 어느 때보다 많은 요구를 충족시키기 위해 노력한다. 사람들은 그것으로 돈을 벌고 있는 셈이다. 그 누구도 여기서 자유로울 수는 없다. 세계에서 가장 높은 깨달음에 이르렀다는 달라이 라마Dalai Lama조차도 다음의 사실을 인정했다. "가끔 슈퍼마켓에 갑니다. 좋은 물건들이 많이 있기 때문에 슈퍼마켓에 가서 구경하는 걸 정말 좋아하죠. 그래서 다양한 상품들을 보고 나면 욕망이 생겨나고 처음에는 충동적으로 '오, 이것도 가지고 싶고 저것도 가지고 싶네'라는 생각이 들기도 합니다."[18]

이런 욕망 자체가 나쁜 것은 아니다. 그러나 우리는 스스로를 만족시키는 법을 알아야 한다. 상술에 넘어가 러닝머신 위에서 넘어지고 또 넘어지면서 남보다 앞서가기 위해 부질없이 노력하는 일은 아무런 도움도 되지 못한다. 우리에게 지금 필요한 일은 러닝머신의 전원을 끄는 것이다. 그리고 우리가 원하는 것을 관리해야 한다. 스페인 가톨릭 성인 호세마리아 에스크리바saint Josemaría Escrivá의 말을 빌리자면, "원하는 것이 가장 적은 사람이 가장 많이 가진 것이다. 원하는 것을 만들지 마라."[19]

'무엇'을 버릴지보다
'왜' 버려야 하는지 물어라

자신의 요구를 관리할(즉, 줄일) 준비가 되어 있다면 첫 번째 할 일은 어떤 요구를 덜어낼지 스스로에게 묻는 것이다. 그리고 '그 요구를 버려야 하는 이유가 무엇일까?'라는 질문을 해본다. 베스트셀러 작가이자 강연자인 사이먼 사이넥Simon Sinek은 일과 삶에서 진정한 성공을 구하고자 하는 사람들에게 항상 자신만의 이유를 찾아야 한다는 조언을 전한다.[20] 자신의 진정한 잠재성과 행복의 문을 열기 위해서는 삶의 진정한 목적이 무엇인지 스스로에게 주지시키고 그 목적을 이루는 데 도움이 되지 않는 활동들은 덜어내야 한다고 말이다. 옥 덩어리 안에 내재되어 있는 완성 조각품이 당신만의 이유인 것이다.

대부분의 사람은 그들의 삶 속에 존재하는 어떤 대상에 시간을 쏟는다. 그들은 캔버스 위에 그려놓은 것 이상을 보지 못한다. 예를 들면, 나는 나 자신을 '대학 교수' 혹은 '책을 쓰는 저자' 등으로 바라보곤 한다. 이렇게 사람들은 일상에 존재하는 대상만을 집중해서 볼 수 있다. 50세의 한 성공한 언론인에게서 받았던 이메일을 아래에 소개한다.

> 저는 가장 친한 친구와 종종 서로에게 질문을 합니다. "우리가 인생에서 지금을 더 즐기지 않은 걸 후회하게 되지는 않을까?" 그러면 우리는 후회할 거라고 맞장구를 쳐놓고는 전화를 끊고 난 뒤 정신없는 현실 업무로 다시 돌아가죠. 아무도 정신없이 일하는 걸 원치는 않겠지만 우리는 좋은 집과 학교, 멋진 휴가, 유기농 식품, 좋은 대학, 교회, 캠프를 원합니다. 그래서 결국은 자신의 상황에 얽매여 살게 되는 거죠.

그녀가 한 말을 생각해보자. 그녀는 이런 물질적 유혹들을 무시함으로써 행복을 얻을 수 있다는 사실을 알고 있다. 하지만 결코 간단한 문제가 아니며 일상생활에 많은 지장을 주게 될 것이므로 자신이 원하는 행복을 얻기 위해 필요한 변화를 도모하지 않는다.

나는 같은 날 이 언론인과 매우 비슷한 조건에 놓여 있는 사람에게서 또 하나의 이메일을 받았다. 매우 성공한 50대 여성이었는데, 집착으로 힘들어하는 사람이었다. 그러다가 그녀는 아버지의 죽음에서 깨달음을 얻게 되었다.

저는 더 이상 제 주변을 소유물로 쌓아올리고 싶지 않아요. (…) 아버지께서 집에서 돌아가셨을 때 구급 대원들이 아버지에게로 가까이 다가갈 수가 없었어요. 아버지의 집이 물건으로 가득 차 있었기 때문이죠. 그 후 그런 다짐을 하게 되었습니다.

그녀는 아버지 집에 쌓인 잡동사니 물건들 때문에 아버지의 시신을 수습하는 데 어려움을 겪었다. 그 일이 있은 후 그녀는 자신 또한 정신적 잡동사니로 높은 장벽을 만들어 남들이 다가가기 힘든 존재가 되어가고 있는 건 아닌지 자문해보았다. 이 일을 계기로 그녀는 잡동사니를 버려야 할 '이유'를 찾았고 그것을 깎아내기 시작했다.

나는 이와 비슷한 이야기를 아주 여러 번 들었다. 사람이 상실의 고통을 겪거나 병을 앓게 되면 그동안의 인생에서 건강하지 못했던 집착을 깨닫고 진정으로 중요한 것들에 초점을 맞추게 된다. 연구자들의 조사에 따르면 질병이나 상실을 경험한 생존자 대부분이 외상 후 성장post-traumatic growth을 경험한다고 한다. 실제로 암 생존자들이 암을 앓지 않은 사람들에 비해 행복 지수가 더 높다는 통계도 있다.[21] 그들과 이야기를 나누어보면 그들은 이제 더 이상 자신을 짓누르던 어리석은 집착으로 고통받지 않는다고 말할 것이다. 그것이 물건에 대한 집착이든 돈에 대한 걱정이든 비생산적인 인간관계이든 말이다. 죽음의 위협 앞에서 진정한 자신을 감싸고 있는 옥을 드릴로 깎아낼 수 있게 된 것이다. 그 옥 안에 있는 진정한 자신이 바로 당신이 살아가야 할 이유다.

그렇다고 삶의 이유를 찾기 위해 꼭 비극적인 상실이나 건강상의 심각한 문제를 경험해야 할 필요는 없다. 나는 최근에 캘리포니아 출신의 기업가 루서 키타하타Luther Kitahata를 만났다. 그는 쉰다섯 살로, 세계적으로 유명한 기업가는 아니었지만 아메리칸 드림을 실현한 인물이다. 이민자였던 그의 부모는 그에게 항상 많이 배우고 열심히 일해서 성공할 것을 독려했다. 그는 부모가 바라는 대로 했고 컴퓨터 공학자가 되어 일곱 개의 회사를 창업했다. 경영자의 삶을 살면서 그는 외적 보상을 좇아 성공의 러닝머신 위를 열심히 달렸다. 그래서 그 보상을 획득하는 데 성공했지만 얼마 지나지 않아 불만족을 느끼며 다시 달리기 시작했다.

그러다 나이 오십이 가까워졌을 때쯤 그에게 좌절과 공허함이 몰려왔고 자신이 원했던 물질적인 보상들을 깎아내기 시작했다. "저의 뇌는 열정과 의미, 목적으로 동기 부여가 되도록 훈련받은 적이 없었어요."라고 그는 내게 고백했다. "두려움으로 동기 부여가 되도록 일찌감치 훈련되어 있었지요." 몇 년의 시간이 걸리기는 했지만 키타하타는 결국 이전의 생활에서 벗어나 이제는 사람들에게 인생을 재설계하는 법을 가르치고 있다. 또한 가족들과 함께하고 영적인 삶을 개발하는 데 더 많은 시간을 할애하고 있다. 분명히 예전에 비해 돈과 권력, 명성은 줄어들었다. 하지만 그는 태어나서 처음으로 만족감을 느끼고 있다.

루서는 물질적인 것을 쌓아올리기를 중단하고 그것을 깎아내면서 두 번째 곡선으로 도약하는 데 성공한 것이다. 그는 현재의 삶에 대해 한 마디로 이렇게 표현했다. "저는 저의 삶을 사랑합니다."

당신도 이렇게 살 수 있다. 그러나 그에 앞서 물질적인 소유물을 깎아내야, 다시 말해 세속적인 요구를 관리해야 한다. 더 늦기 전에 말이다. 그리고 명심하라. 더 오래 그 상태로 내버려둘수록 유동성 지능 곡선이 당신을 더 아래로 끌어내려 다음 곡선으로의 도약을 더 어렵게 만든다.

거꾸로 버킷리스트를 작성하라

물질적인 소유물 버리기를 시작하는 두 번째 방법은 우리를 만족할 줄 모르는 호모 에코노미쿠스로 만드는 세상의 조언들에 진지하게 한번 생각해보고 그와 정반대로 행동하는 것이다. 예컨대, 생일날 당신에게 세속적인 열망을 강화시키는 버킷리스트를 작성해보라고 하는 자기계발 코치의 조언을 한번 생각해보자. 자신이 원하는 것의 목록을 만들어보면 일시적으로 만족감이 느껴지기도 한다. 기쁨과 쾌락을 느끼게 하는 신경전달물질인 도파민이 분비되기 때문이다.

하지만 그것이 집착을 낳는다. 그리고 그 집착이 커지면 불만족이 생긴다. 내가 앞서 언급한 친구의 이야기를 기억하는가? 자신의 버킷리스트 항목을 하나하나 체크하면서 헛된 만족을 좇았던 친구 말이다. 부처는 법구경에서 다음과 같이 말했다. "욕망은 세심한 주의를 기울이지 않으면 마치 담쟁이덩굴처럼 자란다. (…) 이렇게 집요하고 진절머리 나는 욕망에 무릎을 꿇는 이에게는 비 온 뒤 풀이 자라듯 슬픔이 커질 것이다."[22]

개인적으로 나는 이 장에서 말하는 바를 내 삶에서 실제로 적용해보기 위해 '거꾸로 버킷리스트'를 만들어보기로 했다. 매년 생일이 되면 나는 세속적으로 원하는 것들과 집착하는 것들을 적는다. 토마스 아퀴나스가 말한 돈과 권력, 즐거움, 영광의 범주에 들어가는 모든 것을 적어본다. 아주 솔직하게 말이다. 내가 실제로 원하지 않는 배나 케이프 코드의 집 같은 것들은 적지 않는다. 오히려 나의 약점들을 생각해본다. 약점은 보통 내가 다른 이들을 보면서 부러워하고 감탄하는 부분과 관련이 있다. 인정하기 부끄럽지만 사실이다.

5년 후의 내 모습을 떠올려본다. 나는 행복하고 평화롭다. 대체로 삶을 즐기고 있다. 나는 내 삶에 만족하며 목적을 추구하는 의미 있는 인생을 살고 있다. 아내에게 이렇게 말하는 모습을 상상해본다. "여보, 나는 지금 이 순간 진정으로 행복하다는 말을 하고 싶소." 그러고는 앞으로의 삶에서 이 행복을 책임질 가장 중요한 동력들을 떠올려본다. 나의 신념, 가족, 친구들, 그리고 본질적으로 만족스럽고 의미가 있으며 타인에게 도움을 주는 내가 하고 있는 일.

그다음에는 다시 앞서 작성한 나의 버킷리스트로 돌아가서 버킷리스트에 적혀 있는 세속적인 요구들이 어떻게 내 행복의 동력들과 시간과 관심, 자원을 놓고 경쟁할 수 있는지에 대해 생각해본다. 하나씩 비교해보면 버킷리스트에 적혀 있는 것들은 공허하기 짝이 없다. 나는 낯모르는 이들의 존경을 받기 위해 인간관계를 희생하고 그 여파가 내 삶속에서 계속 이어질 상황을 상상해본다. 이러한 생각을 가슴에 새기며 버킷리스트를 마주한다. 각각의 항목에 대해 "이게 나쁜 건 아니지만 내가 원하는 행복과 평화를 가져다주지는 못할 거야. 그리고 난 그걸 목표로 삼을 만큼 한가하지도 않잖아. 이 열망은 버리는 게 좋겠어."라고 말하며 그것을 지워버린다.

이렇게 해서 드디어 내게 진정한 행복을 가져다주는 것들로만 채워진 목록이 완성된다. 그러면 그때부터 목록에 올라간 것들을 얻기 위해 내 시간과 애정, 에너지를 모두 쏟아붓는다. 이 '거꾸로 버킷리스트'를 만드는 훈련은 내 삶에 큰 변화를 가져다주었다. 당신에게도 분명 도움이 되리라 믿는다.

작은 일에서
행복을 찾는 법

이미 가득 채워져 있는 캔버스에 붓질을 더 하려는 습관을 버리는 데 도움이 될 세 번째 방법은 삶에서 더 작은 것들에 주의를 집중해보는 것이다. 1759년 프랑스 작가 볼테르Voltaire가 쓴 풍자 소설 《캉디드》는 순진하고 젊은 청년인 주인공 캉디드가 그의 선생 팡글로스의 사상을 충실히 따르며 낙천주의 신봉자로 살아가는 삶의 여정을 따라가고 있다.[23] 그 여정은 전쟁, 강간, 식인 행위, 노예 학대 등 비참하고 추악한 참상으로 가득하다. 심지어 팡글로스는 역경 끝에 엉덩이 한쪽을 절단하기에 이른다. 종국에 그들은 작은 농장을 운영하게 되는데, 그곳에서 행복의 비결은 세속적인 영광이 아니라 '자신의 정원 가꾸기'와 같은 작은 일에서 만족을 찾는 것임을 깨닫게 된다.

만족은 더 큰 것을 좇는 데에서 오지 않고 더 작은 것들에 관심을 기울이는 데에서 온다. 불교 지도자인 틱낫한 스님은 그의 저서 《틱낫한 명상》에서 다음과 같이 설명한다. "설거지를 하는 동안에는 오로지 설거지만을 해야 한다. 즉, 설거지를 하는 동안 자신이 설거지를 하고 있다는 사실을 온전히 자각하고 있어야 한다는 뜻이다."[24] 그 이유가 무엇일까? 과거나 미래에 대해 생각하고 있다면 "설거지를 하는 동안 살아 있는 것이 아니다." 이미 사라진 과거를 다시 체험하고 있거나 단지 개념으로만 존재하는 미래로 휘말려 들어간 것일 뿐이다. 따라서 진정으로 살아 있기 위해서는 현재에 머물러야만 한다.

언젠가 아내와 함께 친한 친구 부부의 집을 방문해 정원에서 식사를 하고 차를 마신 적이 있다. 해가 저물기 시작하자 그들은 우리에게 작은 꽃망울이 여러 개 달린 식물 가까이로 와보라고 손짓했다. 친구는 "이 꽃들을 한번 지켜보게나."라고 말했다. 우리는 약 10분간 조용히 그 꽃들을 지켜보았다. 그러자 어느 순간 갑자기 꽃들이 한꺼번에 꽃망울을 터뜨리는 게 아닌가. 친구는 저녁때가 되면 항상 그런다고 했다. 아내와 나는 그 광경에 놀라 숨이 턱 막혔다. 정말이지 만족감의 극치를 경험한 순간이었다.

하지만 재미있는 사실이 있다. 예전에 내가 버킷리스트에 적어놓았던 세속적인 바람들을 실현했을 때와 달리 그 만족감은 오래 지속되었다. 꽃망울이 터지던 순간의 기억은 아직도 내게 기쁨을 안겨준다. 내가 살면서 이룬 세속적인 '성취들'보다 더 큰 기쁨을 준다. 그것이 큰 목표의 정점이라서가 아니라 작고도 우연히 발견되는 황홀감이기 때문이다. 마치 공짜로 받은 선물과도 같은 아주 작은 기적 말이다.

당신에게 남아 있는 시간은 얼마인가?

나는 이번 장에서 줄곧 버킷리스트가 만족감을 가져다주지 않을 거라고 이야기했다. 하지만 전통적인 버킷리스트가 가진 좋은 점도 한 가지 있다. 바로 우리가 시간의 유한성을 염두에 두고 시간을 더 잘 사용하도록 도와준다는 것이다. 버킷리스트 만들기는 아직 죽을 때가 되지 않았다는 사실을 분명히 하며 이렇게 말하는 것과도 같다. "난 아직 죽을 준비가 되어 있지 않아! 여태껏 열기구도 한 번 못 타봤는걸!"(이건 내가 지어낸 예가 아니다. 2017년 조사에 따르면 버킷리스트에 평균적으로 가장 많이 올라오는 항목 중 6위가 '열기구 타보기'였다.)[25]

죽음은 인생에서 가장 정상적이고 자연스러운 일이다. 그런데도 우리는 죽음이 마치 비정상적이고 아주 놀라운 일인 듯 행동하는 데 아주 능숙하다. 20대 후반의 대학원생들에게 앞으로 보낼 수 있는 추수감사절이 50~60번 남았으며 부모님과 함께 보낼 수 있는 추수감사절은 20~30번 남았다는 사실을 진지하게 생각해보라고 하자 그들은 아주 충격을 받은 듯한 반응을 보였다. 젊은이들만 이런 반응을 보이느냐 하면 그렇지 않다. 앞서 제1장에서 미국인들에게 '노년'이 시작되는 나이를 몇 살로 생각하는지 물어본 설문조사에서 그들이 생각하는 노년의 나이가 평균 사망 연령보다 여섯 살 더 많게 나왔던 것을 기억하는가. 우리는 수명과 남아 있는 시간에 대해 현실적으로 생각하기를 거부하고, 우리가 영원히 이 세상에 존재할 것이라는 잘못된 믿음으로 스스로를 안심시킨다. 그렇게 해서 두 번째 곡선으로의 도약과 같이 삶에서 시급한 변화가 필요한 부분을 간과하는 행동에 면죄부를 부여한다.

따라서 삶의 마지막을 계획하는 일이 우리가 다음으로 도전해야 할 일이자 기회라 할 수 있다.

제 5 장

죽음에 대해
구체적으로 생각하기

몇 년 전 나는 현재 기업에서 최고경영자로 일하고 있는 내 나이 또래의 오랜 친구와 점심 식사를 했다. 나는 그에게 이 책에 나오는 연구 조사들에 대해 이야기해주었다. 유동성 지능이 필연적으로 쇠퇴한다는 사실과 성공한 많은 사람에게 그것이 얼마나 대처하기 힘든 현실인지에 대해 이야기했다. 그러자 그는 "난 그런 고민을 안 하네."라고 말했다.

"어떻게 안 할 수가 있지?" 나는 반문했다.

"나는 쇠퇴하지 않을 거라네. 그저 계속 더 열심히 달리다가 바퀴가 떨어져 나가면 끝인 거지."

달리 표현하자면 일하고 또 일하고 또 일하다가 거꾸러지겠다는 뜻이다. 그래서 제2의 곡선 따위는 필요하지 않다는 말이었다.

나는 이것을 유동성 지능의 쇠퇴에 대응하기 위한 '꺼져가는 빛에 대항해 분노하기 전략'이라고 이름 붙였다. 딜런 토머스Dylan Thomas가 1951년에 쓴 유명한 시 〈순순히 저 휴식의 밤으로 들지 마십시오〉Do Not Go Gentle into That Good Night 중 독자들에게 '꺼져가는 빛에 대항하여 분노하십시오'라고 말한 유명한 구절에서 따온 것이다. 이 시는 토머스가 죽음을 앞둔 자신의 아버지를 위해 쓴 시로, 문자 그대로 죽음에 대해 말하고 있다. 그리고 실제로 사람들은 시인의 말처럼 죽음에 대항해 분노하곤 한다.

당신은 분명 이런 생각을 하고 있을 것이다. "난 죽는 게 두렵지 않아!" 두려울 수도 있고 두렵지 않을 수도 있다. 두렵지 않다고 말하면 심리학자들은 당신이 스스로를 속이고 있다고 말하겠지만 말이다. 하지만 어찌 되었든 그게 중요한 문제는 아니다. 내가 묻고 싶은 건 당신이 '내 일이 곧 내 삶이야'라고 말해본 적이 있는가 하는 것이다. 만약 그렇다면 쇠퇴에 대한 당신의 두려움은 사실 죽음에 대한 두려움이라 볼 수 있다. 일하기 위해 산다면(일이 곧 삶이라면, 혹은 적어도 자기 정체성의 원천이라면) 온전히 살아 있다는 증거가 바로 당신의 직업적 능력과 성취라는 얘기다. 따라서 쇠퇴가 찾아오면 당신은 곧 죽어가고 있다는 뜻이 된다.

노력가로서 애초에 당신을 유동성 지능 곡선의 정상에 올려놓은 동력은 당신의 의지력과 지칠 줄 모르는 근면성이었다. 그러나 유동성 지능에 기반한 능력은 공통적으로 모든 직종에서 성장했다가 어느 시점부터 퇴보한다. 어떤 직종은 퇴보가 더 일찍 발생하고 어떤 직종은 더 더디게 발생하기도 한다. 그 둘 사이에는 중요한 차이가 존재한다. 하지만 단순히 육체적 힘을 요구하지 않는 직종이라고 해서 퇴보를 무기한으로 늦출 수 있다는 생각은 착각이다. 우리는 '창의적인 직업들' 또한 쇠퇴기를 맞이한다는 연구 결과들을 보았다. 일반적으로 치매나 인지장애가 나타나기 수십 년 전에 쇠퇴기가 찾아온다.

일종의 죽음이라 할 수 있는 직업적 쇠퇴의 진실을 직시할 때만이 두 번째 곡선으로의 도약이 가능해진다. 이 쇠퇴를 직시하지 않는다면 내 친구처럼 필연적인 일에 맞서 싸우려 할 것이다. 혹은 쇠퇴를 어떻게든 피해 가는 길을 찾길 바랄 것이다. 쇠퇴의 진실을 직시한다는 말은 죽음(진짜 죽음이든 직업적 죽음이든)에 대한 두려움을 극복한다는 의미다. 당신을 유동성 지능 곡선에 옭아매는 그 두려움 말이다. 두려움을 완전히 정복할 수만 있다면 그에 대한 보상은 가늠하기 어려울 만큼 크다. 자유롭게 해방될 것이기 때문이다.

그리고 그렇게 될 수 있는 방법은 오직 하나뿐이다. 바로 두려움을 대면하는 것이다.

죽음에 대한
두려움 이해하기

인류학자 어니스트 베커Ernest Becker는 오늘날 고전으로 불리는 1973년에 쓴 그의 저서 《죽음의 부정》The Denial of Death에서 다음과 같이 말했다.[1] "죽음에 대한 생각과 두려움은 그 무엇보다도 인간을 괴롭힌다." 대다수의 사람은 어느 정도 죽음을 두려워한다. 그리고 대부분의 조사에서 약 20퍼센트의 사람들은 죽음에 대해 심한 공포감을 느끼는 것으로 나타났다.[2] 그중 일부는 '사망 공포증'이라 불리는 정신병으로까지 확대되는 극심한 공포감을 보인다고 한다.

죽음에 대한 두려움은 그 정도가 극심하든 경미하든 다음 여덟 개의 차원으로 구분된다. 파괴되는 것에 대한 두려움, 죽어가는 과정에 대한 두려움, 죽은 자에 대한 두려움, 소중한 사람들과 이별해야 하는 두려움, 미지의 것에 대한 두려움, 의식적인 죽음에 대한 두려움, 사후 시체에 대한 두려움, 이른 죽음에 대한 두려움.[3]

가장 첫 번째 파괴에 대한 두려움은 지극히 인간적인 두려움이다. 존재가 사라지고 완전히 없어지는 것에 대한 두려움, 잊히는 것에 대한 두려움이다. 강아지는 위협받을 때 두려움을 느낀다. 하지만 내가 아는한 강아지는 '존재가 사라진다'는 개념을 이해하지 못한다. 애초에 '존재한다'는 것이 무엇인지 모르기 때문이다. 존재론적 두려움은 생물학자들의 두려움이 아니라 철학자들의 두려움이다. 죽음은 필연적인 무엇이지만 우리가 존재하지 않는 것을 상상하지 못하는 한 불가능해 보이는 것이기도 하다. 이 같은 이유로 해결책도 없고 견디기 힘든 인지적 충돌이 발생한다. 케임브리지 대학의 철학자인 스티븐 케이브Stephen Cave는 이를 '죽음의 역설'이라고 부른다.[4]

쇠퇴에 대한 두려움은 부재에 대한 두려움과 동일한 개념이라 볼 수 있다. 타인과의 관계 속에서 나의 존재가 직업적 성취나 지위로 규정된다면 직업적 쇠퇴는 사실상 나를 존재하지 않는 사람으로 지워버리게 되기 때문이다. 그래서 사람들이 부재의 위기에 대응하는 방식과 동일하게 직업적 쇠퇴에 대응하는 것은 어찌 보면 당연한 일이다.

월트 디즈니Walt Disney의 사례를 한번 살펴보자. 죽음과 쇠퇴에 대해 그가 가진 두려움은 유별났다. 1909년 어느 날 일곱 살이었던 디즈니는 그의 가족이 살고 있었던 미주리주의 한 농가 뒤뜰에서 혼자 놀고 있었다. 그는 등을 돌리고 앉아 있는 커다란 갈색 부엉이를 염탐하고 있었다. 혈기 왕성한 여느 소년들처럼 그는 부엉이를 잡을 생각으로, 그 행동으로 어떤 일이 벌어질지는 생각도 하지 않은 채 살금살금 부엉이에게로 다가갔다. 그가 겁에 질려서 어쩔 줄 모르는 부엉이를 손으로 잡자 부엉이는 예상대로 비명을 지르고 할퀴기 시작했다. 어린 디즈니는 그 공격에 너무도 놀란 나머지 부엉이를 바닥에 내동댕이쳐 짓밟아 죽이고 말았다.

고대인들은 부엉이를 상서롭지 못한 동물로 여겼다. 서기 77년 대大 플리니우스(가이우스 플리니우스 세쿤두스Gaius Plinius Secundus)는 "부엉이가 나타나면 불상不祥하다."라고 말했다. 월트 디즈니에게 그 말은 사실이었다. 이후 수년간 그 부엉이는 디즈니의 꿈속에 나타나 그를 괴롭혔다. 그에게 죽음에 대한 병적인 공포심을 유발했고 심지어 그의 사업적 성공에도 부정적인 영향을 미쳤다.

젊은 애니메이션 제작자였던 디즈니의 첫 번째 히트작은 스물여섯 살에 탄생했다. 미키 마우스를 등장시킨 〈증기선 윌리〉Steamboat Willie라는 만화영화로, 영상뿐만 아니라 동시 녹음된 소리도 들을 수 있어 사실상 무성 영화의 시대가 저물고 디즈니를 엔터테인먼트 산업의 개척자로 자리매김하는 작품이 되었다. 그러나 그는 곧이어 또 하나의 단편 애니메이션 〈해골 춤〉The Skeleton Dance을 선보였다. 이 작품은 나뭇가지 위에 앉아 있던 부엉이가 무덤에서 나온 해골들 때문에 공포에 떠는 장면으로 시작된다. 디즈니의 배급사는 디즈니의 형인 로이에게 불만을 터뜨리며 이렇게 물었다. "디즈니는 도대체 무슨 생각으로 이러는 거요? 누굴 망하게 할 셈인가요? 가서 동생에게 극장에서는 이런 섬뜩한 만화영화 따위는 원하지 않는다고 전하세요. 쥐를 더 등장시키라고. 미키 마우스 말이오!"[5]

이는 그가 이후에 선보일 수많은 작품들 중 하나의 작은 예시에 불과한 것이었다. 한 학자는 "디즈니가 미국인의 삶의 방식을 보여주는 대변자였다면 그가 다루는 주제는 죽음에 대한 호기심 어린 강박에 의존하고 있었다."라고 분석하기도 했다.[6] 실제로 〈백설공주〉부터 〈피노키오〉에 이르기까지 디즈니의 가장 유명한 작품들은 모두 하나같이 죽음이라는 주제를 다루고 있다.

그의 사생활 역시 쇠퇴와 죽음에 초점이 맞추어져 있었다. 그의 딸 다이앤의 말에 따르면 디즈니는 그런 생각을 너무 많이 한 나머지 30대 초반에 점쟁이를 불러 자신이 언제 죽을지 물어봤다고 한다. 점쟁이는 그가 서른다섯 살에 죽을 것이라고 말했는데 이는 당연히 그가 듣고 싶지 않았던 최악의 답변이었다. 일중독자이자 성공 중독자였던 그는 그 예언을 잊어버리기 위해 온 신경을 일에만 집중했다. 계속 바쁘게 지낸다면 자신과 죽음의 사자 모두의 주의를 다른 데로 돌릴 수 있으리라 생각하면서 말이다. 그는 서른다섯 살을 넘기고 살아남았지만 그 예언을 잊을 수가 없었다. 디즈니는 쉰다섯 살 생일을 맞이하기 직전에 아마도 점쟁이가 쉰다섯 살이라고 말한 것을 자신이 서른다섯 살로 잘못 들었을지도 모른다고 혼잣말을 했다고 전해진다.

우리 모두는
잊히는 존재일 뿐이다

누군가가 아버지에게 "요즘 잘 지내세요?" 라고 물을 때마다 아버지는 기분 좋게 이렇게 대답하곤 하셨다. "죽는 것보다야 낫지 뭐!" 당신이 일을 위해 산다면 당신 또한 누군가가 "일 잘 돼 가세요?"라고 물어보면 똑같은 대답을 할 것이다.

하지만 곰곰이 생각해보면 죽음이 그렇게 나쁜 선택지라고만 볼 수는 없다. 조너선 스위프트Jonathan Swift는 1726년에 출간된 소설 《걸리버 여행기》에서 이 점을 명확히 보여주었다. 주인공인 걸리버는 러그나그라는 나라에서 스트럴드브러그 종족을 만난다. 그들은 겉으로는 평범해 보이지만 불멸의 존재다. 어떻게 그런 운을 타고났을까! 걸리버도 처음엔 이와 똑같은 생각을 했다. 하지만 곧 그들이 죽지는 않지만 늙고 나이 든 사람이 일반적으로 겪는 질병으로 고통받는다는 사실을 알게 된다. 한 가지 차이점이라면 그 질병이 목숨을 앗아갈 만큼 치명적이지는 않다는 것이었다. 그들은 시력과 청력을 상실하고 노쇠하지만 절대로 죽지는 않는다. 정부에서는 80세가 되면 법적으로 죽은 자로 간주하여 재산을 소유하거나 노동하는 것을 금지한다. 그들은 구호 대상

이 되어 끔찍하게 우울하고 사실상 존재감이 없는 비생산적인 부류로 영원히 삶을 이어간다.[7]

이는 육체적인 죽음에 있어서는 말도 안 되는 상상에 불과하지만 직업적 쇠퇴기와 관련한 많은 사람의 상황을 꽤 정확히 보여주고 있다. 자신의 전성기가 지났다는 사실을 받아들이기를 거부하고 바퀴가 빠져나갈 때까지 가보겠다고 하는 사람들을 만나본 적이 있는가? 그들은 좌절을 자초하고 변화하고 성장할 기회를 놓치고 있다. 기껏해야 일자리에서 굴욕적으로 쫓겨나는 것을 피해 일터의 스트럴드브러그 종족처럼 살아가게 되는 것이다. 즉, 존재의 효용성이 없어 타인으로부터 동정과 멸시가 묘하게 섞여 있는 대우를 받기에 이른다.

자, 이쯤 되면 너무 오래 사는 일이 그렇게 좋지 않다고 말할지도 모르겠다. 그렇다면 위대한 유산을 남기는 것은 어떨까? 후대에 잊히지 않기 위해서 말이다. 이것이 호메로스의 《일리아드》에 나오는 '아킬레우스 효과'다. 그는 죽음을 불사하고 트로이 전쟁에 참전해 영광스러운 유산을 남길지, 아니면 고향으로 돌아가 오래도록 행복한 삶을 살지만 이름 없이 죽을지 결정해야만 했다. 그는 다음과 같이 선택의 기로를 묘사했다.

두 개의 운명이 나의 죽음의 날을 결정하네.
만약 내가 여기에 남아 트로이를 정복한다면,
고향으로 돌아갈 수는 없어도 그 영광은 사라지지 않을 것이다.
하지만 만약 내가 사랑하는 고향으로 돌아간다면

내 자존심과 영광은 사라질 것이다.[8]

아킬레우스는 육체적 죽음이나 쇠퇴가 앗아갈 수 없는 신화적 불멸성을 얻게 되는 첫 번째 운명을 선택한다.

《일리아드》의 아킬레우스는 호메로스가 창조해낸 인물이다. 하지만 많은 사람이 실제 삶에서 이와 같은 방식으로 생각한다. 사람들에게서 잊히는 고통을 피하기 위한 가장 일반적인 전략 중 하나가 자신이 하는 일에서 유산을 남기는 것이다. 이 책을 집필하는 동안 만나서 이야기를 나눈 사람들 중 커리어의 마지막 단계에 와 있다고 생각하는 사람들은 하나같이 자신이 '어떻게 기억되고 싶은지'에 대해 이야기했다.

그래도 소용이 없다. 사람들은 어차피 당신을 기억하지 못할 것이다. 왜냐하면 그들은 내일을 살기 때문이다. 영화 〈어바웃 슈미트〉About Schmidt에서 잭 니콜슨Jack Nicholson이 연기한 주인공 워런 슈미트는 보험회사에서 중역으로 일하다 정년퇴직했다. 그는 아무도 그에게 조언을 구하러 오지 않는다는 사실에 충격을 받는다. 퇴직 후 며칠이 지나지 않아 도움을 주기 위해 사무실에 들렀지만 그는 직원들이 자신이 예전에 처리한 작업 파일들을 모두 쓰레기통에 처박아버린 모습을 목격한다. 연민을 자아내는 장면이지만 현실이 그렇다. 이 책을 집필하던 중 만난 한 은퇴한 최고경영자는 내게 "저는 6개월 만에 '그는 아무개야'에서 '그 사람이 누군데?'로 바뀌었답니다."라고 말하기도 했다.

스토아 학파 철학자이자 로마 황제인 마르쿠스 아우렐리우스Marcus Aurelius는 후대에 기억되기 위한 우리의 노력은 언제나 실패하므로 노력할 가치가 없음을 우리에게 상기시킨다. "일부 인물들은 짧은 시간 내에 사람들의 기억 속에서 잊히며, 또 다른 인물들은 전설의 주인공이 되기도 하지만 그 전설 속에서도 언젠가는 사라져버린다. 그러므로 이 것을 명심해야 한다. 보잘것없는 화합물인 당신은 분해되어 사라지거나 가련한 숨통이 끊어지거나, 그도 아니라면 그곳에서 나와 다른 곳으로 보내져야 한다."[9] 아우렐리우스의 말이 거의 2,000년 동안 전해져 내려 왔다는 사실을 생각하면, 그는 자신이 말한 규칙에서 예외였던 유일한 경우다. 하지만 그가 한 말의 핵심은 여전히 우리에게 중요한 가르침으로 다가온다. 당신과 나는 마르쿠스 아우렐리우스가 아니기 때문이다. 그리고 머지않아 마르쿠스 아우렐리우스 역시 우리의 기억 속에서 사라지게 될 것이다.

설사 사람들이 당신의 유산을 계속 존경한다 하더라도 그것이 정말 그렇게 기분이 좋은 일일까? 이 책의 도입부에 등장한 비행기에서 만난 영웅을 기억하는가! 과거의 명성과 영광은 그 순간에는 기쁠지 몰라도 신경을 거슬리게 하는 대비 효과를 발생시켜 현재의 자신이 비참하다 고 느끼도록 만든다.

결국 미래에 강박적으로 집착하면 현재를 허비하게 된다. 나의 지인 중에는 죽기 전 자신의 직업적 명성에 지나치게 신경 쓰는 사람이 있었 다. 질병으로 죽을 날이 얼마 남지 않았음이 분명해지자 그는 마지막 순간까지 자신이 이루어놓은 성취로 기억될 수 있는 방법을 찾는 데 대 부분의 시간을 쏟아부었다. 만약 당신이 당신의 일을 아주 사랑한다면 그 일을 하는 동안 즐기면 될 뿐이다. 자신이 남길 유산에 대해 생각하고 그것을 준비하는 데 시간을 허비한다면 당신은 이미 인생을 마감한 것이다.

'지금 현재'에
존재하는 연습

지금 현재 더 잘 사는 데에도 도움이 되면서 유산을 남길 수 있는 한 가지 방법이 있다. 데이비드 브룩스David Brooks는 그의 저서 《인간의 품격》에서 이력서에서 언급되는 덕목과 추도사에서 언급되는 덕목이 어떻게 다른지 구분해 설명했다.[10] 이력서에서 언급되는 덕목은 일과 관련되어 있으며 세속적인 성공을 지향하는 덕목이다. 그래서 그 덕목들은 남들과의 비교가 불가피하다. 반면 추도사에서 언급되는 덕목은 윤리적이고 영적이며 남과 비교할 필요가 없다. 그것은 사람들이 당신의 장례식에서 정말 언급해주었으면 하는 덕목이다. 이를테면 "그는 항공사 마일리지가 아주 많이 쌓여 있습니다." 와 같은 말이 아니라 "그는 친절하고 누구에게나 영감을 주는 사람이었습니다."와 같은 말이다.

노력가들은 추도사에 적힐 덕목에 집중하는 삶을 살기가 어렵다. 물론 우리는 좋은 사람이 되기를 원하지만 추도사에 적힐 덕목에 집중하는 삶은 왠지 좀 특별하지 않은 것 같은 느낌을 준다. 나는 평생토록 다른 사람들보다 더 나은 뭔가를 하기 위해 일해왔다. 그런데 이제 와서 '친절한 사람 되기'와 같이 누구나 다 할 수 있는 일을 하라고?

하지만 이걸 생각해보라. 이 책을 읽고 있는 모든 이들도 알고 있고 두려워하듯이 이력서에 적히는 기술들은 시간이 흐르면서 퇴보한다. 반면 추도사에 적히는 덕목들은 결정성 지능 곡선을 뛰어넘어서까지 점점 더 강화된다. 노인들은 삶과 인간관계에서 더 많은 경험을 가지고 있으므로 그것을 적절하게 활용한다면 젊은이들보다 높은 경쟁력을 가질 수 있다.

더욱이 추도사에 적히는 덕목들을 키우고 발전시키면 그만큼의 보상도 따른다. 당신은 추도사를 들을 수 없겠지만(혹은 은퇴 후 사람들이 당신에 대해 어떻게 이야기하는지 들을 수 없겠지만) 당신에게 개인적으로 가장 소중한 덕목을 키우기 위해 노력하며 아주 만족스러운 삶을 살게 될 것이다. 친구나 가족에게 보여주는 너그러움이라는 열매에 비하면 일이 가져다주는 보상(예를 들면 직장에서의 승진)이 얼마나 단시간에 사라지는지 한번 생각해보라. 한 시간의 야근과 도움이 필요한 사람에게 한 시간 동안 도움을 주는 것 중 어느 쪽이 당신에게 더 큰 만족을 가져다주는가?

하지만 추도사에 적히는 덕목들을 키울 결심을 했다 하더라도 이를 실천에 옮기기란 쉽지 않다. 오래된 습관과 바쁜 일과로 우선순위에서 밀려버리기 때문이다. 아주 긴급한 업무를 처리하느라 친구의 이야기를 한 시간 들어주는 기본적인 일조차 실천하기 어려울 것이다.

몇몇 현자들의 이야기가 이 문제를 해결하는 데 도움이 될 듯하다. 레오 톨스토이Leo Tolstoy는 "죽음의 가장 안 좋은 점은 어떤 사람이 죽고 나면 당신이 그에게 한 나쁜 행동도 되돌릴 수 없으며 그에게 해주지 못한 좋은 일도 해줄 수가 없다는 사실이다. 사람들은 '항상 죽을 준비가 되어 있는 사람처럼 살라'라고 말하지만 나는 '떠나는 사람들과 후회 없이 이별할 수 있게 살라'라고 말한다."[11]

요컨대 올해가 당신이 사는, 혹은 일하는 마지막 해라고 상상해보라. 매월 1일이 되기 전 다음의 질문들을 스스로에게 던져보자. '만약 나의 일과 삶이 1년밖에 남지 않았다면 나는 이번 달을 어떻게 보낼 것인가? 나의 해야 할 일 목록에는 어떤 일들이 올라갈 것인가? 무엇을 걱정하지 않기로 할 것인가?' 단언하건대 배우자와 휴가를 가기로 한 약속을 깨고 출장을 가거나 상사에게 점수를 따기 위해 야근을 하는 등의 일은 해야 할 일 목록에 오르지 못할 것이다. 오히려 '주말에 여행 가기'나 '친구에게 전화하기'가 목록에 오를 것이다.

이렇게 질문을 던져보는 훈련을 함으로써 '지금 현재'에 존재하는 연습을 할 수 있다. 연구 결과에 따르면 과거나 미래가 아닌 현재를 살게 되면 우리는 더 행복한 사람이 될 수 있다고 한다. 또한 우리가 가장 바람직한 모습을 드러내는 결정을 내리는 데에도 도움이 된다.

쇠퇴를 직시하고
구체적으로 생각하라

자신의 추도사를 상상해보는 일은 상대적으로 쉽다. 하지만 이번에는 조금 어려운 일을 해볼 차례다. 바로 죽음과 쇠퇴 자체를 직시하는 일이다. 이렇게 함으로써 두려움을 떨쳐버리는 연습을 해보자.

사실 어떤 이에게는 이 조언이 그리 새롭지 않을지도 모르겠다. 만약 당신이 뱀을 병적으로 무서워해서 치료사를 찾아갔다고 해보자. 그들은 가장 먼저 뱀을 직면하라고 말할 것이다. 실제로 노출 요법은 두려움과 공포증을 다스릴 수 있는 가장 좋은 치료법으로 확립되어 있다.[12] 이는 심리학자들이 '탈감작'desensitization이라고 부르는 원리인데, 혐오스럽거나 무서운 대상에 반복적으로 노출시킴으로써 그것을 일반적이고 평범하고 무섭지 않은 경험으로 만들어주는 것이다.

그 치료법이 뱀에 효과가 있다면 죽음과 쇠퇴에도 효과가 있지 않을까?

2017년 미국 여러 대학의 연구자들로 구성된 연구팀은 지원자들을 선발해 죽을병에 걸리거나 사형 선고를 받았다고 상상하게 하고 가상으로 그 느낌을 적어보게 했다. 그런 뒤 그 글을 실제로 치료 불가한 병에 걸렸거나 사형을 앞두고 있는 사람들이 쓴 글과 비교해보았다. 《사이콜로지컬 사이언스》Psychological Science에 실린 그 연구 결과는 아주 놀라웠다. 일시적으로 죽음을 상상한 사람들이 쓴 글이 실제로 죽음을 앞둔 사람들이 쓴 글보다 세 배는 더 부정적이었던 것이다. 이는 일반적인 상식과 달리, 죽음이 구체적인 현실로 다가올 때보다 추상적이고 멀리 있을 때 인간에게 더 큰 공포를 불러일으킨다는 얘기다.[13]

이 연구는 현대에 와서 진행됐지만 연구 결과가 시사하고 있는 개념은 이미 오래전 등장한 바 있다. 16세기 프랑스의 철학자 미셸 드 몽테뉴Michel de Montaigne는 자신의 저서 《수상록》에서 다음과 같이 표현했다.

"죽음이 인간에 대해 가지고 있는 우월한 지위를 박탈하기 위해서는 죽음에게서 낯선 성질을 빼앗고 그것을 자주 경험해서 그것에 익숙해져야 한다. 그러므로 우리는 다른 무엇보다도 죽음을 가장 자주 생각해야만 한다."[14]

그러나 어떤 것에 대한 잦은 노출은 그것에 대한 두려움을 물리치는 것 이상의 일을 한다. 죽음에 대해 자주 생각하면 인간은 더 의미 있는 삶을 살 수 있게 된다. 소설가 포스터E. M. Forster도 이렇게 말했다. "죽음은 한 인간을 파괴한다. 그러나 죽음에 대한 생각은 인간을 구원한다."[15] 왜 그럴까? 간단히 말하자면 결핍은 모든 것을 더 소중하게 만들기 때문이다. 삶이 영원히 지속되지 않는다는 생각을 함으로써 우리는 오늘을 그만큼 온전히 더 누리고자 노력하게 된다.

현대 사회에서 모든 두려움을 정복한 듯 보이는 이들(어떤 도전도 마다하지 않고 어떤 약점도 인정하지 않으며 어떤 적에도 맞서 싸우려 하는 이들)이 쇠퇴를 몹시 두려워한다는 사실은 매우 역설적이라 할 수 있다. 하지만 두려움을 완전히 물리치고 당신이 되고자 했던 사람이 될 수 있는 훌륭한 기회가 이 역설 속에 웅크리고 있음을 기억해야 한다.

태국과 스리랑카에 있는 소승 불교 사원을 방문하면 많은 곳에서 시체가 부패하는 사진을 단계별로 전시해놓은 모습을 보게 될 것이다. 그 광경을 처음 보면 끔찍하고 불편한 감정이 든다. 그러나 그것이 심리학적 노출 요법이라는 걸 이제는 안다. 불교의 승려들은 자신의 육신에 대해서도 이렇게 여기도록 교육을 받는다. "이 몸 역시 자연이자 미래요, 피할 수 없는 숙명이다."

이는 마라나사띠maranasati(죽음에 대한 마음챙김)라고 하는 수행법으로, 수행자에게 자신의 죽음을 상상하며 시신의 아홉 가지 상태를 떠올려보게 한다.

시체가 부풀어 올라 파랗게 변하고 곪는다.

시체가 동물이나 벌레의 먹이가 된다.

뼈 일부분이 살과 힘줄로 연결되어 있다.

피로 얼룩진 뼈는 살이 없고 힘줄로만 연결되어 있다.

뼈가 힘줄로 연결되어 있다.

힘줄로 연결되어 있던 뼈의 연결이 느슨해진다.

뼈가 탈색된다.

1년이 지난 뼈들이 무덤을 이룬다.

뼈가 가루로 변한다.

죽음에 저항하는 것처럼 능력의 쇠퇴에 저항하는 것도 헛된 일이다. 그리고 헛된 저항은 필연적으로 불행과 좌절을 가져온다. 쇠퇴에 저항하다 보면 비참함을 느끼게 되고 인생의 기회를 보지 못하고 놓치게 되기 때문이다. 우리는 진실을 회피하려고 해서는 안 된다. 진실을 정면으로 응시하고 깊이 고민하고 연구하고 되새겨야 한다. 나는 다음의 상태를 하나씩 떠올려보며 일종의 마라나사띠를 연습한다.

1. 나의 경쟁력이 쇠퇴한다.

2. 나와 가까운 사람들이 내가 예전만큼 예리하지 못하다는 사실을 눈치 챈다.

3. 다른 이들이 내가 과거에 받았던 사회적·직업적 관심을 받는다.

4. 나는 업무량을 줄이고 내가 한때 쉽게 완수했던 일상적인 활동에서 한발 물러나야 한다.

5. 나는 더 이상 일을 할 수가 없다.

6. 내가 만나는 많은 사람이 내가 예전에 한 일로 나를 인정하거나 알아보지 못한다.

7. 나는 아직 살아 있지만 직업적으로는 아무것도 아니다.

8. 나는 주변에 있는 사람들과 내 생각과 아이디어를 소통하는 능력을 잃어버린다.

9. 나는 죽었다. 그리고 더 이상 내가 이룬 성취로 기억되지 않는다.

시골 마을에 침입해 파괴를 일삼고 공포심을 불러일으키는 한 무리의 사무라이와 관련해 선불교에서 전해 내려오는 유명한 일화가 있다. 사무라이들이 한 사원에 접근해오자 승려들은 모두 두려움에 떨며 흩어졌다. 하지만 그들 중 죽음에 대한 두려움을 완전히 극복한 주지 스님은 사원에 남아 있었다. 사원 안으로 들어간 사무라이들은 평정심을 완벽하게 유지하며 가부좌를 틀고 앉아 있는 주지 스님을 발견했다. 사무라이의 우두머리는 칼을 빼들며 이렇게 소리쳤다. "당신은 내가 눈 하나 깜빡하지 않고 당신 목을 칼로 벨 수 있는 사람이라는 게 안 보이시오?" 그러자 주지 스님은 이렇게 답했다. "당신은 내가 목에 칼이 들어와도 눈 하나 깜빡하지 않을 사람이라는 게 안 보이시오?"

진정한 고수는 나이나 주변 환경의 변화로 자신의 위신이 위협받게 될 때 이렇게 말할 수 있는 사람일 것이다. "당신은 내가 눈 하나 깜빡하지 않고 완전히 잊힐 준비가 되어 있는 사람이라는 게 안 보이시오?"

같이 힘을 낼
누군가가 옆에 있다면

콜롬비아의 소설가 가브리엘 가르시아 마르케스Gabriel Garcia Marquez는 "홀로 죽는 것만큼 큰 불행은 없다."라고 적었다.[16] 물론 그가 의미한 바는 죽을 때 아무도 옆에 있지 않은 것으로, 그런 상황은 실제로 비극적으로 보인다. 하지만 인간이 죽음이라는 관문을 홀로 통과하는 것은 당연하다. 사람들은 소유물에 대해 "죽을 때는 가지고 갈 수 없다."라고 말하곤 한다. 하지만 다행스럽게도 그 소유물에는 친구와 가족들도 포함된다. 그것이 바로 사람들이 죽음을 그토록 두려워하는 이유 중의 하나이기도 하다.

그러나 죽음과 쇠퇴의 유사성은 여기까지다. 쇠퇴는 그것을 홀로 경험할 필요가 없다. 실제로 그래서는 안 된다. 하지만 많은 사람이 그 쇠퇴를 오롯이 혼자 겪어내려 한다. 그래서 더 문제가 되는 것이다. 직업적으로 잘나갈 때 사람들은 계속 잘나갈 거라 생각하고 인간관계를 잘 관리해두지 않는다. 그러다 보면 인생의 내리막길에 다다랐을 때 인적 안전망이 존재하지 않게 된다. 인생 후반기에 찾아오는 변화가 더 힘들고 위험하게 느껴지는 이유는 바로 이 때문이다.

그럼에도 불구하고 우리는 이런 상황을 바로잡을 수 있다. 다음 장에서는 이에 대한 이야기를 해보려 한다.

제6장

당신만의
사시나무 숲을 가꿔라

나무처럼 아름다운 시를

정녕 볼 수 없으리.

_조이스 킬머Joyce Kilmer [1]

2018년 콜로라도주에서 맞이한 어느 아름다운 여름날, 나는 6월의 산들바람 속에서 나뭇잎을 반짝이며 우아하게 서 있는 사시나무 아래에 앉아 이 책의 집필을 구상했다.

내가 보기에 진정으로 성공한 사람을 나타내는 훌륭한 비유로 나무만한 것이 없는 것 같다. 나무는 강하고 오래가고 믿음직스럽고 단단하다. 성경에서는 정의를 실현한 사람을 이렇게 묘사한다. "그는 강가에

서서 계절이 돌아오면 열매를 맺는 나무와도 같다. 그 나뭇잎은 시들지 않을 것이며 그는 무슨 일을 하든 번창할 것이다."[2]

나무는 강인하고 생산적이며 오롯이 개별적이다. 숲에 들어선 수많은 나무들 중 한 그루든 대초원에 홀로 서 있는 나무든 나무는 스스로 조용히 성장해 자신의 키에 도달하고 종국에는 홀로 죽는다. 그렇지 않은가?

'그렇다'고 대답했다면 틀렸다. 나중에 알게 된 사실이지만 사시나무는 내가 생각했던 것만큼 그렇게 고독한 생명체가 아니었다. 나보다 나무에 대해 훨씬 더 잘 아는 친구의 말에 따르면, 각각의 '개별적인' 나무들은 거대한 원뿌리의 일부를 이루고 있다고 한다. 사실상 사시나무는 지구상에서 가장 큰 생명체라 할 수 있는 것이다. 유타주에서 서식하는 '판도'Pando라고 불리는 사시나무 군락은 약 43만 제곱미터의 넓이를 자랑하며 원뿌리의 무게도 600만 킬로그램에 달한다. 내가 바라보고 있었던 한 그루의 사시나무는 사실 그것이 전부가 아니었고 거대한 원뿌리에서 뻗어나온 나무들 중 하나였다. 즉, 하나의 동일한 생명체에서 표출된 무수히 많은 나무들 중 하나였던 것이다.

이 사실을 접하고 나는 사시나무의 경우가 예외적인 사례인지 궁금해졌다. 그래서 여름이 끝나갈 무렵 캘리포니아 북부의 레드우드 포레스트로 향했다. 자이언트 레드우드(자이언트 세쿼이아)는 지구상에서 가장 거대한 개별 나무다. 사시나무처럼 단일 체계로 연결되어 있지 않다. 그래서 아마도 자이언트 세쿼이아야말로 근엄한 개별 개체를 상징하는 더 좋은 예가 되지 않을까 생각했다.

하지만 이건 또다시 틀린 생각이었다. 84미터 높이까지 자랄 수 있는 레드우드는 놀랍게도 매우 얕은 뿌리를 가지고 있다. 뿌리 깊이가 보통 1.5~1.8미터밖에 되지 않는다. 그런데도 나무가 수백 년에서 수천 년 동안이나 똑바로 서 있을 수 있다는 사실은 물리 법칙을 거스르는 일처럼 보인다. 하지만 여기에는 한 가지 비밀이 있었다. 레드우드는 얕은 뿌리들이 서로 뒤얽혀서 시간이 흐르면서 나무들끼리 융화되기 때문에 빽빽하게 숲을 이루며 성장한다. 처음에는 개별 나무였지만 점차 성장하고 성숙해짐에 따라 다른 나무들과 하나가 되는 것이다.

사시나무와 레드우드는 '나'라는 자아는 허상에 불과하다는 불교의 가르침을 보여주는 거의 완벽한 사례라 할 수 있다. 불교 사상에 따르면 우리 모두는 서로 얽혀 있고 개인의 생명은 더 전체적인 생명력의 발현일 뿐이다. 이 사실을 외면한다면 허상 속에서 고통을 겪으며 살아야 한다. 승려이자 작가인 마티유 리카르Matthieu Ricard는 "'자아'를 독립된 개체로 인식하게 되면 연약하고 불안한 마음이 점점 더 커진다. 자기중심적으로 사고하고 지나간 일을 반추하며 희망과 두려움에 대한 생각을 더 많이 하게 되며 다른 사람들과 거리를 두게 된다. 이렇게 상상 속에서 존재하는 자아는 삶에서 발생하는 다양한 사건의 끊임없는 피해자가 된다."라고 말했다.[3]

당신이 어떤 종교를 믿든 이 말의 핵심을 교훈으로 삼았으면 한다. 인간은 본래 생물학적으로, 감정적으로, 심리적으로, 지적으로 그리고 영적으로 서로 얽혀 있다. 홀로 분리된 자아를 만들려고 하는 모든 행위는 자연스럽지 못한 일이므로 위험하고 해롭다. 한 그루의 사시나무를 바라봤을 때 사시나무의 본성을 제대로 이해하지 못하듯 인간도 그러하다. 인간이 얼마나 강하고 얼마나 많은 성취를 이루고 성공했는지 여부와 관계없이 인간을 개별 개체로 바라보는 것 또한 인간 본성을 이해하지 못하는 것이다.

우리는 혼자인 듯 보이지만 가족, 친구들, 사회, 국가, 그리고 전 세계라는 거대한 뿌리 체계 속에 존재하고 있다. 나의 삶과 당신의 삶에서 일어나는 불가피한 변화는 슬퍼할 비극이 아니다. 그 변화는 그저 서로 엮여 있는 인간 집단의 한 구성원(원뿌리에서 뻗어 나온 한 그루의 나무)에게 일어나는 변화일 뿐이다. 나의 쇠퇴를 감내하는 아니, 즐기는 비결은 나를 다른 이들과 연결시켜주는 이 뿌리의 존재를 더 의식하면서 사는 것이다. 만일 내가 사랑 속에서 타인과 연결되어 있다면 나의 쇠퇴는 단순히 타인의 발전으로 상쇄된다고 여기는 데 그치지 않는다. 다시 말해 쇠퇴를 진정한 나의 '다른 측면'이 발전하는 기회로 여기게 된다.

더욱이 타인과 연결되어 있다는 인식은 내가 두 번째 곡선으로 도약하는 것을 더욱 자연스럽고 정상적인 일로 만들어준다. 실제로 결정성 지능 곡선은 상호 연결성에 근거를 두고 있기 때문이다. 인간이 서로 연결되어 있지 않다면 나의 지혜도 활용될 수 있는 출구가 없다.

그런데도 뿌리 체계를 확립하는 일은 그리 간단하지가 않다. 많은 노력가들이 혼자라는 허상 속에서 성인기를 보내고 이제 그 결과로 고통받고 있다. 그들의 뿌리 체계는 허약해져 건강하지 못하다. 직접적으로 표현하자면 그들은 외로운 상태에 놓여 있다. 이번 장에서는 어떻게 하면 뿌리 체계를 적절히 구축 혹은 재건할 수 있을지에 대해 중점적으로 알아볼 예정이다. 그러기 위해 먼저 인생 후반기의 사랑과 행복에서 그 근거를 찾아보려 한다. 그리고 난 뒤 성공에 다다른 사람들이라면 꼭 알아야 할 외로움에 대처하는 법과 외로움을 정면으로 마주하는 법에 대해서도 알아보자.

하버드대에서 연구한
행복의 본질

1938년 하버드 의과대학 연구팀은 일면 미친 짓 같으면서도 통찰력 있는 아이디어를 하나 떠올렸다. 연구팀은 한 무리의 하버드 대학 남학생들을 모집한 뒤 평생에 걸쳐 그들의 삶을 추적·조사했다. 매년 조사 대상자들을 만나 그들의 생활방식과 습관, 인간관계, 일, 행복감 등에 대해 심층 인터뷰를 실시했다. 수십 년이 흘러 기존의 연구자들이 모두 세상을 떠난 뒤에서도 새로운 연구자들은 연구를 멈추지 않고 젊은 시절의 삶이 노년기의 삶에 어떻게 좋은, 혹은 나쁜 영향을 미치는지에 대한 조사를 이어갔다.[4]

이렇게 해서 일명 '하버드 그랜트 연구'Grant Study라 불리는 그 유명한 연구가 탄생하게 됐다. 268명의 남성으로 구성된 조사 집단은 케네디John F. Kennedy 전 대통령과 〈워싱턴 포스트〉Washington Post 기자였던 벤 브래들리Ben Bradlee와 같은 유명인들을 포함해 다양한 분야와 계층의 사람들을 아우르고 있었다. 그럼에도 불구하고 조사 대상이 모두 하버드 대학 출신 인물이어서 인구학적으로 봤을 때는 일반화가 가능한 결과를 도출하기에는 대상 범위가 좁은 것으로 판단되었다. 그래서 비슷한 시기에 보스턴 빈민가 젊은이 456명의 삶을 추적한 또 다른 데이터 자료를 추가하기로 했다. 일명 '글루에크 연구'Glueck Study라고 불리는 이 조사 자료들은 오늘날까지 80년이 넘도록 지속적으로 업데이트되고 있다. 처음 조사 대상자 중 60명 정도가 아직 생존해 있으며 생존자들의 자녀와 손주들에 대한 연구가 현재 진행 중이다.

20대와 30대에 어떻게 살고 사랑하고 일했는지를 살펴본 후, 그다음 수십 년 동안 그들의 삶이 어떻게 바뀌었는지 알아보는 이 연구의 결과는 행복의 본질이 무엇인지 여실히 보여준다. 장기간 이 프로젝트를 이끌어온 하버드 대학 정신의학과 교수 조지 베일런트George Vailant는 이 연구 결과를 기반으로 세 권의 베스트셀러를 집필했다. 그의 후임인 정신의학과 교수 로버트 월딩거Robert Waldinger는 '행복한 삶의 조건은 무엇인가? 행복을 주제로 최장 기간 진행된 연구에서 얻은 교훈'이라는 제목의 TED 강연을 통해 이 연구를 더 많은 대중에게 알렸다. 이 강연은 4,500만 회가 넘는 조회 수를 기록했다. 이후 로버트 월딩거와 그의 동료 마크 슐츠가 함께 쓴 저서 《세상에서 가장 긴 행복 탐구 보고서》는 전 세계 베스트셀러가 되었다.

흥미로운 부분은 연구팀이 오랜 세월에 걸쳐 나이가 들었을 때의 행복과 건강 정도에 따라 연구 참가자들을 분류한 것이다. 가장 잘사는 부류는 신체 건강과 함께 정신 건강을 유지하면서 높은 삶의 만족도를 보이는 말 그대로 모든 차원의 행복을 누리고 있는 '행복하고 건강한'

그룹이다. 그리고 그 정반대편에는 신체 건강과 정신 건강, 삶의 만족도가 평균 이하인 '슬프고 아픈' 그룹이 있다.[5]

이 분류의 근거는 무엇이었을까? 그게 바로 우리가 알고 싶은 가장 중요한 질문이다. 연구팀은 일부 예측 변수들은 통제 가능하며 또 다른 일부 변수들은 통제가 불가능하다는 사실을 알아냈다. 통제가 불가능한 변수들(적어도 우리가 통제할 수는 없다) 중에는 부모의 사회적 계층, 행복한 유년 시절, 장수한 조부모, 우울증 병력 등이 있다. 우리가 몰랐던 새로운 정보는 아니다. 이보다 훨씬 더 유용한 정보는 우리가 통제할 수 있고, 영향력을 행사할 수 있는 인자가 무엇인가이다. 그것이야말로 행복한 인생 후반기를 만드는 핵심 요인일 테니 말이다. '행복하고 건강한' 삶을 만들기 위해 우리가 직접적으로 통제 가능한 일곱 개의 예측 변수는 다음과 같다.[6]

1. 흡연. 흡연을 하지 말 것. 담배를 피우고 있다면 적어도 빨리 담배를 끊어라.

2. 음주. 알코올 남용은 그랜트 연구에서 '슬프고 아픈' 그룹에 가깝고 '행복하고 건강한' 그룹에서는 거리가 멀어지게 만드는 가장 분명한 인자 중 하나다. 만일 삶에서 술이 문제가 될 조짐이 있거나 가족 중 술 때문에 문제를 겪는 사람이 있다면, 술에 대해 호기심을 가지거나 술과 관련된 문제를 운에 맡기지 말라. 즉각 술을 끊어라.

3. 건강한 체중 유지. 비만을 조심하라. 지나치게 체중에 집착하지

말고 건강한 식단으로 적당량을 먹어 보통 범위의 체중을 유지하라. 요요 현상을 불러오는 다이어트를 하거나 장기간 유지하기 어려운 지나친 제한식은 하지 않는다.

4. 운동하라. 설사 앉아서 일하는 직업을 가졌어도 계속 몸을 움직여라. 오랫동안 검증된 몸을 움직이는 최고의 방법은 매일 걷는 것이다(이에 대해서는 뒤에서 좀 더 자세히 알아보자).

5. 순응적 대처 방식. 문제에 직접적으로 대응하고 솔직한 평가를 내리며, 생각을 지나치게 많이 하지 않고 바로 대처한다. 건강하지 못한 감정적 반응을 하지 않으며 회피 행동을 하지 않는다.

6. 교육. 교육 수준이 높을수록 인생 후반기에 더 활동적인 사고방식을 유지할 수 있다. 즉, 더 행복하게 살며 장수할 수 있다. 그렇다고 명문대를 졸업해야 한다는 얘기는 아니다. 여기서 교육이란 목적의식을 가지고 평생 배우면서 독서를 많이 하는 것을 의미한다.

7. 안정적이고 장기적인 인간관계. 대다수의 사람은 이런 관계를 안정적인 결혼 생활을 통해 경험할 수 있다. 하지만 다른 인간관계를 통해서도 충분히 경험이 가능하다. 핵심은 함께 성장하고 인생에서 무슨 일이 있어도 의지할 수 있는 사람들이 옆에 있는지 여부다.

그렇다면 이 일곱 개의 목표 중 가장 중요한 한 가지만 기억해야 한다면 무엇일까? 흡연일까, 음주일까? 아니면 운동일까?

모두 아니다. 조지 베일런트의 분석에 따르면, 행복하고 건강한 노인들에게서 나타나는 가장 중요한 한 가지 특징은 건강한 인간관계라고 한다. 그는 "행복은 사랑이다. 그것뿐이다."라고 말했다.[7] 그리고 "행복에는 두 개의 기둥이 있다. 하나는 사랑이고 다른 하나는 사랑을 밀어내지 않는 삶을 살아가는 길을 찾는 것이다."라고 덧붙였다.[8] 그리고 마지막으로 로마의 시인 베르길리우스Vergilius의 말을 인용했다. "사랑은 모든 것을 정복한다.Omnia vincit amor"

베일런트 교수의 후임인 로버트 월딩거는 이렇게 표현한다. "우리가 얻은 교훈은 부나 명성, 더 열심히 일하는 것이 행복의 조건이 아니라는 점이었다. 우리가 이 연구에서 얻은 확실한 교훈은 '좋은 인간관계가 우리를 더 행복하고 건강하게 만든다'였다. 게다가 50세에 인간관계에서 가장 만족감을 느꼈던 사람들이 80세에 가장 건강한 것으로 나타났다."

외로움이라는
이름의 질병

그저 사랑에 집중하라! 말은 쉽지만 실제로는 그렇지가 않다. 그렇지 않은가? 보통 사람들에게도 그건 결코 쉬운 일이 아니다. 평생을 세속적인 성공을 위해 열심히 일만 하고 수년간 인간관계는 돌아보지 않아 이제 고립감을 느끼고 있는 노력가들에게는 특히 더 그렇다.

물론 외로움은 혼자 있는 것과 다르다. 사람은 혼자 있을 때에도 정서적 혹은 사회적으로 타인과 연결되어 있을 수 있기 때문이다. 사실 홀로 있는 것은 정서적 건강과 마음의 평화를 위해서 아주 중요하다. 어떤 사람들은 혼자 있을 때 가장 행복해한다. 물론 건강한 사회적·정서적 관계 속에서 생활한다는 조건하에서 말이다. 신학자이자 철학자인 폴 틸리히Paul Tillich는 그의 명저 《영원한 지금》에서 다음과 같이 말했다. "고독은 혼자 있다는 영광의 표현이다. 반면 외로움은 혼자라는 고통의 표현이다."[9]

외로움은 정서적·사회적으로 고립을 경험하는 것이다. 외로움은 아주 흔하게 발생하면서도 동시에 완전히 개별적인 묘한 속성을 지니는데, 소설가 토머스 울프Thomas Wolfe는 그의 에세이 〈신의 외로운 인간〉God's Lonely Man에서 이렇게 묘사했다. "이제 나는 외로움이 특이하고 드문 현상이 아니라 인간 존재의 핵심적이고도 필연적인 요소라는 믿음에 의지하고 있다."[10] 외로운 사람들은 자기만 외로움을 느낀다고 생각한다. 그러면서 외로움 속에서 또 외로움을 느끼는 것이다.

그러나 외로움이 흔하다고 해서 무해하다는 말은 아니다. 연구 조사에 따르면 외로움에서 기인한 스트레스로 면역력 저하, 불면증, 인지력 둔화, 고혈압 발생 가능성이 높아진다고 한다.[11] 외로운 사람들은 고칼로리 및 고지방 식단을 채택할 가능성이 높으며 외롭지 않은 사람들보다 앉아서 생활하는 시간이 더 많아진다. 노리나 허츠Noreena Hertz는 그녀의 저서 《고립의 시대》에서 외로움은 건강 차원에서 하루에 15개비의 담배를 피우는 것에 버금가는 피해를 끼치며 비만보다 더 해롭다는 사실을 보여주었다.[12] 또한 인지능력 저하 및 치매와도 깊은 연관성이 있다고 한다.

보건 관리들이 외로움을 대중 건강을 위협하는 요인으로 주목하는 이유가 바로 이 때문이다. 미 연방 정부의 의무총감 비벡 무르티Vivek Murthy가 이와 관련해 집필한 책은 이렇게 시작된다. "환자들을 진료하는 동안 가장 흔하게 접한 질병은 심장병이나 당뇨병이 아니었다. 바로 고독이었다."[13] 실제로 내가 이 책을 쓰며 인터뷰한 한 의사는 오래된 환자들 중에는 그저 흉금을 터놓고 이야기를 나눌 누군가가 필요해서 의사인 자신을 찾아오는 사람도 있다고 내게 말했다. 그들 대부분은 사회적으로 아주 성공한 사람들이라고 했다.

미국 보건 자원 및 서비스 당국은 고독을 '유행병'epidemic으로 공표했다. 사람들이 갈수록 사회단체에 참여하지 않고 친구도 없으며 인간관계가 경직되는 현상을 그 주된 원인으로 꼽았다.[14] 의료 서비스 기업들에게 있어 이 고독이라는 유행병은 비용을 끌어올리는 요인이 되고 있다. 보험회사 시그나Cigna는 사회적 고립이 증가하고 있는 원인을 밝혀내기 위해 상당한 자원을 투자해 연구를 진행했다. 그 결과 2018년 미국인의 46퍼센트가 혼자라고 느끼고 43퍼센트가 인간관계가 의미 없다고 느낀다는 사실을 밝혀냈다.[15]

물론 모든 사람이 외로움으로 똑같이 고통받지는 않는다. 어떤 사람은 더 외로움을 많이 느끼는 성향을 타고나기도 한다. 또 어떤 이는 다른 사람들보다 더 고립되기 쉬운 생활 환경에 놓이기도 한다. 성별과 나이는 예측 변수로 적당하지 않지만 결혼 여부는 중요한 예측 변수가 된다. 결혼한 사람들은 이혼하거나 사별하거나 결혼을 하지 않은 사람들보다 덜 외로워한다. 그러나 가장 외로움을 많이 타는 사람들은 결혼을 했지만 '배우자가 곁에 없는' 사람들이다(일중독자들은 주목하시라. 당신의 배우자가 외로워서 고통받고 있을 것이다).

그렇다면 은퇴자들은 어떨까? 은퇴 후 사람들이 더 외로워하는지 조사해보니 일부 은퇴자들은 더 외로워하는 것으로 드러났다. 하지만 외로움을 많이 느끼는 성향을 가진 사람들이 주로 그랬다.[16] 다시 말해서 일 외에는 사람들과 어떻게 상호작용을 해야 하는지 모르는 사람들이 은퇴하면 더 외로움을 느낀다는 뜻이다. 내가 아는 상당수의 성공한 사람들이 이에 해당한다.

그렇다면 어떤 직업이나 일이 가장 외로움에 취약할까? 당연히 우리는 주로 혼자 일하는 직업을 가진 사람들이 가장 외로울 것이라 생각한다. 나는 이를테면 혼자 일하는 농부가 외로움에 가장 취약하지 않을까 하는 생각을 했다. 내 두 아들 중 한 명이 고등학교를 졸업하고 아이다호의 밀 농장에서 일한 적이 있다. 추수철이 되면 아들은 하루에 14시간씩 혼자 농기구를 이용해 일하곤 했었다. 추수철이 아닐 때에도 담장을 고치고 땅을 고르며 하루 종일 혼자 일했다. 거의 항상 혼자였다. 하지만 (사회성이 아주 좋은) 내 아들은 외롭다고 불평한 적이 단 한 번도 없었다. 그리고 사실 근무 외 시간에는 거의 항상 친구들이나 농장 소유주 가족들과 함께 시간을 보냈다.

나는 영업직 종사자들에 대해서도 생각해보았다. 호텔과 공항을 전전하는 그들은 끔찍하게 외롭지 않을까? 조사에 따르면 농부와 출장을 자주 다니는 영업자 모두 외로운 직업 순위에 올라가 있지 않았다.《하버드 비즈니스 리뷰》에 따르면 가장 순위가 높은 외로운 직업 두 개는 다름 아닌 변호사와 의사였다.[17] 이 두 직업은 모두 고도의 지적 능력과 기술을 필요로 하는 명망 높은 고소득 직종이다. 어쩌면 당신의 직업도 여기에 해당할지 모르겠다.

리더들이 더 많은
고립감을 느끼는 이유

앞서 우리는 상승 의지가 강한 성공한 사람들이 쇠퇴기를 맞이했을 때 고통받을 가능성이 가장 높다는 이야기를 했다. 이 이야기가 놀라울 수도 있겠지만 실은 당연한 결과다. 체중이 더 많이 나갈수록 넘어지면 더 아픈 법이니 말이다.

비슷한 원리가 외로움에도 적용된다. 세속적인 성공을 많이 누린 사람일수록 외로움이 더 심각한 문제로 나타나기 때문이다. 어떤 경우는 우리 모두에게 잘 알려져 있지만 우리들 중 누구와도 친하지 않은 유명인들이 그 예가 되기도 한다. 스타 셰프인 앤서니 보데인Anthony Bourdain을 살펴보자. 나는 항상 그의 팬이었다. 음식에 아주 관심이 많아서라기보다는 〈노 레저베이션스〉No Reservations와 〈파츠 언노운〉Parts Unknown이라는 TV 프로그램이 아주 훌륭하다고 생각했으며 평범한 식사 행위를 통해 시청자들에게 세계를 소개해준다는 점이 놀라웠기 때문이다. 나는 항상 "저 셰프의 삶은 얼마나 흥미진진할까" 하고 생각했다. 그리고 실제로 그는 《뉴요커》New Yorker 와의 인터뷰에서 "저는 세상에서 제일 멋진 직업을 가졌어요."라고 말하기도 했다. "제가 만약 불행하다면 그건 모두의 예상이 빗나가는 일이겠죠."[18]

아마 내가 지금 무슨 말을 하려는 건지 짐작하는 사람도 있으리라. 보데인은 2018년 6월 8일 프랑스의 한 호텔 방에서 자살했다. 그는 그곳에서 〈파츠 언노운〉을 촬영하고 있었다. 나는 보데인의 사생활에 대해서는 아는 것이 별로 없었다. 나는 모든 것을 다 가진 듯 보였던 사람이 자기파괴적인 행동을 하게 된 이유가 무엇이었는지에 대한 기사들을 직업적인 관심에서 읽어보았다. 기사들이 쏟아낸 그의 음주 문제와 인간관계 문제 중 내가 주목한 두 가지는 그의 일중독과 한 기자가 말한 '가늠하기 어려울 정도의 깊은 외로움'이었다.[19] 보데인은 수년간 무지막지하게 장시간 일했다. 그는 항상 사람들에게 둘러싸여 있었지만 전하는 바에 따르면 인간적인 관계로 깊이 연결되어 있는 사람은 매우 적었다고 한다.

그렇다고 세계적으로 유명한 사람들만 고립감을 느끼고 외로워하는 것은 아니다. 평범한 사람들 중에도 높은 성취를 이룬 많은 이들이 그렇게 느낀다. 뒤처질지도 모른다는 두려움에 휩싸여 있는 성공과 일중독자들은(중독 행위로 통제되는 많은 중독자들처럼) 삶에서 친구나 가족을 생각할 여유가 별로 없다. 시카고 대학의 사회 신경과학자이자 외로움 연구의 선구자였던 존 카치오포John Cacioppo는 이렇게 말했다. "외로움은 자신이 맺고 있는 인간관계를 어떻게 느끼고 있는가를 나타낸다."[20] 그래서 설사 가족들과 함께 생활하거나 사람이 많은 직장에서 일을 한다 해도 일중독자는 그들이 지독히 사랑하는 일을 하지 않을 때면 언제나 혼자가 된 듯한 감정을 느낀다.

특히 관리직에 있는 사람들은 외로움을 더 많이 느낀다. 직장에서 자신의 지휘권 아래에 있는 사람들과 진정한 친구 관계를 맺기가 어렵거나 불가능하다는 점이 가장 큰 이유다. 그만큼 직장에서의 친구 관계는 아주 중요하다. 70퍼센트의 사람들이 직장에서의 친구 관계가 행복한 직장 생활을 좌우하는 가장 중요한 요소라고 답했고, 58퍼센트는 직장 동료와의 사이가 좋지 않을 거라면 더 고임금을 제안받아도 그 직장에는 가지 않을 것이라고 답했다.[21] 2020년 갤럽의 조사 자료 분석에 따르면 직장에 절친한 친구가 있다고 답한 직원들이 다른 이들보다 근무 시간을 거의 두 배 가까이 더 즐기는 것으로 나타났고, 사회적 행복감이 높을 가능성 역시 약 50퍼센트 더 높았다.

하지만 가장 고위층에서 일하는 사람들은 직장에서의 진정한 친구 관계를 놓치고, 그 결과 크게 고통받는 경우가 많다. 예컨대《하버드 비즈니스 리뷰》에 따르면, 절반의 최고경영자들이 직장에서 외로움을 경험한다고 한다. 그리고 대부분은 외로움이 업무 수행 능력을 저하시킨다고 느끼고 있었다.[22] 조사 결과는 외로움이 리더들에게서 나타나는 번아웃 증상과 연관성이 깊다는 사실 또한 보여주고 있다.[23]

고위 관리자가 느끼는 외로움은 물리적 고립에서 기인하지 않는다(그들은 최고경영자보다 더 많은 회의에 참석하지 않는가?). 리더의 위치에 있다는 이유로 직장에서 깊은 인간관계를 맺을 수 없는 데에서 온다. 성공한 사람들은 직장에서 군중 속의 외로움을 느끼는 것이다.

프린스턴 대학 심리학과 교수인 대니얼 카너먼과 그의 동료 교수들은 왜 리더들이 고립되는지에 대해 연구를 진행했다. 연구팀은 가장 긍정적인 감정과 가장 부정적인 감정을 불러오는 순간을 알아내기 위해 직장인 여성 그룹에게 그들의 일상을 재현해보게 했다.[24] 가장 긍정적인 감정을 불러오는 일의 순위는 예상을 거의 벗어나지 않았다. 상위 세 개 활동은 섹스, 사교 활동, 휴식으로, 앞에서부터 순서대로 1~3위를 차지했다. 행복감을 주는 상대 상위에는 친구, 친척, 배우자가 올라 있었다(활동 순위와는 다르게 앞에서부터 1~3위는 아닌 것으로 보인다. 하지만 어쨌든 크게 상관은 없다). 가장 부정적인 감정을 불러오는 활동 세 가지는 일, 육아, 통근인 것으로 나타났다. 가장 부정적인 감정을 불러오는 상대 2위와 3위는 각각 고객과 동료였다. 그렇다면 1위는 누구였을까? 바로 상사였다. 아무도 외로운 상사와 어울리고 싶지는 않은 것이다.

이 조사 결과는 특히 리더가 고립되는 이유를 연구하고 있었던 내게 많은 참고가 되었다. 1972년 진행된 한 유명한 연구에 따르면 부하 직원들은 직장에서 상황이 불편하고 어색해지는 게 싫어 상사와 친구가 되고 싶은 의지를 잃게 되기 쉽다고 한다.[25] 그 결과 위험하게도 상사에게 비우호적으로 대한다. 더 최근의 연구에서는 직원들이 리더를 사람 그 자체로 보지 않고 권력과 정보, 돈이 나오는 기계로 바라본다는 결과가 나오기도 했다.[26]

설사 직원들이 상사를 나쁜 사람으로 바라보지 않는다 하더라도 관계는 어색하고 재미없을 수 있다. 2003년의 한 연구에서는 직원들이 상사를 어린 시절 그들을 통제했던 부모님이나 선생님 등 권력자와 비슷하게 인식한다는 사실을 발견했다. 그런 인식이 친밀한 동료 관계를 불가능하게 만들고 이전에 동료였을 수도 있는 상사를 홀로 고립시키는 것이다.[27]

권력을 쥐고 있는 사람들도 스스로 자신을 고립시킨다. 1950년에 출간되어 관심을 모았던 《고독한 군중》의 저자는 관리자들이 성공하기 위해서는 타인을 조종하고 설득해야 하기 때문에 외로울 수밖에 없다고 주장했다.[28] 그런 이유로 관리자들은 부하 직원들이 상사를 대상화하는 것만큼 부하 직원들을 대상화한다. 이후의 연구에서는 관리자들이 직원들의 업무 성과를 공정하게 평가하기 위해 의도적으로 직원들과 거리를 두는 경우가 많다는 점을 지적했다.[29] 쉽게 말해서 누군가를 해고해야 하는 상황에서는 그 사람과 긴밀한 유대감을 형성하기 어렵다는 얘기다.

사랑에 빠지기는 쉽지만
유지하는 것은 매우 어렵다

외로움을 가장 많이 덜어줄 수 있는 관계(우리가 성장시켜야 할 우리와 가장 가까운 사시나무)는 로맨틱한 관계와 가까운 친구 사이다. 각각의 관계를 한번 살펴보자. 그리고 노력가들이 그 관계에 그렇게 소홀해지는 이유가 무엇인지도 알아보자.

지금까지 왜 어떤 연애 관계는 안정적인 데 비해 어떤 연애 관계는 그렇지 못한지에 대한 연구가 아주 많이 이루어졌다. 미국의 높은 이혼율과 별거 비율은 이미 잘 알려진 사실이다. 가장 최근의 조사에 따르면 전체 부부 중 약 39퍼센트가 이혼하거나 별거한다고 한다.[30] 하지만 함께 사는 것 자체가 핵심은 아니다. 하버드 대학의 연구 분석 자료에 따르면 결혼 자체가 인생 후반기에 주관적으로 느끼는 행복에 미치는 영향은 2퍼센트에 불과하다고 한다.[31] 그보다 건강과 행복에 있어 더 중요한 것은 바로 '관계에서 느끼는 만족감'이었다.

대중문화는 관계에서 느끼는 만족감이 로맨틱한 열정에서 오는 것이라 믿도록 만들었지만 그건 잘못된 생각이다. 그런 인식과는 반대로 사람들은 연애 초기 단계에서 불행을 느끼는 경우가 많다. 예컨대, 연구자들은 연애에 지나간 일을 계속 생각하고 질투하고 '감시하는 행위'가 많이 따르는 사실을 지적한다. 우리는 보통 이것들을 행복의 범주에 포함시키지 않는다. 더구나 소울메이트에 대해 '운명이라는 믿음'을 가지게 되면 애착 불안이 더해져 좀처럼 용서하지 못하는 상황이 벌어질 수도 있다.[32] 연애는 기쁨의 절정을 누리게도 하고 절망의 나락으로 떨어지게도 하면서 우리의 뇌를 장악한다.[33] 당신은 사랑에 빠졌을 때 느끼는 불행을 행복에 도달하기 위한 초기 비용이라고 말할지도 모르겠다. 즉, 아주 흥분되는 단계인 동시에 실제로 만족스러운 관계에 도달하기 위해서 우리가 감내해야 하는 스트레스가 많은 단계라고 생각하는 것이다.

그러나 행복의 비결은 사랑에 빠지는 것이 아니다. 그 사랑을 '유지'하는 것이다. 심리학자들은 사랑을 유지하기 위해서는 '동반자적 사랑'을 해야 한다고 말한다. 즉, 열정의 온도 차이에 덜 좌우되고 안정적인 애정과 상호 이해와 헌신에 기반을 둔 사랑이 필요하다.[34] 당신은 어쩌면 '동반자적 사랑'이라고 해서 조금 실망했을지도 모르겠다. 나도 처음에 그 표현을 들었을 때 그랬다. 내 아내가 될 사람의 사랑을 얻기 위해 엄청난 노력을 쏟은 뒤에 '동반자적 사랑'을 해야 한다는 사실이 실망스러웠다. 그러나 30년을 함께 살아보니 우리 부부는 서로 사랑하기만 하는 것이 아니었다. 서로를 좋아하기도 한다. 아내를 한결같이 사랑하지만 그녀는 나의 가장 좋은 친구이기도 하다.

동반자적 사랑이 진정한 행복을 가져다주는 이유는 그것이 우정에 뿌리를 두고 있기 때문이다.[35] 이성적 끌림에 의존하는 열정적인 사랑은 일반적으로 관계가 새롭게 시작되는 단계를 넘어서까지 지속되지 못한다. 그에 반해 동반자적 사랑은 익숙함에 의존한다. 한 연구자는《행복 연구 저널》Journal of Happiness Studies에서 그 근거를 다음과 같이 요약했다. "배우자를 가장 좋은 친구로 여기는 부부들이 행복한 결혼의 이점을 훨씬 더 많이 누리고 사는 것으로 나타났습니다."[36] 이것이 위기를 이겨내고 오랜 세월 지속되는 종류의 사랑이며 그 사랑이 행복하고 건강한 삶으로 이어지는 것이다.

최고의 친구는 상대에게서 즐거움과 만족, 의미를 얻는다. 그리고 서로에게서 최고의 모습을 끌어낸다. 서로 가볍게 놀리기도 하고 함께 재미있게 논다. 캘빈 쿨리지Calvin Coolidge 대통령과 그의 아내 그레이스는 그런 우정을 보여준 부부로 유명하다. 다음은 출처가 정확히 알려져 있지는 않지만 쿨리지 대통령과 영부인이 양계장을 방문했을 때의 일화다. 영부인은 농부에게 (대통령에게도 들릴 만큼 큰 목소리로) "한 마리의 수탉이 이렇게 많은 알을 낳게 하다니 아주 놀랍군요."라고 말했다.[37] 그러자 농부는 영부인에게 수탉들이 날마다 그들의 '임무'를 여러 번 수행한 덕분이라고 대답했다. 농부의 답변에 영부인은 웃으며 "쿨리지 씨에게도 그 부분을 언급해주시면 좋겠네요."라고 말했다. 그 말을 들은 쿨리지 대통령은 그 수탉이 매번 동일한 암탉과 교미했는지 물었다. 농부는 그렇지 않다고 대답하며 수탉 한 마리가 여러 암탉들과 교미한다고 설명했다. 그러자 쿨리지 대통령은 "쿨리지 부인에게 그 부분을 언급해주시면 좋겠소."라고 말했다고 한다.

수탉은 성적으로 문란하지만 동반자적 사랑은 일부일처제일 때 사람을 가장 행복하게 하는 것 같다. 도덕주의자로서가 아니라 사회과학자로서 하는 말이다. 2004년 1만 6,000명의 미국 성인들을 대상으로 한 설문조사에서 남성과 여성 모두 '지난 한 해 동안 섹스 파트너의 수가 한 명일 때 행복감이 가장 극대화된다'고 답했다고 한다.[38]

연인이 당신에게는 분명 가장 중요한 인간관계일 것이다. 하지만 연인이 있다고 해서 외롭지 않다는 명제는 성립하지 않는다. 로버트 월딩거는 내게 결혼한 노인과 독신으로 사는 노인 사이에 결혼 여부에서 비롯되는 행복의 차이는 없는 것으로 본다고 말했다. 만족감을 주는 친밀한 가족 및 친구 관계가 있다면 결혼을 하지 않고도 행복하게 살 수 있다는 얘기다.

하지만 마찬가지로 간과해서는 안 되는 사실은 부부관계가 유일하고 진정한 친구 관계일 수는 없다는 점이다. 2007년 미시간 대학 연구팀은 22~79세의 결혼한 부부들 중 배우자를 좋은 친구로 생각한다고 답한 이들을 조사했다.[39] 그 결과 아주 친한 친구가 둘 이상 있는(배우자를 제외하고 적어도 한 사람의 친구가 있는) 경우 삶의 만족도와 자존감이 더 높고 우울함을 느낄 가능성은 더 적은 것으로 나타났다. 두 명 이상의 좋은 친구를 가지지 못했을 때는 정서적 요구를 충족시키기 위해 배우자와의 관계가 훨씬 더 중요해짐에 따라 그것이 문제가 될 수 있다. 배우자가 거의 모든 정서적 요구를 충족시켜주려 하다 보니 그 압박감이 매우 커지고 결혼 생활 중 겪게 되는 어려움도 훨씬 더 비극적이고 외롭게 받아들이게 된다.

내 아버지에게 하나밖에 없는 진정한 친구는 어머니였다. 아버지는 내성적인 성격이어서 친밀한 친구 관계를 잘 만들지 못했다. 그래서 어머니가 배우자이자 가장 친한 친구가 되는 게 가장 저항이 없는 길이었다. 그래서 두 분은 행복한 결혼 생활을 했다. 대학을 졸업하고 나흘 뒤에 결혼식을 올렸고 아버지가 예순여섯 살로 돌아가실 때까지 44년 동안 결혼 생활을 유지했다.

그러나 배우자나 애인을 유일한 친구로 두는 것은 오로지 한 곳에 집중 투자하는 것만큼이나 현명하지 못한 처사다. 결혼 생활에 무슨 문제라도 생기면 홀로 남겨져 아무도 없어지게 되기 때문이다. 부부가 이혼을 하거나 배우자가 사망하면 이런 일이 종종 발생한다.

그래서 어른들은 나이가 들어가면서 이 문제를 인식하고 배우자 외의 친구 관계를 형성하고자 노력한다. 여성들의 경우 특히 더 그 일을 잘한다. 여성들은 남성들보다 더 넓고 두텁고 친밀한 친구 관계를 가지고 있으며[40] 매우 여성 중심적인 네트워크를 형성한다. 나이 든 여성은 남편을 제외하고는 남성을 친구로 여기는 경우가 거의 없다. 나이 든 여성들 중 5분의 1만이 남성을 절친한 친구 목록에 적는다.

당신이 중년의 남편이라면 아내가 친구를 찾아 밖으로 눈을 돌리는 상황을 잘 이해해야 한다. 결혼으로 형성된 유대감은 나이가 들면서 나이 든 여성들보다 남성들에게 정서적으로 더 중요한 의미를 가진다. 왜냐하면 많은 남성들에게 있어 일은 친구 관계를 몰아내는 존재였고 그나마 있는 친구들은 감정보다는 이를테면 골프에 더 관심이 많기 때문이다.[41] 반면 그들의 아내는 정서적 만족감을 구하기 위해 다른 곳에 시간과 노력을 투자했고 그것이 실제로 현명하고 지혜로운 태도였던 것이다.

어떤 사람은 나이가 들면서 성인이 된 자녀를 중심으로 친밀한 유대 관계를 형성하려고 하기도 한다. 어쨌든 자녀는 우리가 가장 많은 노력을 투자한(문자 그대로도 그렇고 비유적으로도 그렇다) 인간관계다. 그들은 우리를 잘 알고 우리도 그들을 잘 안다. 나는 내 아이들을 보면 20대 시절의 나의 영혼을 들여다보는 것 같은 느낌이 든다! 그러니 나이가 들면서 그들이 내 가장 좋은 친구가 되는 것은 당연하지 않은가?

그러나 그렇지 않을 수도 있다. 나는 성인이 된 내 아이들과의 사이에서 발생하는 대부분의 충돌이 내가 부모님과의 관계에서 가지고 있었던 안 좋은 기억 때문에 발생한다는 사실을 알게 되었다. 내 부모님은 좋은 부모였다. 하지만 나는 독립을 원했다. 어느 정도의 분리된 공간을 가지는 것이 내게는 중요했다. 친밀한 관계가 싫어서가 아니라 나만의 삶을 구축하고자 했기 때문이다. 그리고 내 아이들도 나와 비슷하다. 우리의 관계는 아주 좋다. 하지만 아이들은 내 삶이 아니라 그들의 삶에 집중하고 있다. 그리고 그것이 정상이다. 이런 연유로 성인이 된 자녀들과 연락하는 횟수보다 혈연관계가 아닌 친구들과 연락하는 횟수가 정신 건강에 훨씬 더 깊은 상관관계를 가진다는 연구 결과도 있다.[42] 친구 관계에 대해 두 학자는 이렇게 말했다. "가족 구성원들과의 상호작용은 의무감에 이끌려 행해지는 경우가 많은 반면 친구들과의 상호작용은 기본적으로 즐거움에서 동기 부여를 받는다."[43]

당신에게는 진짜 친구가 있는가
계약 친구가 있는가

수년 전 아들 카를로스와 함께 플로리다 주로 낚시 여행을 간 적이 있었다. 아들은 열두세 살 정도였고 낚시 여행은 내가 아이에게 주는 크리스마스 선물이었다. 아들은 매년 똑같은 선물, 즉 단둘이 플로리다로 사냥이나 낚시 여행 가는 것을 좋아했다. 우리는 아들이 해병대에 입대할 때까지 10년 동안 매년 그렇게 했다.

토요일 이른 아침 우리는 오키초비호에서 큰입우럭을 잡기 위해 플로리다로 향했다. 그때 내 휴대폰이 울렸다. 발신자를 보니 내가 비영리 단체의 대표 자격으로 거래하고 있는 큰 재단의 책임자였다. "이 전화는 받아야겠구나."라고 카를로스에게 양해를 구하고 차에서 그 사람과 통화했다. 처음 5분 동안은 그의 가족과 우리 가족에 대한 가벼운 안부 인사를 나누었다. 개인적으로 그렇게 가까운 사이는 아니었지만 말이다. 그러고 난 뒤 본격적으로 사업 이야기로 들어갔다.

전화를 끊고 난 뒤 카를로스는 통화한 사람이 누구인지 물었다. 나는 "친구"라고 답했다. 우리는 서로를 꽤 좋아했고 이름을 부르는 사이였기에 엄밀히 말하자면 틀린 말은 아니었다. 그와 함께 허물없이 저녁 식사를 한 적도 한 번 있었다. 카를로스는 내가 엉뚱한 말을 하고 있다고 생각할 때 지어 보이는 표정을 하고는 나를 바라보았다.

"진짜 친구요, 아니면 계약 친구요?" 하고 아이가 물었다.

똑똑한 녀석! 나는 말문이 막혔다. 아이의 말이 옳았다. 아이들은 어른을 놀랍도록 잘 파악한다. 하지만 나는 아이에게 그게 무슨 뜻인지 물어보았다. 그러자 아이는 "진짜 친구는 많지 않잖아요."라고 말했다. "비록 아는 사람들 중에 중요한 사람들도 많고 서로 부탁을 들어주기도 하지만 그건 계약 친구잖아요. 진짜 친구가 아니고요."

카를로스는 자신도 의식하지 못한 채 아리스토텔레스가 2,000년도 더 전에 《니코마코스 윤리학》에서 구분한 것처럼 인간관계를 구분 짓고 있었다. 아리스토텔레스는 가장 낮은 곳부터 가장 높은 곳까지 이어지는 일종의 우정의 사다리가 있다고 말했다. 가장 낮은 단계가 정서적 유대감이 가장 약하고 이득도 가장 없는 구간으로, 효용을 기반으로 하고 있는 친구 관계다. 카를로스의 표현을 빌자면 '계약 친구'다. 필요에 의해 친구가 된 관계로, 일에서의 성공과 같이 서로 원하는 바를 성취할 수 있도록 돕는다.

그리고 사다리 위로 올라갈수록 즐거움을 기반으로 하는 친구 관계가 위치한다. 상대방에 대해 좋아하고 존경하는 점이 있어 친구가 된 경우다. 예를 들어 함께 있으면 즐겁거나 웃기거나 아름답거나 똑똑하거나 해서 좋아하는 것이다. 다시 말해서 상대의 내면적인 자질을 좋아하는 경우로, 효용을 기반으로 한 친구 관계보다 더 높은 단계의 우정이라 할 수 있다. 그러나 여전히 기본적으로 우정을 수단으로 이용하는 관계다.

가장 높은 단계의 친구 관계는 아리스토텔레스가 정의한 '완벽한 친구 관계'로, 서로의 행복을 바라고 선한 의지로 다른 이들에게도 사랑을 베풀 수 있는 관계다. 또한 종교적 믿음이나 사회적 대의명분을 추구하기 위한 열정을 기반으로 형성된 친구 관계다. 여기에 해당되지 않는 관계는 실용주의적 관계로 볼 수 있다. 완벽한 친구 관계는 우정을 수단으로 이용하지 않고 본질적인 열정을 공유한다.

물론 친구 관계에서 여러 형태의 관계가 섞여 있을 수도 있다. 내가 좋아하는 비즈니스 파트너이면서 동시에 선의의 사랑을 나눌 수 있는 사람일 수도 있다는 얘기다. 하지만 살아보니 대부분의 친구 관계는 아리스토텔레스가 구분해놓은 친구 관계에 따라 잘 분류될 수 있다는 사실을 알게 되었다. 그리고 나의 실용주의적 친구 관계의 바구니는 이미 꽉 차 있다는 것도 깨닫게 되었다.

카를로스가 던진 질문은 열심히 일하는 포부가 큰 수많은 사람이 그렇듯이 내게는 아주 아주 많은 '계약 친구들'이 있지만 진짜 친구는 별로 없다는 사실을 상기시켜주었다. 그리고 그 결과 나는 아주 외로웠다. 그래서 몇 안 되는 진짜 친구 관계를 키우고 가꾸겠다고 맹세했다.

당신은 어떤가? 진짜 친구들이 있는가, 아니면 계약 친구들만 있는가? 이것은 당신의 행복에 아주 큰 영향을 미친다. 2018년 UCLA 연구팀은 외로움을 주제로 현장 조사를 실시했다. 연구팀은 아무도 자신에 대해 잘 알지 못한다는 생각을 얼마나 자주 하는지 물어보았다.[44] 그 결과 54퍼센트의 응답자가 '항상' 또는 '가끔' 그렇게 느낀다고 답했다. 당신도 여기에 해당하는가? 대답하기 전에 먼저 진짜 친구 두어 명의 이름을 대보라. 결혼을 했다면 여기서 배우자는 제외해야 한다. 이제 솔직히 말해보자. '진짜 친구들' 각각을 만나 마지막으로 깊은 대화를 나눠본 것이 언제였는가? 어려움에 처했을 때 그들에게 편하게 전화할 수 있겠는가?

진짜 친구 두어 명의 이름을 대기가 어렵다면 문제가 있다고 봐야 한다. 그리고 그들과 몇 달 동안 깊은 대화를 나누지 않았거나 어려울 때 그들에게 전화할 수 없다면 당신은 아마도 진짜 친구와 계약 친구를 혼동하고 있을 가능성이 크다. 당신이 진실되지 못해서가 아니라 아마도 너무 오랫동안 진짜 친구 관계를 만들지 못해서일 것이다.

오랫동안(경우에 따라서는 어린 시절부터) 진짜 친구 관계를 만들지 못했던 사람에게는 진짜 친구 관계를 만드는 일이 매우 힘들다. 연구자들은 특히 남성들이 여성들보다 진정한 친구 관계를 형성하는 데 더 어려움을 겪는다고 말한다.[45] 더욱이 여성들은 일반적으로 사회적·정서적 지지를 기반으로 우정을 쌓는 반면 남성들은 일을 포함해 함께 할 수 있는 활동을 기반으로 우정을 쌓는 경향이 있다. 즉, 여성들은 진짜 친구가 더 많고 남성들은 계약 친구가 더 많다.[46]

이는 특히 노년기의 행복하고 건강한 삶에 중요한 영향을 미친다. 중년 이후의 행복을 나타내주는 가장 큰 지표 중 하나는 진정한 친구들의 이름을 쉽게 댈 수 있는가의 여부다.[47] 행복하기 위해 친구의 수가 여럿일 필요는 없다. 실제로 사람들은 나이가 들수록 친구를 사귈 때 더 까다로워지고 절친한 친구의 숫자를 줄여나가곤 한다.[48] 하지만 진짜 친구의 수는 반드시 한 명 이상이어야 하며 그것은 배우자를 제외한 숫자여야만 한다.

이와 같은 상황을 인식함에 따라 나는 더 친한 친구들을 만들기로 다짐했고 아내도 그걸 돕기로 했다. 물론 쉽지 않은 일이며, 특히 우리는 이사를 여러 번 했기 때문에 현재 내가 살고 있는 곳에서의 친구 관계는 과거에 뿌리를 두고 있지 않아 더 어려웠다. 그래서 우리는 계획을 세웠다. 심오한 주제를 놓고 대화하는 사교 모임을 만들어보기로 한 것이다. '진지한 부부'로 소문이 날 위험을 무릅쓰고 우리는 휴가 계획이나 주택 구매와 같은 자잘한 주제에서 벗어나 행복과 사랑, 영성과 같은 주제에 대해 대화하며 저녁 식사를 함께하는 시간을 마련했다. 그 결과 몇몇 친구들과는 더 돈독해졌고 또 다른 친구들과는 더 만족스러운 관계로의 발전이 가능하지 않다는 것을 깨달으면서 더 이상의 에너지 낭비를 하지 않게 되었다.

건강한 인간관계를 위한
여섯 가지 원칙

지금까지 이야기한 인간관계에 대한 내용

을 요약해보자면 다음과 같다. 당신의 사시나무 숲을 가꾸고자 한다면 다음의 사실들을 명심해야 한다.

- 두 번째 곡선으로 도약해 발전하는 데 도움을 줄 수 있는 친밀한 인간관계를 형성해야 한다.
- 아무리 내성적인 성향을 가지고 있더라도 건강하고 친밀한 인간관계가 없이는 나이가 들어 성공을 누릴 수 없다.
- 결혼한 부부들에게 있어서는 사랑을 기반으로 한 동반자적 관계가 번영의 핵심이다.
- 배우자와 가족이 친밀한 친구 관계를 대신할 수는 없으며, 그런 친구 관계는 저절로 형성되지 않는다.
- 친구 관계를 유지하기 위해선 연습과 시간, 헌신이 요구된다.
- 업무상의 친구 관계는 설사 목적이 부합되는 만족스러운 관계라 할지라도 진짜 친구 관계를 대신할 수 없다.

지난 수년간 진행한 인터뷰를 통해 나는 인간관계에 대한 이와 같은 사실들을 깨달았다. 그리고 이와 동시에 사람들이 새로운 관계 구축에 놀라울 정도로 상당한 저항감을 가지고 있다는 사실 또한 발견했다. 사람들이 내게 자주 한 말은 이것이었다.

"시간이 나지 않는걸요."

사랑과 우정에는 엄청나게 많은 시간이 소모된다. 그게 엄연한 사실이다. 사랑과 우정은 다른 모든 것들을 밀어낸다. 솔직히 말해보자. 이 책의 독자 중 많은 이들은 사랑과 우정이 대개 일을 밀어냈다고 할 것이다. 만약 당신도 그렇게 생각한다면, 그리고 일이 사랑이나 육아, 진정한 친구 관계를 발전시키는 데 걸림돌이 되고 있다면 당신의 우선순위는 균형을 잃은 것이다.

그것이 전형적인 중독 행위임을 알려주는 신호는 인간적이지 않은 어떤 것이 인간관계를 대체하기 시작할 때임을 기억해야 한다. 우리가 앞서 정의했듯이 일과 목적 달성, 돈벌이, 성공에 대한 지나친 집착을 '일중독'이라고 표현하는 이유가 바로 여기에 있다. 만일 당신이 일중독적인 행동을 보이고 있다면 당신에게 친구를 사귀어야 한다는 조언을 아무리 한들 도움이 되지 않을 것이다. 당신에게는 친밀한 인간관계를 형성할 시간이나 에너지가 남아 있지 않기 때문이다. 따라서 일중독이야말로 다른 어떤 것보다 먼저 해결해야 할 문제다.

이 진실을 인정하기 위해서는 일중독자가 일을 해야 한다는 명분으로 무엇을 회피하고 있는지부터 직시해야 한다. 만약 회피하는 대상이 삐걱거리는(아마도 수년간 방치되어온) 인간관계라면 중독 행위에 빠져들수록 상황은 더 악화될 뿐이다. 임종을 맞이하면서 한 노인이 가족들에게 남긴 마지막 말이 "일을 더 많이 했더라면 좋았을 텐데."였다는 이야기는 말도 안 되는 우스갯소리임을 기억할 필요가 있다. 일중독자가 중독에서 벗어나기 위해서는 시간을 재분배하고 친구 관계와 가족과의 관계를 재구축하는 데 더 많은 시간을 할애해야 한다.

일단 문제가 무엇인지 인정하고 나면 그다음에는 이러한 한탄이 이어진다.

"내 인간관계는 모두 무너졌어. 어디서부터 다시 시작해야 할지 모르 겠어."

타인과 친밀한 관계를 구축하지 않은 채 긴 세월을 보내는 사람들도 있다. 그러나 수년간 관계에 무관심했을 때 나타나는 문제는 가족 구성원 및 '친구들'과의 유대감 상실뿐만이 아니다. 그보다는 친밀감을 발휘하는 일 자체가 어려진다는 점이 더 문제다. 유대감을 쌓는 기술을 너무 오랫동안 쓰지 않고 방치해두면 그 기술도 사라지고 만다.

만약 이것이 당신의 이야기라면 잠들어 있는 관계의 기술을 일깨울 필요가 있다. 그리고 그 첫 번째 단계는 더 깊은 관계를 갈망하는 마음을 소리 내어 분명히 말해보는 것이다. 그렇게 함으로써 다른 이들에게 당신이 바뀌고자 하는 의지가 충분하다는 사실을 알려야 한다. 하지만 더 중요하게는 나 자신에게 바뀌고자 하는 의지를 표현하는 것이다. 변화는 우리가 소리 내어 말할 때까지 그저 머릿속에 생각으로만 존재할 뿐이다. 나는 수십 년간 삶을 변화시켜야겠다는 '생각만' 해온 사람들을 잘 알고 있다. 일을 줄이고 가족 및 친구들과 더 많은 시간을 함께 보내겠다고 생각만 하는 것은 그다지 효과가 없다. 하지만 사랑하는 사람들에게 당신의 의지를 소리 내어 이야기한다면 그 생각이 뇌에 입력되어 당신이 그 목표에 가까이 다가가도록 도와줄 것이다.

하지만 당신이 관계의 기술을 잃어버린 상태라면 어떻게 다시 시작할 수 있을까? 65세의 사업가가 또래의 다른 남자에게 전화해 만나서 같이 놀자고 제안해야 할까? 말도 안 되는 소리라고?

하지만 사실 그렇게 말이 안 되는 소리는 아니다. 아이들이 아주 어렸을 때 우리는 아이들을 다른 아이들과 함께 어울리게 하곤 했다. 그러나 사실 아이들은 '함께' 놀고 있는 것이 아니었다. 이른바 아동 발달 전문가들이 '평행 놀이'라고 부르는 놀이를 했던 것이다. 아이들은 자기의 장난감을 가지고 개별적으로 놀았지만 서로의 옆에서 놀았다. 이것이 바로 교우관계 기술을 습득하는 과정 중 하나다. 혼자 놀던 아이들은 조금씩 상호작용을 하기 시작하고 점점 더 상호작용은 늘어난다. 그렇게 몇 달이 지나면 같은 장난감을 가지고 함께 놀게 되는 것이다.

미국과 영국, 호주를 비롯해 여러 나라에서 새롭게 나타나고 있는 현상이 있다. '남성들의 작업실'이라 불리는 공간들이 생겨나고 있는 것이다. 이곳은 기본적으로 친구를 사귀는 기술을 다시 배우고자 하는 나이 든 남성들을 위한 평행 놀이 공간이다.[49] 외로운 남성들(다수는 은퇴한 사람들이지만 모두가 그렇지는 않다)은 목공 도구로 가득한 작업실에 홀로 남겨져 평행 놀이를 하듯 다른 남성들과 함께 목공예품을 만든다. 기억하는가. 남성들은 함께 어떤 활동을 하는 과정 속에서 우정이 싹트는 경향이 있다. 공예품을 만드는 일은 직접적인 협력을 요구하지 않고 평행 놀이를 가능하게 해준다. 남성들은 조금씩 서로 상호작용을 하기 시작한다. 새로운 친구를 사귀며 친구 관계의 기술을 다시 쌓는 것이다. "저는 여기에 와서 사람들과 이야기를 나누며 왠지 모를 성취감을 느끼고 있어요."라고 한 남성은 〈워싱턴 포스트〉 기자에게 말했다. 그는 한 친구를 위해 미식축구공 모양의 트로피를 만들고 있었다. "처음에는 긴장됐어요. 하지만 사람들이 아주 환영해주었죠. 그리고 지금은 매주 한 번 이상은 여기에 옵니다."[50]

그 공간이 헛간이 되었든 다른 무엇이 되었든 크게 상관은 없다. 또 관계를 다시 구축하고자 하는 여성들이라면 아마 완전히 다른 공간이 필요할 수도 있다. 여기서 핵심은 관계에 불을 붙이기 위해서는 친구를 만들고 싶다는 다짐이 아니라 '행동'이 필요하다는 것이다.

"사람들이 저를 용서해줄지 걱정돼요."

어떤 경우에는 시들해진 관계로 사랑하는 사람들이 당신에게 악감정을 품기도 한다. 수십 년간의 무관심으로 부부관계가 틀어지기도 하고 성인이 된 자녀들과의 관계가 아주 냉랭해지기도 한다. 성공 중독자들은 그들의 사랑과 관심을 필요로 하고 마땅히 받아야 했지만 오랫동안 받지 못한 사람들의 원망의 대상이 되곤 한다.

이제는 그것을 보상해줄 차례다. 성공 중독자들은 알코올 중독자 치료 프로그램에서 꽤 많은 교훈을 얻을 수 있다. '알코올 중독자 12단계 프로그램'에 참여했던 이들은 아홉 번째 단계를 거치지 않고는 회복이 불가능하다는 사실을 잘 알고 있다. 가장 중요한 아홉 번째 단계는 "가능한 한 어떻게 해서든 그 사람들과의 관계를 적극적으로 회복하라. 단, 관계 회복을 위해 노력하는 것이 그들이나 타인에게 피해가 될 수 있는 시기만 피하라."이다. 회복 프로그램에 참여 중인 알코올 중독자들은 자신이 알코올 중독 때문에 상처를 입히고 무관심하게 방치했던 사람들의 목록을 만들어 가능하면 그 목록에 있는 각각의 사람과의 관계를 개선하고자 노력해야 한다.

분명하게 이야기하지만 이는 절대 간단한 문제가 아니다. "제가 그날 밤에 취해서 당신의 차를 망가뜨려서 죄송합니다."라고 말한다고 해서 상처가 즉시 혹은 충분히 치유될 리 없다. 하지만 최소한 좋은 출발점은 된다. 특히 술을 자제하고 피해 보상도 하려고 노력한다면 말이다. 그리고 이는 성공 중독자의 피해자들에게도 마찬가지다. "무슨 내용이 있었는지 지금은 기억도 안 나는 지루한 임원 회의 때문에 발레 발표회에 가지 못해서 미안하구나."라고 말한다고 해서 모든 문제가 해결되지는 않는다. 문제 해결을 위해서는 새로운 행동이 동반되어야만 한다. 인간 관계에 있어서는 말보다 행동이 중요한 법이다. 특히 당신이 과거에 빈 말을 한 적이 많다면 더욱 그렇다.

내일이
마지막 날이라면

앞서 나는 학생들의 주의를 환기시키기 위해 다음의 질문을 던진다고 말한 바 있다. "자네에게 몇 번의 추수감사절이 남아 있다고 생각하나?" 사실 이 질문은 나의 주의를 환기시키기도 한다. 만약 내가 내 부모님들만큼 산다면 앞으로 내게 남은 추수감사절은 여덟 번쯤 될 것이다(우리 집안 사람들은 그다지 오래 살지 못했다).

이렇게 기억에 남을 만한 특별한 행사를 기준으로 시간을 측정해보면 시간이 얼마나 적게 남아 있는지 더 가슴에 와닿게 되고, 그 사실을 절대 잊지 않게 된다. 그래서 시간을 더 현명하게 사용하고자 노력한다. 우리가 매일을 마지막 날처럼 살아야 한다는 말과 같은 맥락이다.

이런 생각을 가지고 삶에 임한다면 아마도 일중독과 성공 중독의 문제에서도 벗어날 수 있을 것이다. 일중독과 성공 중독을 키우는 인지적 오류는 우리의 시간이 무한하므로 앞으로 한 시간 동안 무엇을 할지와 같은 주변부적인 결정은 큰 틀 내에서 그리 중요하지 않다고 생각하는 것이다. 우리는 생이 끝나갈 무렵이 되어서야 이것이 잘못된 생각이었음을 깨닫지만 때는 이미 너무 늦었다. 이런 뒤늦은 후회를 막기 위해 나는 기업 경영 컨설턴트가 '체계적 측정 오차'라고 부르는 것을 삶의 문제를 해결하는 데에도 적용해보기로 했다. 내가 교수로 재직 중인 하버드 경영대학원의 오랜 교수였던 고故 클레이튼 크리스텐슨Clayton Christensen 교수가 바로 이러한 작업을 먼저 한 바 있다. 크리스텐슨 교수는 내가 하버드에서 교수가 된 지 몇 개월 지나지 않았을 무렵 세상을 떠났다. 하지만 그가 남긴 유산은 하버드 경영대학원에 큰 영향을 미치고 있다. 그의 유명 저서 《하버드 인생학 특강》 덕분이기도 하다.[51]

그 책에서 크리스텐슨은 기업 평가와 동일한 방식으로 잘 살아가는 바람직한 인생을 분석하고 있다. 충분히 전체를 읽어볼 가치가 있는 책이다. 나는 그중 한 부분에서 진정한 만족감을 가져다주는 인간관계에 시간을 투자하는 동시에 일중독과 성공 중독의 덫에 걸리지 않는 3단계 훈련을 위한 참고 자료를 얻을 수 있었다.

1. 미리 시간을 할당하라

성공하는 사람들은 '한계 사고'를 하는 데 익숙하다. 한계 사고란 매 시간 그 순간을 가장 효용성 있게 소비하고자 하는 사고방식이다. 문제는 이런 사고방식이 인생에서 인간관계와 같이 단기간에 확실한 성과가 나지 않는 것들을 중요하지 않은 일로 제쳐두게 만든다는 점이다. 바로 이런 이유로 일중독자들은 지치고 생산성이 떨어졌을 때조차 직장에서 한 시간 더 야근을 하고 가정에서의 한 시간을 희생하게 된다. 그런 생활이 몇 년간 계속 이어지면서 외로움과 소외의 문제를 낳게 되는 것이다.

이런 오류를 범하지 않기 위해 나는 매달 일요일 오후에는 한 시간을 따로 빼서 내 인생의 마지막 순간에 사랑하는 사람들에게 둘러싸여 있는 모습을 상상해본다. 그들이 나에 대해 무슨 이야기를 할지도 상상해본다. 그러고 난 뒤 현재로 다시 돌아온다. 앞으로 다가올 몇 주 동안 내 시간을 어떻게 분배하고 싶은지 생각해본다. 생의 마지막 순간을 결정할 인간관계를 가꾸기 위해 이번 주에 내 시간을 어떻게 사용하는 게 좋을까? 그럼 제시간에 퇴근하기, 일은 회사에서만 하기, 저녁은 집에서 먹기, 가족과 함께 저녁 식사 후 영화 보기와 같은 결심을 하게 된다.

2. 핵심적인 일을 하라

많은 기업들은 이른바 '에드셀 문제'Edsel problem 때문에 실패의 함정에 빠진다. '에드셀 문제'는 포드의 경영진은 아주 좋아했지만 소비자들은 아주 싫어했던 1958년 출시된 에드셀 포드 자동차에서 유래한 말이다. 포드는 고객이 원하고 필요로 하는 것보다 자신들이 좋아하는 것을 팔려고 했다. 우리도 인간관계에서 이와 비슷한 실수를 저지르곤 한다.

수년 동안 무관심으로 일관해온 결과 관계의 기술이 무뎌졌을 때는 특히 그럴 수 있다. 당신은 가족과 친구들에게 당신의 편의에 맞춰 함께 시간을 보낼 기회를 주고 당신이 흥미를 가지는 일을 함께 하자고 제안한다. 직장에서 왕이니 집에서도 왕처럼 행동하려 하는 것은 수긍이 간다.

그러나 이런 식으로는 결코 관계에서 성공할 수 없다. 서로 사랑하는 관계는 계급적이지 않고 상호적이다. 주는 사람의 편의에 따라서가 아니라 상대방이 원하고 필요로 하는 것을 주어야 한다.

나는 정기적으로 더 가까워지고 싶은 사람들의 명단을 작성해본다. 그리고 각각의 인물 옆에 내가 해줄 수 있는 것 중 그들이 내게 필요로 하는 것이 무엇인지 적어본다. 예컨대, 아내를 위해 나만이 해줄 수 있는 일들이 있을 것이다. 성인이 된 자녀들을 위해 나만이 해줄 수 있는 일들도 있다. 그런 일들을 등한시할 때 관계가 병든다는 점을 기억해야 한다.

3. 똑똑하게 투자하라

아들이 고등학교에 다니던 시절, 하루는 내게 와서 자신이 어떤 가치를 갖고 살았으면 좋겠는지, 아버지로서 가장 원하는 세 가지가 무엇인지 물었다. 나는 며칠 동안 그게 뭔지 곰곰이 생각해보았다. 그리고 내가 얻은 답에 스스로도 놀랐다. 나는 아들에게 행복을 이야기하지 않았다. 행복이 중요하긴 하지만 목적과 의미가 있는 바람직한 삶에는 불행이 따르기도 하기 때문이다. 이미 예상하듯이 나는 돈이나 명예를 이야기하지도 않았다. 결국 나는 아들에게 '정직, 연민, 신념'을 원한다고 말했다. 그것이 내가 생각하기에 가능한 그를 최고의 인간이 되도록 만들어주는 요소들이었다.

그 후로 나는 내가 사랑하는 사람들 각자에게 무엇을 가장 원하는지 세 가지씩을 적어보기로 했다. 그리고 이렇게 자문해본다. '나는 그들의 삶에서 그것들을 이루기 위해 투자하고 있는가? 이러한 자질과 능력을 키워주기 위해 내가 시간과 에너지, 사랑, 전문성, 돈을 지불하고 있는가? 그들이 본받을 수 있도록 내가 행동으로 본보기를 보이고 있는가? 아니면 투자 전략을 새로 세워야 할까?'

세속적인 목표가 행복을
가져다주지는 않는다

로체스터 대학 연구팀은 2009년 최근에 대학을 졸업한 졸업생 147명을 대상으로 졸업 후 그들이 목표로 하는 것이 무엇인지 물어보고 그 조사 결과를 학술지에 게재했다.[52] 조사 결과, 목표는 소위 '내면적인' 목표와 '외면적인' 목표 이렇게 두 가지로 나누어졌다. 내면적인 목표는 친밀한 인간관계가 지속되는 것에서 오는 만족감에 중점을 두고 있었다. 반면 외면적인 목표는 큰돈을 벌고, 더 많이 소유하고, 권력을 거머쥐거나 명성과 인기를 얻는 데 중점을 두고 있었다. 다시 말하자면 만족의 공식에서 분모에 해당하는 요구들이었다. 이는 버킷리스트에서 버려야 할 것들이다.

연구팀은 1년 후 조사 참가자들이 어떻게 살고 있는지 알아보기 위해 추적 조사를 벌였다. 결과를 먼저 말하자면, 대다수의 사람이 목표를 달성한 것으로 나타났다. 좋은 인간관계를 원했던 이들은 그것을 이루었고, 돈과 권력을 원한다고 답했던 이들은 그 목표를 향해 차근차근 앞으로 나아가고 있었다. 이는 아주 중요한 발견이다. "무엇을 바랄 때는 신중하라."는 옛 속담처럼 당신이 삶에서 당신이 원하는 바가 분명하다면 그것을 얻게 될 가능성이 매우 높다.

사실 이 연구의 더 의미 있는 지점은 두 번째 발견인데, 내면적 목표를 가지고 있었던 사람들은 1년 후 더 행복한 삶을 살고 있었다. 반면 외면적인 목표를 추구한 사람들은 수치심과 두려움 등의 부정적인 감정을 더 많이 경험하고 있었다. 신체적 질병도 더 많이 겪었다. 한마디로 요약하면, 삶의 목표가 돈과 명예, 그리고 그 밖의 세속적인 것들에 초점이 맞추어져 있다면 욕망은 기하급수적으로 증가하지만 삶의 만족도는 떨어지는 현실을 감수해야 한다는 것이다.

당신 역시 이 사실을 알고 있었다. 그렇지 않은가? 어쩌면 당신은 오랫동안 전적으로 외면적 목표만을 추구하는 일중독자로 살며 유동성 지능 곡선이 정상에 도달할 때까지 줄곧 중독을 키워왔을지도 모른다. 하지만 삶을 살아가면서 성숙하고 경험이 많아졌다면(나처럼 '나이가 지긋해졌다'는 의미다) 이제 외적인 보상을 좇는 일이 어리석은 목표라는 사실을 알고 있을 것이다. 하지만 이 사실을 알게 되면서 우리는 좌절한다. 젊은 시절에는 가진 자들이 결국은 만족스러운 삶을 살게 되리라는 희망에 매달린다. 그리고 세월이 지나면서 결코 그렇지 않다는 것을 깨닫게 된다. 그러나 예전 습관이 이미 몸에 배어버려 당신은 세속적인 보상을 좇는 데 아주 능숙하다. 그래서 마침내 원하던 것을 가지게 되거나 세속적인 목표를 성취하면 당신이 원했던 만족감을 얻게 되리라는 스러져가는 희망을 계속 좇는다. 하지만 이는 헛고생일 뿐이며, 보상을 기대할 수 있는 유일한 곳인 유동성 지능 곡선에 계속 매달려 옴짝달싹하지 못하게 된다. 유동성 지능은 이미 쇠퇴하기 시작했는데 말이다.

내면적 목표로 시선을 돌려야만 비로소 당신이 원하는 것을 얻을 수 있다. 그리고 그것이 사랑을 기반으로 한 인간관계와 지혜의 공유가 필요한 두 번째 곡선으로의 도약에도 도움이 된다. 인생의 후반기에도 새로운 목표를 세울 수 있을까? 당연히 그럴 수 있다. 하지만 그러려면 추구하고자 하는 내면적 가치를 사람들에게 먼저 공개적으로 이야기해야 한다.

무엇을 어떻게 해야 할지 모르겠다면 다음의 기술을 활용해보길 권한다. 먼저 파티에 간 자신의 모습을 시각화해보자. 누군가가 다가와 이렇게 물어본다. "무슨 일 하세요?" 그때 직장명과 같은 외부적인 가치로 답하는 대신 당신에게 가장 목적과 의미와 기쁨을 주는 가치로 답해보라. 당신의 영적인 생활과 인간관계, 타인을 섬기는 방법 등에 대해 말하는 것이다. 이를테면 "저는 변호사예요."라고 말하는 대신 "저는 남편의 아내이자 성인이 된 세 아이의 엄마예요."라고 말하는 모습을 떠올려보라. 처음에는 이것이 진정한 자신이라는 생각이 들지 않고 당신이 하는 일이라는 생각이 들지 않는다 해도 걱정 마시라. 당신이 말하는 내용이 곧 삶에서도 실제로 존재하는 진실이 될 테니 말이다.

인간관계가 삶에서 의미와 충족감을 가져다주는 '공식적인' 원천이 될 때 누릴 수 있는 보상이 얼마나 큰지는 말로 다 설명하기 어렵다. 사람들은 이를 숨겨져 있던 보물찾기에 비유한다. 그리고 그 보물을 좀 더 일찍 찾지 못한 것을 비통해한다. 작가들은 사랑과 우정의 무한한 행복을 노래한다. 랄프 왈도 에머슨Ralph Waldo Emerson은 〈우정〉Friendship이라는 기쁨으로 가득한 에세이에서 다음과 같이 썼다.

> 나는 오늘 아침 친구들이 있다는 사실에 하느님께 지극히 감사하는 마음으로 눈을 떴다. 당신의 권한으로 날마다 아름다운 당신을 보여주시는 하느님을 어찌 아름답다 하지 않을 수 있으리요. 나는 집단을 비난하며 고독을 선택했다. 그렇지만 지혜로운 자와 사랑스러운 자와 고결한 마음을 지닌 자가 가끔 내 곁을 지나치는데도 그것을 외면할 만큼 배은망덕하지는 않다. 내 말을 들어주고 나를 이해해주는 사람은 나의 사람이 된다. 내 평생의 재산이 된다.

배우자와의 동반자적 사랑이 되었든 아리스토텔레스가 말하는 '완벽한 친구'가 되었든 친밀한 친구 관계는 어떤 직업적 성공보다 더 중요하다. 우정은 다른 어떤 것으로도 치유할 수 없는 직업적 쇠퇴에 동반된 상처를 치유해주기 때문이다.

앞에서 등장한 J. S. 바흐를 생각해보라. 그는 일을 사랑했고 이른 성공을 누렸지만 무엇이 가장 중요한지 알고 있었다. 많은 노력을 쏟아붓지 않고는 스무 명의 자녀들에게 좋은 아버지가 될 수 없다. 그리고 기록에도 남아 있듯이 두 아내와 생존한 자녀들과의 따뜻한 관계는 그의 노력이 얼마나 대단했는지 보여준다. 바흐는 그들을 사랑했고 그들도 바흐를 사랑했다. 바흐는 일과 생활이 균형 잡혀 있었다. 일과 사생활의 경계선을 모호하게 함으로써 균형이 잡혔던 측면도 있었다. 예를 들면, 건반 악기 연습곡 모음집인 《2성부 인벤션과 신포니아》Two-part inventions and sinfonias는 자녀들의 음악 연습을 위해 작곡한 곡들이었다. 그리고 그의 두 번째 아내는 악곡 복사 담당자였다. 또 바흐는 자녀들의 음악 활동의 전폭적인 후원자였다. 바흐가 행복한 사람으로 생을 마감하게 된 이유는 그가 작곡가로서 성공했기 때문이 아니라(실제로 말년에 작곡가로서 그의 유명세는 크게 하락했다) 가족들과의 관계를 잘 형성하고 관리했기 때문이었다. 바로 그것이 혁신적인 작곡가에서 훌륭한 지도자로의 직업 전환을 용이하게 해준 숨은 동력이었던 것이다.

더 높은 차원의
사랑으로 나아가기

나는 사시나무 아래에서 진정한 통찰을 얻었다고 생각했다. 하지만 나보다 먼저 이 시를 접한 이들이 많을 것이다. 가장 주목할 부분은 이 시를 쓴 사람이 헨리 데이비드 소로Henry David Thoreau라는 사실이다.

나란히 서 있는 두 그루의 견고한 떡갈나무는

한겨울의 폭풍을 견뎌내고

바람과 조수에도 불구하고

강인함으로 버텨

푸른 들판의 자존심으로 성장한다

땅 위로는 서로 떨어져 있지만

땅속 가장 깊은 근원의 자리에서는

그들의 뿌리가 서로 불가분하게

뒤얽혀 있는 것을 보고

감탄하지 않을 수 없을 것이다.[53]

　　인간관계에는 본질적으로 초월적인 무언가가 존재한다. 그리고 그 인간관계에 따라 우리는 마법처럼 물질적인 일에서 벗어나 더 발전할 수 있다. 노력가들에게는 첫 번째 곡선에서 두 번째 곡선으로 이동함에 따라 직업적 쇠퇴기에 저항하며 투쟁하는 삶에서 타인에 대한 사랑의 기쁨을 누리는 삶으로 인생 대전환을 이룰 수 있는 멋진 기회가 주어지는 셈이다.

　　사실 영어는 사랑과 관련해서라면 매우 빈곤한 언어다. 예컨대 그리스어에는 사랑을 의미하는 단어가 여러 개 존재한다. 친구 간의 사랑은 '필라'phila, 연인 간의 사랑은 '에로스'eros, 자식에 대한 부모의 사랑은 '스토지'storge, 자기애는 '필라우티아'philautia, 모르는 이에게 베푸는 호의나 사랑은 '세니아'_{xenia}라 부른다.

　그리스어에서 가장 초월적인 사랑의 개념은 신에 대한 사랑을 의미하는 '아가페'_{agape}다. 사람들은 아가페적 사랑을 가장 높은 단계의 더없이 행복한 사랑으로 간주한다. 이와 같은 사랑에 이르는 것은 일종의 황홀경이다. 그러나 이런 아가페적 사랑이 오랜 시간 자기 자신과 세상의 보상을 믿어온 많은 노력가들에게 저절로 찾아오지는 않는다. 다음 장에서는 우리가 삶의 여정에서 어디쯤 와 있는지와 상관없이 어떻게 하면 아가페적 사랑에 이를 수 있는지, 그리고 그것이 어떻게 우리에게 앞으로 나아갈 자신감을 심어줄 수 있는지에 대해 알아보려 한다.

제 7 장

두 번째 도약을 위한
은둔의 시간

2018년 2월의 습하고 무더운 어느 날 아침, 나는 인도 남부의 외진 시골 마을로 향했다. 내 목적지는 케랄라Kerala주와 타밀 나두Tamil Nadu주 사이의 접경 지역에 있는 팔락카드Palakkad라 불리는 작은 마을이었다.

이 마을을 찾게 된 배경을 잠시 설명해야겠다. 젊은 시절 힌두교 구루 파라마한사 요가난다Paramahansa Yogananda가 쓴 책들을 우연히 접하게 되면서 나는 고대 인도의 '아쉬라마'Ashrama라는 개념에 대해 알게 되었다. 아쉬라마는 행복과 깨달음 속에서 중년의 삶으로 건너가는 법을 알려준다. 하지만 그 이상 아는 것이 없었다. 나는 구글 검색을 하고 영어로 쓰인 서적들을 찾아보고 인도 친구들에게도 물어보았지만 깊이 있는 내용을 찾기가 어려웠다. 사실 이는 그렇게 놀랄 일은 아니다. 대부분의 심오한 인도 철학은 사상과 정보의 세계화 추세에 저항했다. 누군가는 내가 찾고자 하는 것을 찾으려면 스승을 직접 만나야 한다고 말하기도 했다.

인도 철학에 대한 자료 검색이 어려웠기 때문만이 아니라 수년간 나는 뭐랄까, 인도라는 나라에 푹 빠진 인도광이었다. 열아홉 살 때 처음으로 인도에 가본 이후로 그들의 문화, 음악, 음식, 철학을 아주 좋아하게 됐고 특히 인도 사람들 자체를 좋아했다. 그들의 유머 감각과 영성 사이에서 나는 항상 온전한 평안을 느꼈다. 해마다 적어도 한 번은 인도를 방문할 구실을 만들어 인도 아대륙의 많은 영성 지도자들을 만나 가르침을 얻기도 했다.

2018년 아침 나는 구루 노처 벤카타라만Nochur Venkataraman을 만날 수 있다는 희망으로 새벽 4시에 일어나 자동차로 수 시간을 달려 이름 없는 작은 집 앞에 도착했다. 믿을 만한 소식통에 따르면 제자들에게 '아차리아'(스승)로만 알려져 있는 벤카타라만은 아쉬라마가 무엇인지, 그리고 인생 후반기를 어떻게 살아야 바람직한지에 대해 구체적으로 말해줄 수 있을 것이라고 했다.

아차리아를 만날 기회를 잡았다는 것만으로도 대단한 일이었다. 아차리아는 부와 명예를 좇는 인도의 여러 구루 사업가들과는 달리 부자도 아니었고 언론의 조명도 원치 않았고 서방 국가에 가본 적도 없었다. 그는 사람들이 영적으로 성장하도록 돕는 일에만 전념하는 조용하고 겸손한 분이었다. 그는 새로운 사업 구상에 대해 조언을 구하는 기술 전문가나 색다른 종교 체험을 하러 나온 서양의 호사가들에게는 관심이 없었다. 하지만 나는 종교 체험도 아니고 돈벌이 상담을 하려는 것도 아님을 강조해 그의 수행원들을 설득하는 데 성공했다.

아차리아와 만나는 자리는 마치 TV에 나올 법한 모습을 하고 있었다. 나는 샌들을 벗고 평범한 집 내부로 들어섰다. 구루가 앉은 자리 주위로 열성 신자들이 그를 원형으로 조용히 둘러싸고 있었다. 그는 합장하고 전통적인 형식의 인사를 건네며 말했다. "나는 당신을 기다리고 있었습니다." 우리는 자리에 앉았고 나는 즉시 완전한 평화로 충만해지는 느낌이 들었다. 몇 분간 내가 그곳에 간 이유가 떠오르지 않을 정도였다.

다시 정신을 가다듬은 나는 아차리아에게 인생의 각 단계에 맞게 삶을 잘 사는 법을 알고 싶어서 찾아왔다고 말했다. 많은 사람이 오랜 세월 동안 열심히 일해서 얻게 된 능력을 서서히 잃게 되면서 고통스러워한다. 인생의 새로운 단계로 이동하기란 무척 어려운 일이며 두렵기까지 하다. 나는 아차리아에게서 이 문제에 대한 통찰을 얻을 수 있으리라 생각했다.

아차리아는 그때부터 두 시간여에 걸쳐 네 단계로 이루어진 삶을 사는 것이 인간의 바람직한 삶이라는 고대 인도의 가르침, 즉 아쉬라마에 대해 설명했다. 아쉬라마는 이상적으로는 100세까지 사는 것을 전제로 하여 25년을 주기로 인생을 네 단계로 구분한다. 물론 일반적으로 그렇게 될 가능성은 높지 않다. 오늘날 미국에서는 100세까지 사는 사람이 약 6,000명 중 한 명밖에 나오지 않는다. 인도에서는 그 가능성이 더 낮아진다. 하지만 이 지혜의 근본은 100세까지 사는 것에 있는 것이 아니라 인생을 동등한 몇 단계의 비율로 나누는 데 있다. 그리고 각 단계마다 의미 있는 시간을 보내야 한다는 것이다.

아쉬라마의 첫 번째 단계는 학생기brahmacharya로, 배움에 전념하는 어린 시절과 청년기다. 그리고 두 번째 단계는 직업을 가지고 돈을 벌어 가족을 부양하는 가주기家主期, grihastha다. 이 두 번째 단계는 논란의 여지 없이 꽤 당연해 보이지만, 힌두교 사상가들은 이 단계에서 가장 흔히 빠지는 함정을 경계하라고 말한다. 바로 돈, 권력, 섹스, 명예와 같은 세속적인 보상에 대한 집착이다. 그래서 사람들은 이 단계를 평생 연장하려고 노력한다. 어디서 들어본 말 같지 않은가? 이는 자기 대상화를 낳지만 결코 만족감은 주지 못하는 토마스 아퀴나스가 말한 네 가지 우상(돈, 권력, 즐거움, 영광)을 좇으며 유동성 지능 곡선이 더 이상 상승하지 못하고 가로막혀 있는 상태의 다른 표현이라고 볼 수 있다.

이 우상에 대한 집착에서 벗어나기 위해서는 새로운 기술들(영적인 기술들)을 가지고 인생의 새로운 단계로의 이동이 필요하다. 아차리아는 그 변화가 마치 다시 성년이 되는 것처럼 고통스러운 과정이며, 세상의 잣대로 우리를 정의했던 모든 것들의 내려놓음을 의미한다고 말했다. 다시 말해 우리가 인생의 새로운 단계로 건너가 거기서 지혜를 발견하기 위해서는 세속적인 보상을 초월하고 집착이라는 재앙을 물리칠 필요가 있다는 것이다. 이는 쉰 살쯤 되었을 때 우리가 그동안 성실하게 살았다면 이룰 수 있는 일이다.

그 새로운 단계를 은둔기, 즉 바나프라스타vanaprastha라고 한다. 바나프라스타는 '은퇴하다'와 '숲속으로'라는 의미를 나타내는 두 산스크리트어 단어가 합쳐진 말이다.[1] 이 단계는 우리가 목적의식을 가지고 오래된 개인적·직업적 직무에서 물러나 영성과 깊은 지혜, 결정성 지능, 가르침을 주는 활동, 신앙에 점점 더 전념하는 단계다. 완벽한 인생을 살기 위해 50세에 숲으로 들어가야 한다는 의미가 아니다. 그보다는 인생 목표를 재조정해야 한다는 의미다. 바나프라스타는 우리가 두 번째 곡선으로 도약해야 한다는 말과 동일한 철학적 의미를 담고 있다.

그러나 아차리아는 은둔기가 마지막 종착지는 아니라고 말했다. 노년기에 오는 마지막 영적 단계인 유행기, 즉 산야사sannyasa가 남아 있다. 이 단계에서는 오로지 영적 깨달음에만 집중한다. 옛날에 어떤 힌두교 남성들은 말 그대로 75세가 되면 가족을 떠나 종교에 귀의하여 남은 생을 스승 밑에서 기도하고 성서를 공부하며 보냈다고 한다. 아차리아의 말을 빌자면, "당신이 육신이 아니라 자기 자신임을 알게 되는 순간이 바로 자기를 인식하는 순간이다. 자신이 영원한 진실이라는 사실을 알게 되는 것이다. 그 인식과 깨달음이 바로 산야사이다."

75세에 동굴에 앉아 있는 것이 당신의 취향에 맞지 않는 행동이라 하더라도 그 안에 내포된 핵심은 여전히 분명하다. 인생의 마지막 단계에서 목표는 인생의 가장 깊은 비밀을 담은 성배를 들이키는 것이어야 한다. 하지만 그러기 위해서는 은둔기에 이루어지는 철학과 신앙에 대한 공부가 필수적이다. 그냥 나타나서 깨달음을 얻게 되기를 기대해서는 안 될 일이다. 그것은 마치 선수로 훈련되지도 않은 사람이 올림픽에 참가하는 일과 같다.

우리는 이것을 어느 정도는 직관적으로 이해하고 있다. 나이가 들어감에 따라 깨달음을 얻은 노년을 기대하며 영적 성장을 추구해야 한다고 생각한다. 그래서 많은 이들이 원래 믿던 신앙이나 새로 가지게 된 신앙, 더 깊어진 신앙, 혹은 다시 만난 신앙에 자기도 모르게 끌리는 것이다.

하지만 어떤 이들은 온 힘을 다해 이 변화에 저항하곤 한다. 노쇠함에 분노하고 변화한 현실을 부정함으로써 그들은 신적인 존재에 대한 자신의 요구도 차단해버린다. 그들은 자동차 뒷 창문 너머를 바라보며 말년을 살아간다. 영광스러운 과거가 서서히 희미해지는 것을 걱정스레 바라보며 새로운 가능성과 모험이 존재하는 미래는 생각할 마음이 없는 것이다. 앞에 나온 비행기에서 만난 그 남자처럼 말이다.

나는 아차리아에게 그 남자에 대해 이야기해주었다. 그는 내 말을 주의 깊게 듣고 잠시 생각에 잠기더니 "그는 가주기에서 벗어나는 데 실패한 것입니다."라고 말했다. "그는 세상이 주는 보상에 중독되어 있습니다." 그는 그 남자의 자기 가치는 아마 여전히 오래전에 누렸던 직업적 성공에 대한 기억에서 나올 것이라고 설명했다. 그리고 사람들이 그를 계속 알아봐준다 하더라도 그것은 순전히 오래전에 잃어버린 능력의 산물에 불과하다고 말했다. 오늘의 영광은 단지 과거 영광의 그림자일 뿐이라는 얘기였다. 그러는 사이 그는 은둔기의 영적 성장을 건너뛰고 이제는 산야사의 축복도 놓치고 있었다.

이는 직업심리적 중력의 법칙의 영향으로 고통받고 있는 이들에게 좋은 지침이 된다. 당신이 에너지가 넘치는 변호사나 언론인, 경쟁심이 강한 최고경영자, 혹은 아차리아를 만났을 당시의 나처럼 싱크탱크의 대표라고 가정해보자. 성인이 된 초기부터 중년이 된 지금까지 당신은 일에 관해서라면 항상 앞으로 달려 나갈 태세가 갖추어져 있었다. 성공이라는 세속적인 보상을 추구하고 그중 일부(혹은 많은 부분)는 성취해서 이 보상들에 아주 집착하고 있을지도 모른다. 하지만 스스로 준비가 되었다고 느끼기 전에 이 성취와 보상을 두고 떠날 준비를 해야 한다. 유동성 지능이 쇠퇴하기 시작하면 그것에 분노하고만 있어서는 안 된다. 분노해봤자 만족감을 주지 않는 집착만 더 강해지고 좌절하게 될 뿐이다. 그보다는 결정성 지능을 더 강화하고 당신의 지혜를 타인과 공유해야 한다.

나는 아차리아에게 일중독이자 성공 중독자로 살고 있는 내 나이대의 남성과 여성들에게 어떤 조언을 해줄 수 있는지 물어보았다. 그들은 특별하지만 행복하지 않으며, 가주기를 떠나야 한다는 생각에 몹시 두려워하는 사람들이다. 한참을 생각하던 아차리아는 마침내 침묵을 깨고 이렇게 말했다. "자신을 알아야 합니다. 그게 다입니다. 다른 건 없어요. 다른 어떤 것도 집착을 버리게 해주지 못합니다."

"그럼 어떻게 해야 집착을 버릴 수 있나요?"라고 나는 물었다.

"자신의 내면으로 들어가야 합니다."라고 그는 대답했다. "마음이 더 고요해지면 당신 안에서 당신을 기다리고 있는 그 보물을 발견하게 될 것입니다."

삶의 불완전함을
온전히 받아들이는 법

　　많은 사람이 중년에 인생 전환기를 맞이하면서 뜻하지 않게 종교와 영성에 대한 관심이 높아지는 경험을 하게 된다. 중년이 되면 신앙, 종교, 영성, 혹은 초월적인 것에 대한 관심이 마음속에서 자라나게 되는 경우가 많다. 어쩌면 이 말이 이상하게 들릴지도 모르겠다. 사람은 나이를 먹을수록 '마법 같은' 이야기를 믿지 못하는 게 상식이니 말이다. 마흔 살은 고사하고 열 살만 넘어도 부활절 토끼의 존재를 믿지 않는다. 하지만 40~50대 이후에 종교적 갈망이 생겨나기 시작하는 것은 아주 흔한 일이다. 많은 이가 나이가 들면서 초자연적인 현상이 실제로 존재한다고 느끼기 시작하고 그렇게 말로는 설명할 수 없는 변화가 자신에게 일어난다.

　　신학자 제임스 파울러James Fowler는 1981년 그의 유명 저서 《신앙의 발달 단계》에서 이 패턴에 대해 설명했다.[2] 수백 명의 피험자를 연구한 끝에 파울러는 많은 사람이 젊은 시절에는 종교의 독단적이거나 시대를 역행하는 듯한 도덕 관념, 예컨대 성과 관련된 생각들에 대해 거부감을 가지고 있다고 관측했다. 또한 사람들은 종교가 인생에서 가장 어려운 문제를 해결해줄 수 없는 것을 보고 환멸을 느끼기도 한다. 이를테면 고통으로 가득한 세상을 바라보며 '신은 우리를 사랑한다'라고 생각하기는 힘들다는 것이다.

　　그러나 나이가 들수록 사람들은 삶에서 그 어떤 것도 완벽하게 정리되어 있을 수는 없다는 진실을 인정하게 된다. 파울러의 말에 따르면 이때 사람들은 종교의 모호함과 모순을 용인하고 신앙과 영성의 아름다움과 초월성을 보기 시작한다. 그 신앙은 어린 시절부터 가지고 있는 신앙일 수도 있고 새로 가지게 된 신앙일 수도 있다. 파울러는 후에 1970~80년대에 자신이 발견한 신앙의 발달 단계가 현대사회의 발전 상황(이를테면 미국에서 종교 참여도가 하락한 현재의 상황)에서도 여전히 유효한지에 대한 연구를 벌였다. 그 결과 유효하다는 결론에 다다랐다.[3]

그러나 노력가들은 이런 변화에 가장 준비가 덜 되어 있는 부류다. 이들 중 대다수는 삶에서 신앙과 영성에 대한 투자를 별로 하지 않았거나 아예 하지 않았기 때문이다. 신앙과 영성이 있다면 나이가 들수록 직업적으로도 도움이 되겠지만 그들에게 그것이 우선순위일 수는 없기에 시들해지고 만다.

하지만 나이가 들어 종교를 받아들이게 된 사람들에게 신앙은 아주 기쁜 신의 출현이다. 많은 연구에 따르면 종교를 가진 성인들이 종교가 없는 성인들보다 일반적으로 더 행복하고 우울함을 덜 겪는다고 한다.[4] 또한 성인이 되어 종교를 가지게 되면 삶의 만족도가 높아지는 것 외에도 다양한 이점들이 있다. 종교와 영성이 육체적 건강을 증진시켜주기도 하기 때문이다.[5] 다수의 연구에서 드러났듯이 종교인들이 비종교인들보다 약물이나 알코올 중독에 빠질 가능성이 적은 것도 부분적인 이유일 것이다.[6]

그러나 종교가 최고의 행복감을 안겨줄 수 있는 이유는 이러한 간접적인 이점들보다 훨씬 더 단순하다. 초월적인 존재에 많은 시간과 노력을 쏟아부을 때 당신은 자신에게만 집중되어 있던 관심을 다른 곳으로 돌리게 된다. 우리는 나, 나, 나만을 생각하며 하루의 대부분을 보낸다. 이는 하루 종일 따분한 TV 프로그램을 계속 반복해서 시청하는 것과도 같다. 그건 너무나 지루하지 않은가. 신앙은 나를 우주로 이끌고 가 삶의 근원과 타인의 행복에 대해 생각하도록 만든다. 이렇게 인생의 초점을 바꾸는 행동은 기분을 전환시키고 안도감을 가져다준다.

사람들이 내게 자주 하는 질문 중 하나는 이 초점이 반드시 종교적이거나 영적인 부분에 맞추어져야 하는가이다. 이를테면 철학에 관심을 가지는 것도 괜찮을까? 이에 대한 나의 답변은 '그것도 좋다'이다. 요즘 젊은이들 사이에서 관심이 높아지고 있는 고대 그리스 사상, 특히 에피쿠로스 철학과 스토아 철학이 아주 좋은 예가 될 수 있겠다. 최근 몇 년 사이 많은 사람이 에피쿠로스Epicurus와 에픽테토스Epictetus, 세네카Seneca, 마르쿠스 아우렐리우스의 철학에 깊은 관심을 보이고 있다. 학문적인 이유에서가 아니라 그 속에서 삶의 의미를 알려주는 비밀을 찾을 수 있으며 그것이 그들에게 행복감을 안겨주기 때문이다.

요약하자면, 만약 당신이 인생에서 다음 단계로 건너가는 전환기에 놓여 있고 초월적인 것에 대한 관심이 높아지고 있다면 과거에 이 부분을 등한시했다 할지라도 나이에 맞게 제대로 가고 있는 것이다. 그러니 저항하려 하지 마라.

나의 종교와
나의 구루 이야기

종교와 영성은 매우 민감한 주제다. 개인적인 영역이고 때로는 논란의 여지도 많다. 많은 사교 모임에서 정치와 종교에 대한 토론을 금지하는 이유는 의견 대립이 친구 관계를 파탄내고 전쟁을 촉발시키기 때문이다. 열린 자세로 질문하고 생각을 공유하려 하기보다는 상대를 개종시키려는 느낌을 자주 받기에 종교를 주제로 한 토론은 항상 불신으로 얼룩지고 만다. 그런 이유로 나는 사람들과 토론을 할 때 종교 이야기는 빼놓고 한다.

이런 문제를 완전히 해결할 방도는 없다. 하지만 종교에 대해 대화할 때 대화 상대가 자신의 생각을 가감 없이 솔직하게 이야기한다면 상황은 더 나아질 수 있다. 상대가 기본적으로 어떤 생각을 가지고 있는지 아는 것만으로도 상대의 논지를 더 잘 파악할 수 있기 때문이다. 그럴 때 상대의 의도는 분명해질 수밖에 없다.

그런 의미에서 나의 종교적 여정에 대해 한번 이야기해보겠다. 나는 로마 가톨릭교로 개종했다. 어린 시절 독실한 개신교 집안에서 자랐지만 나이를 먹고 로마 가톨릭 교회로 개종하게 된 케이스다. 나의 기독교 신앙은 부모님의 삶을 중심으로 이루어졌다. 그리고 지금은 비록 부모님과는 다른 방식으로 하느님을 섬기고 있지만 신앙은 내 삶의 중심이 되었다.

나는 다른 종교에 대한 공부에서부터 내가 좋아하는 수학과 바흐의 음악에 이르기까지 모든 곳에서 영적인 영감을 받는다. 앞서 유동성 지능에서 결정성 지능으로의 도약에 성공한 모범적인 사례로 바흐의 생애를 살펴본 바 있다. 나는 바흐의 신앙에서도 영감을 받는다. 바흐가 직업적으로 역할 전환을 잘한 것이 그의 생애에서 가장 두드러진 측면은 아니다. 그보다 그가 신과의 관계를 중요시했다는 점이 더욱 중요하다. 바흐 가족의 성경책을 열어보면 바흐가 그날 읽은 부분이 접혀 있었고 여백에는 감사와 찬양의 메모가 빼곡히 적혀 있었다. 그는 모든 곡을 'Soli Deo gloria'(오직 하느님께 영광)를 의미하는 이니셜로 마무리했다. 그는 자신이 작곡하는 모든 곡이 하느님께서 주신 영감으로 신성하게 쓰여진 곡이라 믿었다. "저는 곡이 작곡된 대로 연주합니다."라고 그는 말했다. "하지만 음악을 만드시는 분은 하느님입니다." 왜 작곡을 하는지 물어보면 그의 대답은 간단명료하면서도 심오했다. "모든 음악의 목표이자 최종 목적은 다름 아닌 하느님의 영광과 영혼의 안식입니다."[7]

내 일에 대해 나 역시 바흐처럼 답변하고 싶었다. 하느님께 영광을 돌리고 다른 이들에게 도움을 주기 위해 일하고 싶었다. 터무니없는 말로 들릴지도 모르겠지만 실제로 이것이 내가 음악에서 사회과학으로 분야를 옮기게 된 이유 중 하나였다.

아내가 종교에 입문하게 된 과정은 나와는 달랐다. 아내는 극도로 세속적인 분위기의 바르셀로나에서 자랐다. 그녀는 평생 동안 미사에 몇 차례 참석해본 것이 다였다. 신앙심이 없었으며, 사실 모든 종류의 종교에 대해(특히 가톨릭교에 대해) 아주 적대적인 태도를 가지고 있었다. 결혼 후, 나는 성당에 나갔지만 아내는 나와 동행하지 않았다. 아이들이 태어나고 나는 일요일 아침마다 아이들을 데리고 성당에 나갔고 아내는 늦잠을 자는 특혜를 누렸다. 이런 식으로 꽤 오랜 시간이 흘렀고 이 것이 내게는 슬픔의 근원이었다.

나는 아내가 가톨릭에 대한 관심이 생겨나면 자신의 신앙을 찾게 될 것이라는 기대를 거의 포기한 상태였다. 그런데 무슨 일이 일어난 건지 잘 모르겠다. 최근 10여 년간 그녀는 열심히 성당에 다니고 공부하고 배우며 신앙심이 깊어졌다. 종교는 아내에게 삶의 중심이 되었고 이제 는 우리 둘 중 아내가 더 독실한 가톨릭 신자가 되었다.

그리고 나는 수년 전 이 프로젝트에 착수했을 때 신앙심을 더 키워 서 내가 믿는 종교에 더 신실해져야겠다는 갈망이 생겼다. 이것이 2018 년에 남부 인도의 시골 마을을 방문하게 된 이유였다. 아차리아가 내게 준 바나프라스타에 대한 교훈은 나의 영적인 여정과 결정성 지능 곡선, 그리고 소유물 내려놓기를 하나로 연결시키며 의식을 크게 확장시켜주 었다.

나는 아차리아에게 아내 에스터에 대해 이야기했다. 30년 전 내가 유 럽에서 실내악 순회 연주회를 다녔을 때 우리가 어떻게 만났고, 한 마디 도 같은 언어로 대화하지 못했는데도 겨우 몇 시간 만에 어떻게 사랑에 빠지게 되었으며, 뉴욕에서 일을 그만두고 아내에게 프러포즈하기 위해 바르셀로나로 거처를 옮긴 일 등을 이야기했다. 그러자 아차리아는 그 녀의 신앙 생활에 대해 물었다. 나는 사실대로 말했다. 늦게까지 종교를 가지지 않았지만 이제는 에스터가 더 영적인 길로 나를 인도하고 있다 고 말이다. 그녀는 내게 성서를 가르쳐주기도 하고 기도하는 데 도움을 주기도 하며 날마다 미사에 데리고 간다. 아차리아는 잠시 조용히 생각에 잠기더니 담담하게 이렇게 말했다. "그녀는 당신의 구루입니다."

힌두교의 성서인 우드하비 기다에는 크리슈나 신이 말하는 다음과 같은 구절이 나온다. "인생의 세 번째 지령인 바나프라스타를 이행하고자 하는 사람은 아내를 장성한 아들들에게 맡겨두고 평화로운 마음으로 숲에 들어가야 한다." 그리고 그는 이렇게 덧붙인다. "그게 아니라면 아내를 데리고 들어가라."[8]

나라면 두 번째 선택지를 고를 것이다.

어둠 속에서 예수를 섬긴
니고데모

영적인 삶을 발전시키기란 쉽지 않은 일이다. 어디서부터 시작해야 할지 몰라 헤매는 사람들도 있다. 하지만 자족적인 노력가의 삶을 살아온 이들은 자신이 그런 삶을 시도하기를 원한다는 사실 자체를 인정하고 싶어 하지 않는다. 나는 이런 후자의 상황을 '니고데모 증후군' Nicodemus syndrome 이라고 부른다.

니고데모는 바리새인으로, 당시 유대인들의 최고 의결 기관인 산헤드린의 공의원이었다. 그는 밤마다 몰래 빠져나가 금지된 만남을 가지기 위해 큰 위험을 무릅써야만 했다. 하지만 그의 가슴에서 타오르는 갈망은 너무나 강렬했다. 며칠 동안 그는 다른 생각은 아무것도 할 수가 없었다. 그를 끌어당긴 것은 정부情婦가 아니었다. 그가 여태껏 만나본 영적 스승들과는 다른 영적 스승이었다. 이 스승은 기적을 행했다. 더 중요한 사실은 처음 만났는데도 니고데모에 대해 아주 잘 알고 있는 듯 보였다는 것이다. "아아, 그는 진정 내 마음속 생각을 읽고 있구나!" 시인 헨리 워즈워스 롱펠로Henry Wadsworth Longfellow는 니고데모가 이렇게 말했을 것이라 상상했다.[9]

니고데모는 어두운 거리에서 그를 기다리고 있는 스승을 만났다. 스승은 마음속을 꿰뚫어 보는 듯하면서도 평화로운 표정을 짓고 있었다. 그러나 그는 아무 말도 하지 않았다. 니고데모는 그 침묵을 견뎌야 했다. "랍비여, 우리는 당신이 하느님께로부터 오신 스승인 줄 압니다."라고 니고데모는 말했다. "하느님께서 함께하시지 않는다면 당신이 행하시는 이 일을 아무도 행하지 못할 것입니다."

그 스승은 다름 아닌 나사렛 예수였다. 수개월 동안 다른 바리새인들은 율법이 정한 안식일 규정을 공개적으로 어기고 자신들을 감히 위선자라고 꾸짖은 예수를 비난했다. 니고데모 역시 예수를 미워해야 할 위치에 있었지만 그는 삶에서 가장 중요한 순간에 하느님의 사랑을 전하는 스승에게 마음이 끌렸던 것이다. 그는 오랫동안 간직해온 믿음에 의문을 품기 시작했다.

니고데모가 요한복음 7장에 다시 등장할 때 우리는 이제 그가 예전의 믿음에서 그를 끌어당기는 새로운 믿음에 따라 행동하는 모습을 보게 된다. 니고데모는 예수의 이교도적 가르침을 비난하며 그를 체포하려고 하는 바리새인들의 무리에 속해 있었다. 여전히 '지배층'의 편에 서 있긴 했지만 니고데모는 그의 동료들 앞에서 예수를 공개적으로 변호한다. 그는 이렇게 물었다. "우리의 율법은 어떻게 된 일인지 해명할 기회를 먼저 주고 난 뒤에 심판합니다. 그렇지 않습니까?"

예상대로 그의 동료 바리새인들은 니고데모의 말을 반박했다. 그들은 "설마 자네도 갈릴리 출신은 아니겠지?"라며 니고데모를 조롱했다. 국제적인 도시인 예루살렘에 비해 예수의 고향인 나사렛이 위치한 갈릴리 땅은 시골이었기 때문이다. 오늘날 같았으면 '벽지'라고 불렀을 곳이었다. 그들은 "눈을 씻고 찾아봐도 갈릴리에서는 선지자가 나타나지 않을 걸세."라고 말했다. 니고데모는 이제 난처한 상황에 놓이게 되었다. 공화당 집회에서 인기 없는 민주당을 옹호했을 때(혹은 그 반대의 경우도 마찬가지다) 어떤 일이 벌어질지 생각해보면 그가 어떤 일을 겪었을지 짐작할 수 있다.

예수를 옹호했다는 이유로 그의 지위는 위태로워졌다. 두 진영 사이에서 중립을 지킬 수는 없는 노릇이었다. 그는 어느 쪽을 선택했을까? 이걸 알아보려면 12개 장을 더 기다려야 한다. 예수가 십자가에 처형되고 난 직후 니고데모는 마지막으로 한 번 더 등장한다. 예수가 처형된 후 뿔뿔이 흩어진 수많은 제자들과는 달리 니고데모는 약 34킬로그램에 달하는 몰약과 침향을 섞은 것을 가져와 예수의 시신을 방부 처리해 안치하는 데 모든 예우를 다한다. 그는 이제 완전히 예수를 섬기게 되어 예수의 죽음 이후에도 그에게 헌신한 인물로 기록되어 있다.

오늘날 니고데모는 가톨릭과 동방정교회의 성자이자, 공인된 호기심의 수호성인이기도 하다. 당신이 어떤 종교를 믿든 상관없이 니고데모의 거듭남은 우리에게 소중한 가르침을 준다.

영적인 길을 가로막는
세 가지 장애물

니고데모 증후군은 여러 장벽들 중 하나의 장벽에 불과하다. 영적으로 굶주려 있는 사람이 특히 모든 것이 생소하기만 하고 어떻게 대처해야 할지 모를 때 종교를 거부하게 만드는 다른 여러 장벽들도 존재한다.

1. 저는 '무교'예요

니고데모는 밤에 예수를 만나러 갔다. 그 누구에게도 그 모습을 들키고 싶지 않았기 때문이다. 그는 성공한 권력자로서 기존의 믿음을 버리고 새로운 것을 수용하는 모습을 남들에게 들킬까 봐 두려워했다.

나는 생전 처음으로, 혹은 적어도 어린 시절 이후 처음으로 신앙적 동요를 경험하는 중년들을 자주 만난다. 그중 많은 이들이 니고데모처럼 이러한 충동을 혼란스럽고 곤혹스럽게 느끼곤 한다. 특히 신앙을 항상 중요하지 않은 것으로 등한시했거나 삶에서 일찍부터 종교에 등을 돌리고 자신을 종교와는 상관없는, 혹은 반종교적인 사람으로 재정의한 경우라면 더욱 그렇다. 이런 입장을 누그러뜨리면 다른 사람들이 자신을 약한 사람이나 신뢰할 수 없는 사람으로 여길까 봐 걱정하는 것이다.

더구나 종교는 '자기 개념'의 균형을 깰 수 있기에 아주 불편한 감정을 불러일으킬 수도 있다. 심리학자 칼 로저스Carl Rogers는 우리는 항상 '나는 누구인가?'라는 질문에 대한 답을 가지고 있어야 한다고 주장했다.[10] 우리는 성장하고 나이가 들면서 자기 개념을 발전시킨다. 로저스는 자신의 삶의 경험과 부합되는 자기 개념을 가지고 있는 사람을 균형 잡힌 사람으로, 자신의 경험을 제대로 받아들이지 못하고 왜곡된 자기 개념을 가지고 있는 사람을 신경증적인 사람으로 정의했다.

우리는 자기 개념에서 조금이라도 벗어나게 되면 그것에 저항한다. 그것이 불안감을 촉발시키기 때문이다. 그래서 청소년기가 그렇게 힘든 시기인 것이다. 십 대 청소년들은 말 그대로 '나는 누구인가?'라는 질문에 대한 답을 알지 못한다. 이 점이 그들을 미치게 만든다.

자기 개념이 유동적으로 변하는 시기가 청소년기에만 나타나지는 않는다. 성인이 되어서도 자기 개념의 위기를 겪는다. 바로 자신을 비종교인으로 선언했던 것에 이유 없이 의문을 제기하기 시작하는 때다. 혹은 설문조사의 표현을 빌리자면, '무교'였던 자신이 달라지는 것을 느낄 때다.[11]

그들에게 '무교'였던 자기 개념을 바꾸는 것은 혼란스럽고 자존심이 구겨지는 일처럼 느껴진다. 자존심이 우리를 자신의 이미지와 믿음을 유지하며, 그 자리에서 움직이지 않도록 만든다. '무교'라는 입장을 철회하는 일은 자신이 연약하다는 사실을 공개적으로 인정하는 것만 같아서 수치스럽기도 하다. 나는 오랫동안 종교와 영성이 어리석다고 말하던 사람이 결국은 마치 비밀 연애라도 하듯 몰래 교회에 나가는 것을 여러 번 보았다. 그들은 말하자면 밤에 예수를 만난 니고데모인 것이다.

하지만 '무교'가 그 당시 자신에 대한 정확한 정의였다 하더라도 그것이 종교와 영성에 대해 열려 있는 가능성의 문을 닫게 해서는 안 된다. '무교'에서 '현재로선 무교'로 자기 개념을 살짝 조정할 필요가 있다. 혹은 '무교지만 사정에 따라 바뀔 수 있음'으로 조정할 수도 있겠다. 이렇게 함으로써 내가 나에 대해 아직 잘 모르는 부분도 있을 수 있다는 것을 인정하고 나면 그 효과는 매우 강력하다. 지금 현재는 종교가 없을지도 모르지만 문은 활짝 열려 있는 것이다. 무언가 드나들 수 있도록 말이다.

2. 종교는 어렸을 때나 갖는 거죠

우리 아이들이 아주 어렸을 때 한번은 자동차를 타고 어떤 동네의 교회를 지나갔다. 당시 네 살쯤 됐었던 큰 아이가 교회를 보자마자 그 교회에 산타 할아버지가 살고 있는지 물었다. 그 질문에 아내와 나는 웃음을 참지 못했다. 하지만 아이의 말은 신앙심이 처음 형성될 때의 전형적인 문제를 보여주고 있다. 신앙과 영성에 대한 첫인상은 유치할 때가 많다. 그리고 그 인상은 나이를 먹어서까지 계속해서 당신을 따라다닌다. 그래서 우리는 종교를 정서적으로 안정된 성인이라면 관심을 가지지 말아야 할, 근거 없는 믿음과 말도 안 되는 유치한 생각의 집합체로 일축하곤 한다.

종교에 반대하는 많은 이들은 오랜 기억들에 호소하며 종교를 공격한다. 일례로, 2010년 크리스마스 직전에 나는 뉴저지에서 뉴욕시로 매일 수만 명의 통근자들이 지나다니는 링컨 터널 입구에 서 있는 옥외 광고판을 보았다. 그 광고판에는 세 명의 동박 박사가 베들레헴으로 향하고 있는 실루엣이 그려져 있었다. 그림 아래에는 "이것이 근거 없는 믿음이라는 걸 잘 안다면, 이번 크리스마스는 이성적으로 보냅시다!"라는 설명이 붙어 있었다.

나는 천주교 신자이지만 그 광고를 보고 모든 종교에 반대하는 집단의 영리한 술책에 웃음을 터뜨리고 말았다. 하지만 그것은 이성에 호소하는 것이 아니다. 오히려 그와 정반대다. 우리가 어렸을 때 들었던 성경 이야기가 어른의 시각에서 봤을 때 진실처럼 보이지 않는다면 그에 대한 믿음을 거두고 그것을 전면 거부하라고 호소하는 것이다. 그것은 마치 어린 시절 들었던 '그래서 평생 행복하게 살았대요'로 끝나는 동화 속 주인공과 비교했을 때 배우자가 그에 못 미친다고 해서 이혼하는 것과 같은 이치다. 이것이야말로 유치한 행동이다.

종교에 대한 갈망이 갑작스럽게 올라올 때 어린 시절 가졌던 종교에 대한 순진한 생각을 그대로 가지고 가는 것은 성인이 된 지금 그다지 적절한 행동이 아니다. 인생의 다른 영역에서라면 그렇게 하지 않을 것이다. 오히려 자신보다 더 훌륭한 사람들의 생각을 참고하려 할 것이다. 모든 전통 종교나 철학은 우리가 평생 공부해도 다 하지 못할 만큼 수많은 저술가 및 사상가들의 장서를 자랑하고 있다. 예컨대, 토마스 아퀴나스는 견줄 상대가 없는 최고의 천재였다. 전하는 바에 따르면 한 번에 25권의 책을 동시에 집필했으며 모든 내용을 꿰뚫고 있었다고 한다. 그의 저술 중 가장 훌륭한 작품으로 꼽히는 《신학 대전》Summa Theologica은 위대한 철학 명저로서, 종교에 심하게 반대하는 거의 모든 의견을 앞질러 담고 있다.

당신이 어린 시절 종교에 대해 가지고 있었던 시각이 순진했다는 걸 인정한다면 그때 처음 배웠던 방식이 아닌 어른으로서 성숙하고 비판적인 관점에서 당신이 원하는 초월적 진실을 찾을 수 있다. 그러기 위해서는 마음속의 '만화 버전'에서 스스로를 해방시킬 필요가 있다. 그것은 어린 시절의 것으로 남겨두고 이제는 학자들과 자격 있는 신앙인들의 사상과 저술을 열린 마음으로 접할 때다.

3. 시간을 내기가 어려워요

신앙 생활은 시간과 노력을 요구한다. 이는 피해갈 수 없는 사실이다. 그에 따라 일상 생활에서의 요구와 우선순위를 겨루게 된다. 단 몇 시간 만에 우주의 비밀에 접속하기 위한 명상을 할 수는 없다. 몇 시간만 내면 영화 한 편은 볼 수 있겠지만 말이다. 예배에 참석한다는 건 매주 교회에서 몇 시간을 보내야 한다는 의미다. 성경을 읽고 기도하거나 명상을 하며 뭔가를 얻기를 원한다면 매일 시간을 할애해야 한다. 이것이 '기본적'으로 할애하는 시간이다. 피트니스센터에서 운동광이 그렇듯이 더 독실한 신앙인은 여기에 더 많은 시간을 투입하기도 한다. 진전을 이루기 위해서는 그렇게 해야 하기 때문이다. 또 그렇게 해야만 깊은 만족감을 느낄 수 있기 때문이기도 하다.

하지만 적어도 처음에는 시간적 부담이 아주 크다. 그런 이유로 종교를 가지고자 하는 사람 중 많은 이가 시간을 내기 어렵고 의미 있는 뭔가를 이룰 만큼 충분한 노력을 쏟을 수가 없다. 그렇게 신앙의 문제를 뒤로 미루기만 하다가 한 노인 친구(그는 이후에 세상을 떠났다)가 내게 고백했듯이 "한 가지 진정으로 후회하는 일이 있다면 그건 신앙을 가지지 않은 것이라네."라고 말하게 되는 것이다.

이 문제의 해결책은 자신의 영적 성장을 부차적인 문제로 보지 않고 가장 중요한 문제로 삼아 맨 앞자리로 옮겨놓는 것이다. 내가 당신의 건강에 심각한 문제가 있으니 하루에 30분씩은 꼭 운동을 하고 약을 먹어야 한다고 말한다면 당신은 그렇게 할 것이다. 모든 사람이 그렇게 하지는 않겠지만 당신은 그렇게 할 것이다. 왜냐하면 이 책을 여기까지 읽은 사람이라면 자기계발에 태만한 사람일 리가 없기 때문이다. 당신의 영적 성장은 그렇게 중요한 것이다. 명상과 기도, 독송, 실천을 위해 계획을 세우고 시간을 내야 한다. 매일매일 날마다.

산티아고 순례길을 걸으며
얻은 깨달음

많은 이들은 어떻게든 뭔가를 새로이 시작하지 않을 구실을 찾아내려 한다. 이런 자세는 새로운 일을 시도하게 해주는 삶의 균형 상태에 마침표를 찍는 것이나 마찬가지다. 이런 사람에게 한 가지 간단한 제안을 하고자 한다. 산책을 해보라.

아차리아를 만나고 나는 영적 감각이 고양되었다. 인도에 여러 번 갔었지만 예전에는 보지 못했던 것들이 보이기 시작한 것이다. 얼마나 많은 사람이 기도를 하며 길을 걸어다니는지가 보였다. 성지 마투라(크리슈나 신의 출생지로 알려져 있는 도시로, 오늘날 5,000여 개의 사원이 있다)와 같은 곳에서는 기도하며 걸어다니는 사람들을 어디에서나 볼 수 있었다. 나는 인도인 친구에게 이 전통에 대해 물어보았다. "그들은 야트리 Yaatrees 예요."라고 그는 내게 말해주었다. 야트리는 '순례자'라는 뜻이라고 한다. 힌두교 전통에서 보통 무일푼의 탁발 수도자인 '방랑자'는 존경을 받았다. 그리고 순례는 보통 사람들이 영적 깨달음을 얻는 데 도움을 주는 아주 중요한 방법으로 여겨진다.

거의 모든 주요 종교들에는 순례가 있다. 정의는 조금씩 다르지만, '집에서 성지까지 먼 거리를 물리적으로 횡단하는 것'으로 어떤 관점이나 믿음이 동기가 되어 기도의 실천으로서 행해진다.[12] 이슬람교의 메카 순례에서부터 불교의 부다가야(부처님이 무화과나무 아래에서 깨달음을 얻었다는 곳) 순례, 그리고 천주교에는 스페인 북부 지역을 가로질러서 가는 그 유명한 산티아고 순례길이 있다.

아차리아를 만난 이후 나는 산티아고 순례길 2주 코스를 걸었다. 갈 때마다 매번 다른 경로를 선택해서 시골 마을들을 통과하고 고대의 로만 로드를 지나 유명한 산티아고 데 콤포스텔라 대성당까지 갔다. 대성당에는 성 야고보(스페인어로는 산티아고)의 유해가 보존되어 있다고 전해진다. 9세기에 건축된 이래 수백만 명의 순례자들이 이곳을 방문했다. 마틴 쉰Martin Sheen 주연의 2010년 영화 〈더 웨이〉The Way로 유명세를 타기 전까지 20세기에는 거의 알려지지 않았다. 영화가 유명해진 이후 산티아고 순례길을 찾는 순례자의 수는 2009년 14만 5,877명에서 2019년 34만 7,578명으로 폭발적으로 증가했다.[13]

그들은 왜 순례길에 오를까? 우선 첫째로 걷는 것이 아주 좋은 운동이 되기 때문이다. 실제로 걷는 것은 건강과 행복 증진을 위해 우리가 할 수 있는 가장 좋은 운동 중 하나다. 어떤 사람들은 산티아고 순례길이 모험을 하는 경험일 거라 기대하기도 하는데 이는 당혹스러운 생각이다. 당신이 생각하는 스릴 넘치는 모험이 단순하고 반복적인 행동을 하루에 수 시간 동안 하는 것을 의미하지 않는 한 순례는 분명 모험이 아니기 때문이다. 흔히 볼 수 있는 마을의 개 외에는 위험한 것이 없으며 하루에 20킬로미터를 걸어서 생기는 근육통과 물집 외에 크게 어려운 점은 없다.

오히려 흥분감을 느낄 일이 전혀 없다는 것이 산티아고 순례길의 비밀이다. 여정이 시작되고 나면 제일 처음 단조로움과 지루함이 순례자들을 괴롭힌다. 일상의 시급한 문제에 대한 오만 가지 생각들이 당신의 발목을 잡는다. 사람들은 와이파이 접속이 가능한 길목 카페를 만날 때마다 바깥세상이 어떻게 돌아가고 있는지 확인하고 싶은 유혹을 느낀다. 하지만 셋째 날 정도가 되면 걷기가 몸과 마음을 자연스러운 리듬으로 조화시키면서 마음이 가라앉기 시작한다. 그 순간 걷기는 한 곡의 긴 음악이 된다. 물론 늘어지지도 서두르지도 않아 편안한 느낌을 주는 안단테 곡이다.

산티아고 순례길은 많은 종교에서 시행하는 의식과 같은 확장된 형태의 도보 명상이다. 불교 지도자인 틱낫한 스님은 "의식적으로 들이마시고 내뱉는 숨과 의식적으로 내딛는 한 걸음이 우리가 이 아름다운 지상에 발을 딛고 살아 있음을 깨닫게 한다."라고 말한 바 있다.[14] "우리에겐 다른 어떤 것도 필요하지 않다. 살아 있음 그 자체만으로도 충분히 좋다. 숨을 들이마시고 걸음을 내디딜 수 있다는 것은 참으로 멋진 일이다." 일본의 신학자 코스케 코야마Kosuke Koyama는 그의 저서 《신은 한 시간에 3마일을 걷는다》Three Mile an Hour God에서 동양 사상과 그의 기독교 신앙을 접목해 보여주고 있다. 책의 제목은 '우리가 걷는 속도가 곧 신의 사랑이 닿는 속도'임을 의미한다.[15]

순례의 초월적 효과는 며칠이 지난 후부터 자각이 밀려들며 나타나기 시작한다. 실제로 내가 했던 경험은 다른 이들이 환각제에서 얻을 수 있는 효과와 거의 비슷하게 들릴 것이다. 예를 들자면, 나는 쾌락의 쳇바퀴 속에서도 기이하게도 편안함을 느낄 수 있게 되었다. 산티아고 순례길은 계속 이어지는 걷기에 의미가 있기에 도착에 큰 의미를 두지는 않는다. 바로 이 부분이 만족감에 대한 수수께끼가 풀리는 부분이다. 현재가 미래를 얻기 위해 참아내는 투쟁에 지나지 않는다면 우리는 절대 만족감을 느낄 수 없다. 그 미래는 또 새로운 현재의 투쟁에 지나지 않으며 영광스러운 최종 상태에는 결코 도달할 수 없을 것이기 때문이다. 발걸음 그 자체에 집중하는 것이 중요하며 그것이 현재의 순간이 모여 만들어지는 진짜 삶이다.

그렇게 함으로써 초점이 더 크고 좋은 것에만 놓여 있었을 때는 놓치던 작은 만족감을 현재의 매 순간 얻게 되는 것이다. 일례로, 어느 날 아침 아내와 나는 아주 특이하게 생긴 꽃을 보았다. 시계꽃이라는 이름을 가진 그 꽃은 원산지는 남아메리카이지만 이제는 스페인 갈리시아 지방에서도 자란다. 완벽한 대칭을 이루고 있는 잎 위에 가느다랗고 뾰족하게 생긴 세 가지 색의 꽃잎이 있고 그 중앙에는 더듬이같이 생긴 특이한 꽃술이 달려 있다. 우리는 10분간 그 꽃에 시선을 고정한 채 바라보았다. 쾌락의 쳇바퀴를 밟는 직장인의 전형적인 아침 풍경으로는 당치 않은 모습일 것이다. 우리는 시계꽃에 비하면 (말 그대로) 아무것도 아닌 보상들을 얻기 위해 이리 뛰고 저리 뛰고 있다.

일반적인 야망으로부터 일시적으로 강제 분리되면 삶을 재조정할 수 있게 된다. 달라이 라마는 내가 '70억 인구 중 한 사람'이라는 사실을 자주 상기시켜줬다. 그렇다고 내가 중요하지 않거나 다른 사람들과 똑같은 존재라는 뜻은 아니다. 그보다는 세속적이고 좁은 시각에서 벗어나 나의 삶과 일과 인간관계와 돈을 더 넓은 시야로 바라봐야 한다는 뜻이다. 일상 속에서는 어려운 일이다. 하지만 산티아고 순례길에서는 수월해진다. 길 위에서 나는 과거에서 미래로 이어지는 수백만 년의 시간 속에서 잠시 존재하는 70억 명의 사람들 중 한 사람으로 나 자신을 떠올려본다. 나의 삶이 얼마나 하찮은지를 생각하기에 앞서 현실을 초월한 궁극의 진실을 제대로 보지 못하도록 주의를 빼앗는 세속적인 작은 일들이 얼마나 하찮은지에 대해 생각해본다. 예컨대, 전체적인 큰틀 속에서 바라보면 스마트폰을 잃어버리거나 내 자동차에 흠집이 나는 일은 얼마나 사소한 일인가.

우리가 내딛는 한 걸음 한 걸음이 현재의 매 순간을 기록해주는 반면, 하루는 평소와는 다른 목적으로 온전히 할애하기에 적당한 기간이다. 즉, 다른 이들의 행복을 비는 기도나 명상에 집중하기에 적당하다. 하루는 해병대에서 복무 중인 내 아들을 위해 하는 개인적인 기도에 집중하고, 또 다른 하루는 기아와 전쟁으로 고통받고 있는 다른 나라 사람들을 위해 하는 국제적인 기도에 집중하는 것이다. 도보 명상은 각 기도 대상에 대해 사랑과 동정심을 불러일으키고 그에 따른 구체적인 실천 의지를 다지며 끝을 맺는다.

마지막으로 감사가 있다. 많은 사람이 걸으면서 삶에서 일어난 좋은 일들을 생각하는 이른바 '감사하며 걷기'에 대해 글을 쓰기도 했다. 감사하며 걷기는 감사하는 마음을 극대화하여 행복한 감정을 느끼는 데 도움이 된다. 나는 코로나19로 이동제한 조치가 내려진 기간 내내 저녁 식사 후 밤마다 동네 주변을 돌며 감사하며 걷기를 실천했다. 이것이 그 기간에 가장 행복했던 기억 중 하나로 남아 있다. 그리고 이것이 의도치 않게 2021년 산티아고 순례길에 오르기 전 나를 준비시키는 과정이 되어주었다. 순례길에 오르자마자 거의 동시에 내 마음속에서 감사의 마음이 끓어 올라오기 시작했다. 가족과 신앙, 친구들, 일에 대해 감사했고, 그에 더해 시원한 물을 마실 수 있는 것과 밤에 신발을 벗고 푹신한 베개에 기댈 수 있는 것에 감사했다.

산티아고 순례길에서 얻은 깨달음을 모두 체화하는 데에는 앞으로 몇 년은 더 걸릴 것 같다. 그 체험을 통해 나는 내 인생에서 일어나는 많은 변화와 혼란을 이해하고 더 보람찬 은둔기를 맞이할 수 있게 되었다. 여기서 자세히 설명하려고 무진 애를 쓰고 있긴 하지만 순례 체험은 기본적으로 말로는 표현하기 어려운 경험이며, 동시에 아주 개인적인 경험이기도 하다. "이 길은 당신의 길이고 당신 혼자만의 것이다."라고 수피(이슬람교 신비주의자) 시인 루미Rumi는 말했다.[16] "다른 이들이 당신 옆에서 같이 걸어줄 수는 있겠지만 아무도 당신을 대신해 걸어줄 수는 없다." 단 하나 내가 분명히 해줄 수 있는 말은 순례 체험 이후 당신은 더 이상 그 이전의 당신일 수 없다는 사실이다. 당신은 바나프라스타를 맞이하는 정신으로 충만해질 것이다. 그리고 두 번째 곡선으로 곧바로 건너가게 될지도 모른다.

두 번째 곡선으로
도약하는 힘

우리의 정체성('나는 이런 종류의 사람이야. 나는 저런 종류의 사람은 아니야')이 고정되어 있으며 변하지 않는다고 생각한다면 삶의 다양한 가능성에 대해 마음의 문을 닫아버리게 된다. 그보다 자신의 생각을 재평가할 수 있는 열린 자세를 가진다면 변화하는 자신을 부정하는 패턴에 갇히지 않을 수 있다. 내가 이 책에서 말하고자 하는 바는 신앙에 관한 한 많은 사람이 나이를 먹어가며 변한다는 점이다. 그 변화가 일어나도록 받아들이고 우리의 내면을 발전시킨다면 두 번째 곡선으로 도약하는 데 분명 도움이 될 것이다.

니고데모의 사례에서처럼 변화하지 못하도록 사람들의 발목을 잡는 방해물은 바로 두려움이다. 평생토록 자신의 생각과 감정을 통제해왔는데 이제 와서 영성에 기대면 나약해 보이지 않을까 하는 두려움이다. 게다가 노력가들이 가장 싫어하는 한 가지가 있다면 바로 '나약함'이다. 그러나 이 장에서 살펴봤듯이 영적으로 더 깊어지기를 원하는 것은 나약함이 아니다. 힘의 새로운 원천이다. 그리고 그 힘은 결정성 지능 곡선으로 도약하는 데 꼭 필요하다.

나약함으로 보이는 신앙에 대한 갈망은 오히려 우리에게 강점으로 작용할 것이다. 하지만 신앙 외에도 우리의 삶 속에는 약점처럼 보이는 강점들이 아주 많이 존재한다. 그리고 그것이 두 번째 곡선으로 도약하기 위해 우리가 배워야 하는 것 중 하나다.

제8장

약점을 강점으로
전환시켜라

인류 역사상 가장 성공한 기업인은 누구일까? 헨리 포드일까? 아니면 스티브 잡스가 떠올랐는가?

내가 보기에 그 탁월함의 근원은 기독교인들에게 후에 '사도 바울'로 알려져 있는 다소_{Tarsus}(사도 바울의 고향으로, 오늘날 터키의 남부 도시 '타르수스'를 지칭한다.—옮긴이)의 사울까지 거슬러 올라간다.(사울은 사도 바울의 회심 전 이름이다.—옮긴이) 설사 기독교인이 아니라 해도 끝까지 들어보길 바란다. 그는 기독교의 첫 개종자로서, 예수의 말씀을 전하는 설교들을 하나의 신학 체계로 집대성해 고대 사회에 확산시킨 인물이다. 바울은 기독교의 창시자로, 기독교가 2,000년 동안 성장해 오늘날 20억 이상의 신자를 보유한 체계적인 종교로 발전하는 데 공헌했다.

오늘날 전 세계 아이폰 사용자가 10억 명에 달한다는 사실은 그렇게 초라한 성과는 아니다. 하지만 4,000년쯤 뒤에 스마트폰이 얼마나 큰 영향력을 행사하고 있을지는 두고 볼 일이다.

그렇다면 사도 바울의 사업적 수완은 무엇이었을까? 서기 55년경 코린트에 처음 문을 여는 교회에 보낸 서신을 통해 어느 정도 짐작해볼 수 있다.

제 몸에는 가시가 있습니다. 그것은 마치 저를 괴롭히기 위해 사탄이 보낸 전령 같았습니다. 저는 주님께 그것을 물리쳐 달라고 세 번이나 간청했지요. 그러나 주님께서는 "나는 그대에게 충분한 은총을 내렸노라. 나의 힘은 연약함 속에서 완벽해지기 때문이다."라고 말씀하셨습니다. 그래서 저는 제가 가지고 있는 약한 부분들을 오히려 자랑스럽게 생각합니다. 그리스도의 힘이 제게 머물 수 있으니 말이지요. 그래서 저는 주님의 뜻에 따라 연약함과 모욕, 고생, 박해, 어려움을 즐깁니다. 저는 약할 때 더 강해지기 때문이지요.[1]

학자들은 바울이 '가시'thorn 라고 말한 것이 정확히 무엇을 의미하는지에 대해 오랫동안 여러 추측을 내놓았다. 일각에서는 그것이 일시적인 시각 장애라고 추측하기도 했다. 바울이 시리아 다마스쿠스로 향하던 중 섬광을 보고 잠시 눈이 멀었기 때문이다. 시력이 상실되는 증세가 가끔 나타났던 것이었을까? 그에 반해 중세의 많은 신학자들은 바울을 괴롭힌 가시가 성흔聖痕이었다는 주장에 의견을 같이 하기도 했다. 성흔은 예수의 고통에 아주 깊은 동일시를 경험한 사람이 손과 발에 못 자국과 비슷한 흉터가 생기는 신비한 현상을 말한다.[2] 바울이 유대인과 로마 제국에게서 끊임없이 박해를 받았던 것을 의미한다는 이론도 있다. 그리고 죄를 저지르는 데 대한 유혹을 의미한 것이라는 추측도 있다.

《신경의학 저널》Journal of Neurology에 나온 더 현대적인 분석도 존재한다. 신경학자 데이비드 랜스보로David Landsborough에 따르면 바울을 괴롭힌 가시는 측두엽 뇌전증이었을 가능성이 높다. 그 가설로 그가 서신에서 언급한 천국 체험과 앞날을 내다보는 것과 같은 황홀경이 나타난 이유도 설명이 가능하다.[3] 다마스쿠스로 가던 도중 바울의 눈을 일시적으로 멀게 한 섬광 또한 측두엽 뇌전증 증상 중 하나다. 랜스보로는 이러한 증상이 평생에 걸쳐 광범위한 경련으로 발전했을 것이라 추측했다. 그리고 그것이 바로 사탄이 보낸 전령과 같은 가시였을 것이라고 주장했다.

서신의 내용을 고려해볼 때, 초기 기독교 교회에서 대부분의 바울 추종자들은 그가 어떤 고통을 겪는지 잘 알고 있었으리라 짐작된다. 기록상으로도 바울은 여러 번 그에 대한 이야기를 공개적으로 드러냈다. 진짜 궁금한 부분은 그가 사람들에게 이 약점을 계속해서 상기시킨 이유다. 그는 추종자들이 동정심이나 죄책감을 느끼기를 바랐을까? 분명 그것은 아닐 테다. 그의 목적은 신도들에게 바울 자신(선지자이자 그리스도의 사도 바울) 역시 약점을 가지고 있고 언젠가는 죽음을 맞이하며 약하다는 사실을 보여주고자 한 것이었다.

하지만 바울은 거기서 멈추지 않는다. 그는 약점이 자기 힘의 원천이라고 말하고 있는 게 아닌가! 그는 의지력과 뛰어난 웅변 능력으로 이제 막 탄생한 새로운 종교로 수천 명을 개종시키고 신학의 기초를 정립한 터였다. 그런데도 그는 자신의 진정한 강점이 자신의 고통이라고 주장하고 있었다. 만약 랜스보로의 말이 사실이라면 그 고통의 정체는 바로 육체적인 건강 악화였던 것이다.

리더들에게는 이것이 마치 《거울 나라의 앨리스》에 나올 법한 교훈처럼 보이기도 한다. 거울 나라에서는 세상이 거꾸로 뒤집혀서 뒤로 가는 게 앞으로 가는 것이니 말이다. 지금 우리의 관점에서 잘 보여야 할 사람들에게 자신의 쇠퇴를 떠벌리는 일은 말이 안 되며 정신 나간 행동으로 보인다. "여러분, 저는 아프고 고통받고 있고 이것이 점점 심해지고 있어요! 우리 종교로 오시겠어요?" 정말 최악의 마케팅이 아닐 수 없다. 게다가 나이듦에 따른 육체의 쇠락은 언제나 우리가 피하고자 하는 일이다. 그래서 사람들이 보톡스와 모발 이식에 그 많은 시간과 돈을 쏟아붓지 않던가.

추측건대, '약함과 손실은 나쁘다'는 사실이 당신이 이 책을 집어 든 가장 큰 이유로 작용했을 테다. 쇠퇴는 손실이고 손실은 나쁜 것이다. 그러므로 개선하거나 그게 어렵다면 감춘다. 그리고 절대로 그것을 발설해선 안 된다!

틀렸다. 바울이 옳았다. 성공을 이어가기 위한 비결은 당신의 약점(자신의 손실과 쇠퇴)이 당신과 다른 이들에게 '선물'이 될 수 있다는 사실을 인식하는 것이다.

약점을 약점이라 정의하는
사람은 누구인가

나에게는 뉴잉글랜드에서 아주 잘나갔던 심리 치료사 친구가 한 명 있다. 마흔다섯의 나이에 그는 자신이 몸담은 분야에서 최고의 자리에 올라 있었다. 하지만 그에게도 문제가 찾아왔다. 그는 평생 1형 당뇨병을 앓았고 당시 시력을 잃어가고 있었던 것이다. 실명은 당뇨병 환자들이 나이가 들어가면서 겪게 되는 드물지 않은 심각한 합병증이었다. 자신의 상황에 대한 그의 첫 반응은 완전한 부인이었다. 그는 운전을 포함해 자신의 삶을 고집스럽게 지속하려 했다. 하지만 이웃집 우편함을 자동차로 들이받는 일이 잦아지자 그는 결국 임박한 실명 상황(외면하고자 했던 잠재적 비극)을 받아들이게 되었다.

그는 가혹한 운명에 신을 원망하며 몇 년 동안 힘겨운 시간을 보냈다. 그러던 중 어느 날 한 여성에게서 전화가 왔다. 그녀는 정신적인 위기 상황을 겪고 있었고 치료가 필요했지만 신원을 밝히기를 꺼렸다. 나중에 알고 보니 그녀는 꽤 유명한 사람이었고 담당 심리 치료사에게조차 익명으로 치료받기를 원했다. 그래서 시각 장애를 가진 심리 치료사가 필요했고 그를 찾아낸 것이다. 친구는 그 여자를 도와주었고 그녀와 비슷하게 익명으로 치료받기를 원하는 유명인들을 상대로 심리 치료사로서의 활동을 계속 이어나갔다.

내 친구는 자존심을 내려놓고 자신의 약점을 방어하려 하지 말았어야 했다. 그럴 때만이 비로소 새로운 방식으로의 번영이 가능해진다. 브레네 브라운Brene Brown은 그녀의 베스트셀러 《마음 가면》에서 진정으로 행복해지고 성공하기를 원한다면 타인들 앞에서 자신의 연약한 부분을 드러낼 수 있어야 한다고 이야기한다. 사람들과 담을 쌓는 태도는 자신에게 상처만 될 뿐이다. 브라운이 말하고자 하는 요지를 다르게 표현하자면, 모두가 알고 있듯이 방어는 바람직하지 못한 자세이며 결코 도움이 되지 않는다는 것이다. 우리는 무장 해제를 목표로 삼아야 한다.

하지만 나는 여기서 한 발 더 나가자고 이야기하고 싶다. 브라운의 말대로 위대한 용기를 내기 위해서는 실제로 위험을 무릅쓰고 실패를 각오하는 자세가 중요하다. 하지만 진정한 고수는 불가피한 실패(성공의 뒤에 필연적으로 따라오는 쇠퇴를 포함해)를 더 깊은 연결을 모색할 수 있는 원천으로 이용한다.

나는 개인적으로 이 사실을 우연한 계기로 깨닫게 되었다. 앞서 나는 정통적인 방식의 대학 교육 과정을 거치지 않았다고 이미 고백한 바 있다. 서른 살이 되어서야 원격 교육으로 학위를 취득했다. 교수가 되어서도 나는 이 사실에 대해 공개적으로 말한 적이 없었다. 동료들은 하나같이 화려한 대학들을 졸업했기 때문에 뭐랄까, 그 사실이 좀 당황스러웠기 때문이다.

10여 년이 지난 후 나는 교수 생활을 뒤로하고 대학을 떠나 워싱턴 D. C. 소재의 한 싱크탱크의 대표가 되었다. 세간의 엄청난 이목을 끄는 자리에 오른 큰 직업적 변화였다. 가끔 정치 및 정책적 논란의 중심에 서게 되는 자리로, 나의 신용도가 우리 연구소 전체의 성공에 영향을 미쳤다. 그래서 나는 전통적인 경로를 밟지 않은 대학 교육을 포함해 내 모든 이력에 대해서도 지나치게 다른 이들의 시선을 의식하고 있었다. 모두가 하버드나 프린스턴 대학을 나온 것 같아 보이는 세상에서 누군가가 내 이력서를 집어 들고 "여러분, 이 초라한 학력을 좀 보세요!"라고 외칠까 봐 두려웠다.

나중에 알게 된 사실이지만 그런 걱정을 할 필요는 없었다. 싱크탱크에서 일하게 되고 몇 년이 지났을 즈음 마이크로소프트의 빌 게이츠와 몇 명의 다른 독지가들이 이른바 '1만 달러 학위'라고 불리는 1만 달러짜리 학사 학위를 만들기 위해 노력을 기울인 적이 있었다. 이 아이디어는 터무니없는 생각이라는 비난을 받으며 많은 고학력자들의 뭇매를 맞았다. 그런 학위는 별로 좋아 보이지 않을 것이기 때문이다. 그렇지 않겠는가? 나는 이러한 엘리트주의적 발상에 격분해서 마침내 〈뉴욕타임스〉에 내 과거를 모조리 고백하고 내 1만 달러짜리 대학 경험에 대해 글을 썼다. 내가 받은 교육이 얼마나 훌륭했는지, 그리고 그것이 내 인생과 커리어를 재건설하는 데 어떤 기회를 주었는지에 대해 적었다.

나는 조롱 섞인 공격을 받을 것을 예상하고 마음의 준비를 단단히 하고 있었다. 내 자리를 위협하는 비난이 빗발칠 수도 있겠다고 생각했다. 그런데 그런 일은 일어나지 않았다. 오히려 자신의 삶을 일구기 위해 전통적이지 않은 방식으로 학교를 졸업한 사람들에게서 수백 건의 메시지와 이메일을 받았다. 그들은 나 같은 사람이 부잣집에서 엘리트로 성장한 이야기가 아니라 전통적인 대학들이 환영하지 않을 법한 이야기를 공유해준 것에 큰 힘을 얻었다고 말해주었다. 나는 그들의 경험에 대해 알게 되었고 그들의 이야기를 쓰기 시작했다. 나는 비전통 교육의 공개적인 지지자가 되었고 그것을 추구하는 인생 사업가들을 위한 대변자가 되었다.

그 경험에서 나는 다음과 같은 사실을 배웠다. 나의 강점이 아니라 약점 덕분에 나는 결코 만나지 못했을 사람들과 연결될 수 있었다. 이 사람들은 주류에서 벗어난 노력가이자 아웃사이더였다. 그리고 그들은 나의 사람이었다! 내가 우여곡절 끝에 나의 이야기를 공유하지 않았다면 그들과 연결되는 일은 일어나지 않았을 것이다.

여기서 기억해야 할 점은 하나다. 누군가와 인간적으로 깊이 연결되기를 원한다면 당신이 가지고 있는 강점과 세속적인 성공들은 별로 도움이 되지 않는다는 사실이다. 그러기 위해서는 약점이 필요하다. 내가 만약 유명한 대학을 나왔더라면 사람들의 인정은 받았을지 몰라도 많은 사람과 공감대를 형성할 수는 없었을 것이다. '엘리트'라는 말에는 그와 같은 특별한 자격을 가지고 있는 사람이 많지 않으며 그 자격을 얻기가 어렵다는 뜻이 담겨 있다. 엘리트 자격은 사람들과 공감대를 형성해주지 않는다. 사람들과의 깊은 연결에 장벽이 될 뿐이다.

이제 다시 사도 바울의 이야기로 돌아가 보자. 현재의 관점에서 보면 바울은 역사 속의 위대한 승자 중 한 사람으로, 절대 쇠퇴를 경험하고 있는 사람처럼 생각되지 않는다. 그런데도 그는 자기 자신을 그렇게 보고 있었다. 삶을 마감할 시기가 다가오자 바울은 옥 중에서 해체되어가고 있는 교회에 서신을 보냈다. 그는 동역자들에게서 버림받은 느낌이었다. "데마는 이 세상을 사랑하여 나를 버리고 데살로니가로 떠났다. 그레스게는 갈라디아로 갔고 디도는 달마디아로 갔다."라고 그는 제자

디모데에게 썼다. "금속공 알렉산더는 내게 큰 피해를 입혔다. 내가 처음 변론할 때 아무도 나와 함께하지 않았고 모두가 나를 버렸다."[4] 그의 유일한 희망은 내세에 있는 것처럼 보였다. "하느님께서는 나를 모든 악의 공격에서 구하셔서 안전하게 천국으로 인도하실 것이다." 깊은 신앙심에도 불구하고 바울은 세속에서 자신이 한 일을 사람들에게 곧 잊힐 실패로 여겼다. 오늘날 우리가 보고 있는 즉, 전 세계 기독교인이 20억 이상에 달하는 현실은 바울도 아마 상상하지 못했을 것이다.

당신의 종교가 무엇이든 여기서 두 가지 분명한 교훈을 얻을 수 있다. 첫 번째는 이미 수 차례 강조했듯이 당신이 어떤 사람이든 평균 수명 이상을 살게 된다면 당신은 유동성 지능의 쇠퇴를 보게 될 것이라는 사실이다. 두 번째는 당신이 한 일이 향후 어떤 영향력을 가지게 될지는 알 수 없다는 것이다. 그건 아무도 모르는 일이다.

그러나 이보다 더 중요한 교훈이 있다. 바로 바울이 자신의 신앙을 지켜나가면서 겪은 고통과 슬픔이 수천 년 동안 사람들의 마음을 사로잡았다는 점이다. 나는 이 장을 시작하며 그가 자신의 약점(몸에 박힌 가시)을 통해 사람들과 공감대를 형성한 점을 강조했다. 하지만 진정한 인간적 경험 중 하나로 후대에 오랫동안 영향을 미치며 기독교인들을 매료시킨 부분은 삶을 마감할 때 그가 남긴 슬픔과 고통의 말들이었다. 그 말에는 평범한 삶 속에서의 고통과 그에 대한 사람들의 반응을 이해하는 믿음이 담겨 있었다.

이는 바울이 살았던 시대에는 일반적인 일이 아니었다. 그와 동시대의 철학자들은 스토아 학파를 존경하고 따랐다. 스토아 학파는 고통을 감정적으로 표현하는 대화를 금기시했다.[5] 스토아 학파의 가르침에 따르면 현명한 사람은 분노와 슬픔이 무분별하고 파괴적이라는 사실을 분별할 만큼 강인하게 단련되어 있어야 했다. 스토아 철학의 시각에서 보자면 고통은 견뎌내야 하는 것이었다. 그러나 이와 반대로 바울은 '아주 큰 고통과 비통함으로 눈물을 쏟으며' 교회에 보내는 서신을 썼다.[6] 바울은 기본적으로 반스토아 학파였던 것이다.

그렇다면 이제 스스로에게 물어보라. 당신은 어떤 유형의 사람이 되기를 원하는가? 겉으로는 태연해 보이지만 남몰래 고통받으며 쇠퇴하는 사람이 되겠는가, 아니면 바울처럼 쇠퇴를 공개적으로 인정은 하지만 믿음을 유지하고 사랑의 힘을 믿으며 계속 타인을 섬기는 사람이 되겠는가?

쇠퇴의 경험은 고통스러운 만큼 다른 이들과 함께 나누어야 한다.

상실과 고통 없이 오는 성장은 없다

많은 부분에서 우리의 본능을 거스르는 듯 보이지만 무장 해제가 삶을 성공으로 이끈다는 증거는 아주 많다. 예컨대, 연구에 따르면 간호사들이 환자들 앞에서 자신의 취약성을 드러낼 때 간호사들도 자신의 일에 더 몰입하게 되고 환자들도 더 용기를 얻고 간호에 협조해 더 좋은 결과가 나온다고 한다.[7] 조직의 리더 역시 그들이 약점을 드러내고 인간적인 모습을 보일 때 더 행복하고 부하 직원들에게도 더 지도력 있는 리더로 인식된다.[8] 반대로 방어적이거나 냉담한 사람은 그 결과 부하 직원들 사이에서 신뢰도가 떨어지고 불행하며 지도력을 효과적으로 발휘하기가 힘들어진다.[9]

취약성은 대수롭지 않은 작은 약점일 수도 있고 아주 고통스러운 개인적인 경험일 수도 있다. 2019년에 코미디언 스티븐 콜버트Stephen Colbert는 CNN 방송에 출연해 앤더슨 쿠퍼Anderson Cooper와 인터뷰를 하게 되었다. 그때 콜버트는 열 살 때 그의 아버지와 두 명의 형제들의 목숨을 앗아간 비행기 추락 사고와 관련된 질문을 받았고 그의 답변은 대중의 엄청난 공감을 이끌어냈다. 쿠퍼는 콜버트가 예전에 "내가 가장 일어나지 않기를 바랐던 일에 감사하는 법을 배우게 되었다."고 말하는 것을 들은 적이 있다며 그 발언의 뜻을 설명해달라고 요청했다. 그러자 콜버트는 "이 세상에 살아 숨 쉬고 있다는 것은 선물과도 같아요. 그리고 삶에는 고통이 따르기 마련이죠. 그런 일이 일어나지 않았다면 좋았겠지만… 삶에 감사한다면… 삶의 모든 것에 감사해야 할 것입니다. 원하는 것만 골라서 감사해서는 안 되겠지요."라고 대답했다.[10]

콜버트는 자신의 취약성을 드러내는 것에 그치지 않고 인생의 비극속에서 힘을 발견했다고 말하고 있다. 정신과 의사인 빅터 프랭클Victor Frankl도 그의 저서 《죽음의 수용소에서》에서 같은 맥락의 메시지를 전하고 있다.[11] 이 책은 나치에 의해 아우슈비츠 강제 수용소에 수감된 그 시대 유태인들의 참혹한 삶을 낱낱이 기록한 책이다. "고통받는 것이 자신의 운명이라는 것을 알았을 때 그는 그 고통을 자신의 과업으로 받아들여야 한다. 고통은 그의 유일하고도 특별한 과업이다. 그리고 그는 고통 속에서조차도 자신이 우주에서 유일무이한 존재이며 혼자라는 사실을 받아들여야 한다. 아무도 그의 고통을 없애주거나 그의 자리에서 고통을 대신 겪어줄 수 없다. 그 부담을 어떻게 견뎌낼지 선택하는 것이 자신에게 주어진 특별한 기회인 것이다." 프랭클은 사람들이 모든 종류의 고통 속에서 삶의 의미와 개인적 성장을 발견할 수 있다고 생각했다.

콜버트와 프랭클의 생각은 우리가 오늘날 고통과 약점을 바라보는 전형적인 시각과 배치된다. 우리는 고통과 약점은 당연히 피해야 하고 공유해서는 안 되는 것이라 여긴다. 그런 것은 다른 이들에게 말하기에는 개인적인 이야기이며 부끄럽고 너무 고통스럽기까지 하다. 더욱이 우리는 사고에서부터 질병, 그리고 개인적 상실에 이르기까지 정신적으로 충격적인 사건을 다른 사람들과 나누면 고통스러운 기억을 들쑤시게 된다고 생각하는 경향이 있다. 그렇지만 일반적으로 그렇지는 않다. 콜버트와 프랭클의 말처럼 핵심은 고통 속에서 의미를 발견하고 그 의미를 공유하는 것이다.

나는 이 놀라운 변화를 본 적이 있고 당신 또한 그런 경험이 있을 거라 생각한다. 나의 절친한 친구 하나는 말기 암 진단을 받고 1년 이상 살기 힘들다는 말을 들었다. 그는 태생적으로 걱정이 많고 항상 작은 일들로 스트레스를 많이 받는 성격이어서 논리적으로는 그가 이 일로 실의에 빠지는 것이 맞았겠지만 실제로는 정반대의 일이 일어났다. 그는 자신이 진정한 삶을 놓치고 있었다는 사실을 깨닫고 얼마 남지 않은 시간 앞에서 더 이상 그러지 않기로 결심했다. 그는 살 날이 얼마가 남아 있든 매일을 마지막 날처럼 여기며 진정으로 좋아하는 일에 집중하고 이 사실을 다른 이들과 공유하기로 맹세했다.

친구는 1년이 지난 뒤 기적처럼 살아남았다. 그다음 해에도 살아남았고, 그렇게 20년을 더 살았다. 의사는 언제고 암이 언젠가 재발할 수 있다고 말했다. 늑대가 항상 문 앞에 도사리고 있는 상태라고 말이다. 역설적이게도 아마 이 말이 그를 예전의 사고방식으로 돌아가지 못하게 막았을 것이다. 그는 수십 년 동안 잠들어 있었던 삶에서 깨어난 데에 기뻐하고 감사했다. 그리고 계속 마지막 몇 개월을 사는 것처럼 살았다. 작년에 그가 세상을 떠났을 때(결국 늑대는 들이닥쳤다) 그는 사랑하는 가족들에게 둘러싸여 있었고 평화로워 보였다. 그가 살아낸 수십 년 동안의 선물 같은 삶은 우리 모두에게 축복이었다.

이는 프로이트 심리학과 뿌리가 얽혀 있는 오래된 지혜와는 상반된 개념이다. 지그문트 프로이트 Sigmund Freud 는 고통과 상실로 생겨난 트라우마는 언제나 해로우며, 잘 알려져 있지 않은 트라우마의 나쁜 영향력까지 뛰어넘을 수 있어야 트라우마에서 벗어날 수 있다고 믿었다.[12] 물론 학대를 겪었거나 외상 후 스트레스 장애를 앓는 사람들을 포함해 해로운 트라우마의 사례는 아주 많다. 하지만 이는 표준이 아니다.[13] 새로운 연구 결과에 따르면 대다수의 사람이 회복탄력성을 가지고 있는 것으로 나타났다. 그리고 그보다 더 중요한 사실은 사람이 상실과 부정적인 사건을 겪으며 성장한다는 점이다.[14]

우리는 부정적인 감정을 느낄 때 일상적인 활동을 더 잘 수행할 수 있다. 2009년 영향력 높은 학술지인 《사이콜로지컬 리뷰》Psychological Reveiw 에서 진화 심리학자 폴 앤드류스 Paul Andrews 와 앤더슨 톰슨 Anderson

Thomson은 슬픔이 인지력을 높여주는 효과가 있기 때문에 인류의 진화 과정에서 계속 남아 있는 것이라는 주장을 했다.[15] 슬픔이 사회적 상황 속에서 현실을 더 잘 판단하게 해준다는 근거도 있다. 왜냐하면 슬플 때는 자신이 잘났다고 우쭐해하거나 부정적인 진실을 감출 가능성이 낮기 때문이다. 슬픔은 집중력을 강화시키고 실수로부터 배우도록 만들어 일의 생산성을 더 높여주기도 한다.[16] 그래서 실패가(다시 말해 실패가 초래한 부정적인 감정을 통해) 후일의 성공으로 이어질 수 있는 것이다.

심리학자들은 인생에서 가장 의미 있는 경험들 중 대다수가 상당히 고통스럽다는 사실을 발견해냈다.[17] 예컨대, 2018년에 실시한 한 실험 연구에서 웨스턴 일리노이 대학의 두 심리학자는 많은 수의 학생에게 학업과 인간관계에서 느끼는 긍정적인 감정과 부정적인 감정을 보고하도록 했다.[18] 학생들은 연구자들에게 아주 의미가 큰 일들을 보고하며 대신 그에 대한 대가가 컸다고 말했다. 연구자들은 '의미를 지니기 위해서는 부정적인 효과와 손실에 대한 우려가 있어야 하는 것'으로 연구 결과를 요약했다.

마지막으로, 부정적인 감정에 노출됨으로써 진짜 위기가 닥쳤을 때 사람은 더 강해질 수 있다. 연구에 따르면 사람들을 분노와 두려움, 불안한 감정을 일으키는 자극에 노출시켜서 이 감정들에 대처하는 법을 배우게 만드는 '스트레스 예방 접종'이 정서적 회복력을 키우는 데 효과적이라고 한다.[19] 조금만 생각해보면 일상적인 삶에서 고통과 약함을 완전히 제거하려고 하면 할수록 오히려 정서적으로 민감해진다는 사실을 쉽게 짐작할 수 있다. 그렇게 되면 힘든 시기가 찾아왔을 때 슬픔이나 두려움을 너무 크게 느껴서 그 감정들에 대응할 도구가 존재하지 않게 된다.

약점 속에 웅크린
위대함을 찾는 법

　　　　　　　　　　　"그는 삶을 마감할 준비가 되어 있다. 다만 도덕적 청렴함이 그를 살아가게 하고 있을 뿐이다."[20] 위대한 작곡가이자 영웅으로서 비운의 삶을 견뎌낸 베토벤의 절친한 친구가 쓴 글이다.

베토벤은 그의 할아버지의 이름에서 따온 이름이다. 그의 할아버지는 1712년에서 1773년까지 살았고 본에서 탁월한 음악가로 알려져 있었다. 그의 손자 또한 어린 시절부터 천재적인 재능을 보였다. 빈에서 활동하는 젊은 음악가로서 베토벤은 당시 세상을 떠난 지 얼마 되지 않은 볼프강 아마데우스 모차르트의 뒤를 이을 음악가로 여겨졌다. 그는 음악 교육자인 안토니오 살리에리Antonio Salieri와 요한 알브레히츠베르거Johann Albrechtsberger뿐만 아니라 세계적으로 유명한 요제프 하이든Joseph Haydn에게도 사사했다.

베토벤이 그 시대 최고의 작곡가이자 최고의 피아니스트 중 하나였음은 분명한 사실이다. 노력을 게을리하지 않는 야심 찬 젊은 음악가로 그는 20대 후반에 벌써 유명해져 있었다.

그러나 수년 동안 그는 귀에서 윙윙거리는 이상한 소리가 나고 귀가 울리는 증세에 시달렸다. 베토벤은 서른 살이던 1801년, 의사에게 편지를 보냈다. "지난 3년 동안 청력이 점점 나빠지고 있습니다. 극장에서는 오케스트라에 아주 가까이 다가가서 들어야지만 연주자들의 소리를 제대로 들을 수가 있어요. 그리고 멀리서는 악기 연주와 성악가들의 고음이 들리지 않습니다." 베토벤은 청력을 되찾을 수 있다는 희망을 버리지 않았다. 하지만 그 희망은 해가 갈수록 사그라들었다. 그의 귀가 회복되지 못한다는 것이 그와 주변 사람들에게 분명한 사실이 되었다. 베토벤은 청력을 완전히 잃어가고 있었다.

이보다 잔인한 운명이 또 있을까? 피아니스트이자 작곡가인 사람은 눈이 멀거나 다리가 없어도 일을 할 수 있다. 하지만 귀가 멀면 어떤가? 아무것도 할 수가 없다. 30년간 그가 쌓아온, 위대한 연주를 탄생시킬 수 있었던 음악가로서의 커리어가 그의 눈앞에서 사라져가고 있었다. 게다가 그의 유동성 지능은 아직 정점에 있었다. 이는 마치 골리앗과 싸우겠다고 용감하게 나선 다윗이 1분 만에 죽임을 당한 것이나 마찬가지의 상황이었다.

베토벤은 분노할 수밖에 없었다. 거의 들을 수 없게 된 후에도 그는 오랫동안 피아노 연주를 하겠다고 고집을 부렸고 결과는 점점 더 나빠졌다. 건반을 너무 세게 두드려서 피아노를 망가뜨리기도 했다. 그의 친구이자 동료 작곡가인 루트비히 슈포어Ludwig Spohr는 다음과 같이 썼다. "포르테 구간에서 소리를 잃은 가련한 음악가는 피아노 줄이 굉음을 낼 정도로 건반을 세게 두드려댔다. 가혹한 운명의 장난에 비통함을 느겼다."[21]

이런 이야기가 낯설게 느껴지지 않을 것이다. 쇠퇴를 겪는 누군가가 자신의 능력이 퇴보하고 있다는 사실을 인정하기 싫어 그것에 대항해 분노하는 광경을 본 적이 있지 않은가? 피아노를 망가뜨리는 것과 비슷한 행동을 하며 주변 사람들의 동정을 사는 모습을 본 적이 있지 않은가?

여기까지만 들으면 베토벤이 슬픈 결말을 맞았다고 생각할 것이다. 하지만 이것이 이야기의 끝은 아니다. 청력이 완전히 상실되자 그는 결국 피아노 연주를 포기했다. 하지만 작곡을 계속 이어나갈 수 있는 기발한 방법을 찾아냈다. 피아노를 연주하면서 연필을 입에 물고 그것을 피아노 사운드보드에 닿게 해 소리의 진동을 느껴 음을 구분하는 방법을 터득한 것이다. 청력이 일부 남아 있었을 때에는 그가 들을 수 있는 음역대를 넘어서는 음은 사용하지 않으려 했던 것으로 보인다. 네덜란드의 과학자들이 2011년 《브리티시 메디컬 저널》British Medical Journal에 발표한 보고서에 따르면 베토벤이 20대 시절 작곡한 현악 4중주 작품들은 1,568헤르츠 이상의 고음이 80퍼센트를 차지하고 있었던 반면 40대에 작곡한 작품들에서는 고음의 비중이 20퍼센트 이하로 떨어져 있다고 한다.[22]

베토벤은 말년에(그는 56세에 세상을 떠났다) 청력을 완전히 상실해 작곡이 불가능해졌다. 사람들은 그것으로 그의 작곡 인생이 끝났을 것이라 생각했지만 섣부른 생각이었다. 그 기간 동안 베토벤은 자신만의 스타일을 구축하는 음악을 작곡해내어 클래식 음악을 영원히 바꾸어놓고 모든 시대를 통틀어 가장 위대한 작곡가 중 한 사람으로 이름과 유산을 남겼다.

완전히 귀가 먼 상태에서 베토벤은 그의 작품 중 (앞선 10년 동안의 작품들보다 고음을 더 많이 사용한) 최고의 현악 사중주 곡인 〈장엄 미사 D 장조〉와 그의 최고 걸작이라 할 수 있는 〈교향곡 제9번 합창〉을 작곡했다. 그는 빈에서 열리는 〈교향곡 제9번 합창〉 첫 공연의 지휘자로 무대에 서겠다는 의지를 굽히지 않았다(비록 관현악단은 실질적으로 베토벤 뒤에 서 있는 제2지휘자의 지휘에 따라 연주를 하겠지만 말이다). 연주가 끝난 직후 베토벤은 자신이 기립 박수를 받고 있는지 모르고 있었고, 단원 중 한 사람이 베토벤의 몸을 뒤로 돌려 역사상 최고의 곡이 될 그의 작품에 관객들이 환호하고 있는 모습을 보여주어야만 했다. 베토벤이 귀가 들리지 않는다는 사실을 아는 관객들은 그가 환호를 느낄 수 있도록 무대를 향해 모자와 스카프를 던졌다.

사실, 베토벤이 음악을 들을 수 있는 능력이 점점 퇴보하는 상황에서 더 독창적이고 뛰어난 음악가로 거듭났다는 이야기는 상식과 어긋나게 들린다. 하지만 그렇게 놀라운 일인 것만은 아니다. 청력이 쇠퇴함에 따라 그는 그 시대에 유행하는 작곡 스타일의 영향은 덜 받고 스스로 머릿속에서 창조해내는 음악의 영향은 더 많이 받았을 것이다. 그의 초기 작품들은 듣고 있으면 스승이었던 하이든의 음악이 떠오른다. 반면 후기 작품들을 너무나도 독창적이어서 베토벤은 지금까지도 낭만주의 시대를 연 음악의 아버지로 불린다. 프랑스 낭만주의 음악의 대가 엑토르 베를리오즈Hector Berlioz 는 "베토벤은 음악의 새로운 시대를 열었으며 인

간의 경지를 뛰어넘었다."라며 소리를 잃은 작곡가에 대한 존경심을 표하기도 했다.[23]

청각 장애가 베토벤에게 안겨준 예술적 자유에 그가 아주 감사했으리라 생각하는 것은 순진한 생각이다. 나는 베토벤이 청력 상실을 슬퍼하며 죽어가는 모습이 상상이 간다. 그가 사랑한 뛰어난 피아니스트로서의 커리어를 포기할 수밖에 없었기 때문이다. 베토벤의 급진적인 작곡 스타일이 사후 수백 년 동안 그가 진정 위대한 음악가로 인정받는 데 얼마나 중요한 역할을 할지 그는 알지 못했다. 그래도 어쩌면 조금은 짐작했을지도 모르겠다. 〈교향곡 제9번 합창〉이 프리드리히 실러Friedrich Schiller의 시 〈환희의 송가〉Ode to Joy의 일부 소절을 합창곡으로 삽입하며 환희에 차서 끝을 맺는다는 데에는 특별한 의미가 있다.

환희여! 신의 아름다운 광채여

우리는 광휘에 취해서

빛이 가득한 신전으로 들어간다.

강한 척을 버릴 때
올라설 힘을 얻을 수 있다

약점을 부정적인 시각으로만 바라보는 것은 실수다. 인간이라면 누구나 약한 부분이 생길 수 있고 그 약점 때문에 불편하기도 하고 손실이 발생하기도 한다. 하지만 그것은 곧 기회이

기도 하다. 다른 사람들과 더 깊이 연결되고, 고통 속에서 신성함을 발견하고, 성장과 성공의 새로운 영역을 개척할 수 있는 기회 말이다. 약점을 감추려 하지도 말고 그것에 저항하지도 마라.

그렇게 할 때 노력가들이 누릴 수 있는 또 하나의 혜택이 있다. 아마 이것이 가장 중요한 혜택일 텐데, 바로 '드디어 조금 쉴 수 있게 되는 것'이다. 자신의 약점에 대해 솔직하고 겸손해질 때 우리에게는 더 느긋한 자신감이 생긴다. 다른 이들과 공감대를 형성하기 위해 자신의 약점을 활용할 때 당신의 삶에서는 사랑이 더 성장할 것이다. 그리고 마지막으로, 마침내 당신은 사람들에게 덜 노출되는 것을 걱정하지 않고 쉴 수 있게 된다. 다른 사람들이 어떻게 생각할지에 대해 신경 쓰지 않고 자신의 약점을 말하는 것은 일종의 초능력이다.

물론 내가 여기서 추천하는 행동이 일부 독자들에게는 하기 어려운 일일지 모른다. 평생 그와 반대로 행동하도록 배웠기 때문이다. '사람들에게 당신의 강점을 알려라!' 약점을 알리는 일은 당신의 특별하고도 대상화된 자아를 전복시키는 행위로, 무척 하기 어려운 일임이 분명하다. 내면의 투쟁 없이는 스스로 낮아질 수 없다!

자신의 약점을 수용하고 공유하기가 쉽지 않다면, 더 이상 강한 척하지 않음으로써 마음의 평화를 찾는 일부터 시작해보라. 다른 사람들이 당신을 순수하게 무방비 상태의 한 인간으로서 좋아하는 모습을 시각화해보라. 그들이 당신 곁에서 편안함을 느끼고 당신에게 속마음을 털어놓는 모습을 떠올려보라. 사람들이 당신같이 많은 성취를 이룬 사람이 "저도 한때는 이걸 지금보다 훨씬 더 잘했어요."라고 아무렇지도 않게 말하는 것을 보며 고양된 기분을 느끼는 모습을 떠올려보라. 사람들이 당신 덕분에 더 행복해지고 두려움을 덜 느끼게 되는 모습을 그려보라. 아무것도 감추지 말고 결과에 신경 쓰지도 말고 진짜 자신으로 살아가는 것에서 오는 몸과 마음의 편안함을 느껴보라. 겸허함 속에서 편안함을 느끼는 자신의 모습을 그려보라. 진정한 자신의 모습을 찾은 당신은 이제 두 번째 곡선으로 도약할 준비가 되었다.

하지만 여전히 당신 스스로 도약을 하려고 노력해야 한다. 그리고 사람들이 항상 내게 상기시켜주듯 두 번째 곡선으로의 도약은 결정적으로 익숙하고 편안한 것을 내려놓고 인생의 새로운 행로로 들어서는 것을 의미한다. 이는 삶에서 아주 큰 전환이며 모두가 아는 바처럼 전환을 이루기란 쉽지 않다. 따라서 다음으로 관심을 가져야 할 부분은 '멋진 도약을 이루어내는 것'이다.

제9장

물이 빠질 때
낚싯대를 던져라

어린 시절 나는 낚시에 빠져 있었다. 안타깝게도 우리 가족 중에는 낚시를 하는 사람이 아무도 없었다. 그래서 나는 그냥 혼자 낚시를 시작했다. 신문 배달을 해서 번 돈으로 낚싯대와 릴, 낚시용품, 낚시 관련 서적들을 구입했다. 나는 시애틀에서 자랐기에 퓨젯사운드 만에서 자주 낚시를 했다. 여름에는 바위가 많은 오리건 해안 링컨 시티의 바닷가에서 낚시를 즐겼다.

바다 낚시는 호수 낚시와 많이 다르다. 바다에서는 그냥 낚싯대만 드리우고 앉아서 물고기가 잡히기만을 기대하지 않는다. 나는 열한 살 때 처음으로 바다 낚시를 해보고 그것을 알게 되었다. 몇 시간 동안 낚싯줄을 드리우고 서 있었지만 단 한 번도 입질이 없었다. 얼마간의 시간이 흐르고, 얼굴에 주름이 가득한 그 지역의 한 낚시꾼이 나타나 내게 잘 되고 있는지 물었다.

"형편없어요." 나는 대답했다. "잡힐 기미가 보이질 않네요."

그러자 늙은 낚시꾼은 "그건 네가 잘못하고 있으니까 그렇지."라고 말했다. "썰물을 기다려야 한단다. 바닷물이 빨리 빠져나갈 때를 포착해야 하는 거지."

물이 빠져나가면 물고기도 함께 빠져나갈 거라는 상식과는 반대로 들리지만 그의 설명에 따르면 그때가 플랑크톤과 미끼들이 모두 흥분하고 물고기들도 평정심을 잃고 보이는 거라면 뭐든 물려고 달려드는 때라고 했다.[1]

우리는 바닷물이 빠질 때까지 함께 지켜보며 45분 정도를 기다렸다. 바로 그때 늙은 낚시꾼이 말했다. "자, 이제 낚아보자꾸나!" 우리는 낚싯줄을 던졌고 아니나 다를까 눈 깜짝할 사이에 물고기를 낚아 올리기 시작했다. 물고기는 약 30분 동안 연달아 계속 잡혔다. 낚시가 이렇게 재미있을 수가!

한바탕 낚시를 즐긴 후 우리는 바위에 기대어 한숨을 돌리며 잠시 쉬었다. 늙은 낚시꾼은 담배 한 개비에 불을 붙이고 내게 더 철학적인 이야기를 들려주었다.

"얘야, 썰물 때 하기 쉬운 실수가 한 가지 있단다."

"그게 뭔데요?" 나는 물었다.

"그건 바로 낚싯대를 던지지 않는 거지."

이 책을 집필하면서 나는 그날의 일을 여러 번 떠올렸다. 우리의 인생에도 썰물의 시기가 존재한다. 바로 유동성 지능에서 결정성 지능으로 옮겨가는 시기다. 이 시기는 아주 생산적이며 새롭게 태어날 수 있는 때로, 하나의 곡선에서 다른 곡선으로 도약하는 시기이자 자신의 성공 중독을 마주해야 하는 시기다. 소유물을 향한 욕망과 집착을 버리고 인생에서 핵심적인 부분 이외의 것들은 깎아내야 하는 시점이다. 자신의 죽음에 대해 생각해보고 망가진 인간관계를 재건하고 영적 성장을 위해 은둔기에 들어가야 하는 때인 것이다.

그러나 또한 애석하게도 인생의 썰물은 아주 무섭고 힘든 시기이기도 하다. 일종의 중년의 위기처럼 느껴지기도 한다. 당신이 이룬 모든 것들이 쓸려나가는 것처럼 느껴질 수도 있다. 이럴 때는 그것을 기회로 바라보기보다 비극으로 바라보게 되기가 쉽다.

이번 장에서는 인생의 전환기를 잘 맞이하기 위해 어떻게 썰물의 시기에 자신감을 가지고 힘껏 낚싯대를 던질지 배우게 될 것이다. 사실 당신의 가장 큰 인생의 전환기가 위기나 상실의 시기여야 할 필요는 없다. 오히려 지금까지는 몰랐던 기회들로 가득한 흥미진진한 모험이 될 수도 있다.

고통스러운 전환기가
우리에게 주는 선물

중년의 전환은 누구에게나 힘들고 두렵다. 단테는 14세기에 그의 작품 《신곡》에서 우리가 겪는 두려움을 다음과 같이 잘 표현한 바 있다.

> 우리 인생길의 한중간에서
> 나는 어두운 숲속에 있었으니
> 올바른 길을 잃어버렸기 때문이다.[2]

심리학자들은 불편한 인생의 전환기를 '경계'liminality라는 특별한 용어를 사용해 정의한다.[3] 이는 직업상의 역할과 역할 사이, 소속된 조직과 조직 사이, 직업과 직업 사이, 인간관계의 단계 사이에 놓여 있는 시기를 의미한다.

작가 브루스 파일러Bruce Feiler는 2020년 《삶은 변화하고 있다》Life is in the Transitions라는 유명 저서에서 '경계'에 대해 썼다.[4] 그는 암 진단을 받고 심신을 쇠약하게 만드는 항암 치료를 받으며 어린 자녀들을 남겨두고 40대에 죽을 수도 있겠다는 위협을 느낀 이후로 이 주제에 관심을 가지게 되었다고 말했다.[5] 그는 그때가 '삶 전체가 뒤흔들리는' 시기였다고 하면서, 거의 모든 것에 대한 관점이 바뀌었지만 궁극적으로 삶과 일에 대한 이해가 깊어지고 더욱 감사하게 되었다고 이야기한다. 그는 그의 책에서 수백 명의 사람들을 만나 그들의 전환점에 대해 인터뷰하면서 평균적으로 18개월에 한 번씩 인생에서 커다란 변화가 일어난다는 사실을 발견했다. 그리고 (자발적 혹은 비자발적인 직업의 변화를 포함해) 파일러가 겪은 것과 같은 삶 전체가 흔들리는 변화는 정기적으로 일어난다. 대부분은 비자발적인 변화이며 따라서 당시에는 반갑지 않지만 사실 변화만큼 예측 가능한 것도 없다.

대부분의 전통적인 지혜에서도 예로부터 이 사실을 강조했다. 스토아 학파 철학자인 마르쿠스 아우렐리우스는 《명상록》에서 "우주는 끊임없는 변화이며 인생은 견해다."라고 말했다.[6] 석가모니는 모든 것의 무상함(산스크리트어로 아니티야anitya)에 대해 매우 자주 설교했다. "이 세상의 모든 것은 본질적으로 영원할 수 없다. 생겨나면 사라지기 마련이다." 그는 우주의 가장 핵심적인 성질이 우리가 가장 불편해하는 '변화'라는 점을 최대의 역설이라고 본 것이다. 그래서 불교에서는 마음의 평화를 얻기 위해서는 삶과 존재가 무상하다는 사실을 받아들여야 한다고 가르친다.

무상함을 깨닫기 위한 명상법에는 여러 가지가 있다. 그리고 대부분의 명상법들은 비슷한 형식을 취하는데, 매 순간 자기 주변에서 일어나고 있는 변화를 조용히 알아차리고 받아들이는 것이다. 예컨대, 마음속에 여러 가지 생각들이 떠다닐 때 아무런 분별없이 생각과 지각에 일어나고 있는 끊임없는 변화를 알아차리려고 노력하는 것이다. 자신이 들이마시고 내뱉는 숨 혹은 맥박을 느껴보고 그 변화를 시각화해보라. 이를테면 몸속 세포가 분열하고 사멸하는 모습이나 머리카락과 손톱이 자라는 모습 등을 떠올려보는 것이다. 눈에 보이지는 않지만 분명 일어나고 있는 이 세상의 변화들을 한번 생각해보라. 사람들이 이루는 성취들, 생명이 태어나고 죽는 것, 지구가 태양의 주변을 돌고 있는 것, 달이 지구의 주변을 돌고 있는 것. 이처럼 무상함은 그저 자연의 상태 그 자체다.

이상하게 들릴 수도 있겠지만, 우리의 삶을 바꾼 코로나 팬데믹과 같은 천천히 이루어지는 집단적 전환도 10년에 한 번 정기적으로 일어나는 정상적인 변화라 할 수 있다. 나와 나이가 비슷한 사람이라면 전 세계의 정치 지형을 완전히 바꾼 구 소련의 붕괴를 기억하고 있을 것이다. 10년 후에는 우리가 세계를 바라보는 시각을 크게 바꾼 9·11 테러가 발생했다. 그리고 몇 년 후 경제 및 금융 시스템을 변화시킨 금융 위기와 극심한 경기 불황이 찾아왔다. 그리고 10년 후에 코로나 팬데믹이 발생한 것이다. 앞으로 다가올 10년 뒤에도 반갑지 않은 엄청난 사건이 일어날 게 거의 분명하다. 그것이 무엇인지 아직 우리가 모르고 있을 뿐이다. 그리고 장담하건대, 그 사건은 분명 우리를 아주 놀라게 할 것이다. 우리는 그때도 팬데믹과 금융 위기 정도를 생각하고 있을 테니 말이다.

이런 사건들이 해결이 어려운 것처럼 캐인의 삶에서 일어나는 과도기적 전환 역시 우리를 힘들게 한다. 중년으로서 삶의 단계들 사이에 존재하는 경계는 특히 불편하다. 우리는 더 이상 우리 자신에 대해 그렇게 잘 알지는 못하기 때문이다. 한 경영학자는 이렇게 말했다. "이 기간을 성공적으로 건너가지 못하는 직원들은 계속되는 정체성 불안을 경험하게 된다. 그들은 상실감에 따른 결과로 인지적·정서적으로 소진된다. 과거의 자신을 내려놓고 새로운 일을 하는 변화한 자신을 수용하지 못함으로써 정체를 겪는 것이다."[7]

직업적 전환기를 맞이한 한 대학 교수는 경계를 다음과 같이 묘사했다.

나는 거의 3년째 어딘가에 존재하거나 존재하지 않는 것에 관한 이야기를 하며 살아오고 있다. (…) 그 삶의 여정은 항상 내가 부족하다는 생각을 하게 만든다. (…) 나는 두 공간 사이의 거리를 좁혀 간극을 메우려고 노력하며 계속 그 자리에 서 있으려고 한다. (…) 중심을 잃었지만 중심을 되찾기 위해 노력하면서 그 자리에 그대로 서 있는다. 한쪽 발은 이쪽 배를 디디고 또 다른 쪽 발은 저쪽 배를 디디고 서서 균형을 잡으려 애쓰는 것이다.[8]

아마 많은 독자들에게도 이 상황이 익숙하게 들리리라. 내게도 그렇다. 싱크탱크의 대표로서 학자들로 구성된 연구팀을 이끌며 정책 논쟁이 벌어지는 소용돌이 속에서 10년을 일한 후, 2019년 여름 나는 자발적으로 대표 자리에서 물러났다. 이 업계에서는 거의 전례 없는 행보였다. 내가 사랑했던 지인들과 정치와 정책 결정의 현장에 서 있다는 흥분을 주는 일을 나는 스스로 떠났다. 그 이유는 무엇이었을까? 나는 이 책을 집필하기 위해 자료 조사를 하고 있었고 내가 먼저 이 책에서 말하고자 하는 바를 따르기로 했기 때문이다. 나 스스로 그렇게 행동하지 않으면서 어떻게 독자들에게 조언을 할 수 있겠는가?

이는 모두 나의 자유 의지에 따른 결정이었지만 그 결과는 그다지 편치 못했다. 코로나 팬데믹으로 혼란스러운 시기이긴 했지만 나와 아내는 2년 동안 갈피를 잡지 못하고 외로운 시간을 보냈다. 어떤 때는 아침에 일어나 마음속으로 출근할 생각을 했다가는 이내 싱크탱크의 일을 그만두었으며 이곳은 메릴랜드가 아니라 매사추세츠라는 사실을 떠올릴 때도 있었다. 그리고 이상하게도 마치 내가 다른 사람이 되려고 노력하고 있는 것처럼 내 서명까지도 달라진 것만 같은 느낌이 들었다.

모든 전환기가 힘들 듯 경계는 불편한 것이다. 하지만 좋은 소식도 있다. 돌아보면 달갑지 않았던 전환기가 실제로 느꼈던 것과는 다르게 보인다는 사실이다. 실제로 파일러는 90퍼센트의 사람들이 종국에는 그들의 전환기가 성공적이었다고 보고한다는 사실을 발견했다. 영구적인 피해 없이 그 시기를 무사히 잘 견뎌냈다면 말이다.

더 좋은 소식은 우리가 설사 당시에는 좋지 않았던 일이라 해도 과거에 일어난 중요한 사건들을 시간이 지날수록 긍정적으로 바라보려 하는 경향이 있다는 점이다.[9] 이는 기분 나쁜 감정이 기분 좋은 감정보다 더 빨리 잊히는 '정서적 퇴색 편향'fading affect bias 때문이기도 하다(인지적 오류처럼 들릴 수도 있지만 이는 인지적 오류가 아니). 거의 모든 전환기는 설사 아주 힘들게 지나간다 해도 긍정적인 성과를 품고 있다. 그래서 우리는 보통 장기적인 시각으로는 전환기를 소중하며 꼭 필요한 시간으로 여긴다. 예컨대, 나의 아들 중 한 명은 지금 군 복무 중이다. 신병훈련소는 인정사정없이 혹독했다. 훈련이 끝나고 난 다음 날, 아들은 내게 다시는 그런 일을 자원해서 하지 않겠다고 말했다. 그러나 이제 아들은 '미 해병대'라는 타이틀을 안겨준 그 경험에 대해 즐겁게 웃으며 자부심에 차서 이야기한다.

사실 이 힘들고 고통스러운 전환기야말로 우리 삶의 목적을 가장 잘 이해하게 해준다. 사람들이 삶에서 어떻게 의미를 찾아내는지 알아내기 위해 실시한 연구에 따르면, 우리에게는 일시적으로 불행을 느끼게 만드는 고통과 시련의 시기가 꼭 필요하다.[10] 2013년 무작위로 선발한 미국의 397명의 성인을 표본으로 진행한 설문조사에 의하면 "걱정과 스트레스, 불안은 더 의미는 있지만 행복도는 낮은 일과 관련되어 있는 것"으로 나타났다. 심리학자 로이 바우마이스터Roy Baumeister는 그의 저서 《인생의 의미》에서 인생에서 의미를 발견하게 되면 삶이 더 안정된다고 강조한다. 역설적이게도 인생의 전환기 동안 고통을 겪으며 삶의 의미를 발견하게 되면 그다음에 일어나는 전환이 안정감 있게 이루어진다.[11] 이것이 나이듦과 그에 따른 여러 가지 변화가 주는 아주 큰 위로 중 하나라 할 수 있겠다.

그에 더해 고통을 견디는 기간은 말이나 글로 감정을 표현하는 능력을 자극하기도 한다(썰물 이야기를 기억하는가? 물이 빠질 때가 물고기들이 달려들어 낚싯대를 무는 때다). 천재적인 창조성과 정신적 고통 사이에 높은 상관관계가 존재한다는 견해는 학술 문헌에도 나와 있다. 프로이트는 이를 '창조적인 예술가들의 비애'라고 불렀다.[12] 그렇다고 삶에서의 작은 예술적 창조를 위해 꼭 고흐가 될 필요는 없다. 나의 경험상으로도 그렇다. 새로운 생각을 품고 표현하면서 위안을 느끼는 것은 안정감과 반비례해서 나타난다. 나의 경우는 이 책이 내 전환기의 성과물이라 할 수 있겠다.

랄프 왈도 에머슨은 "사람은 휴식이 아니라 갈등을 위해 만들어졌다."라고 말했다.[13] "인간의 힘은 행동에서 발휘된다. 인간의 위대함은 목표 지점이 아닌 전환기에 있다." 나는 이 말이 전적으로 옳다고 믿지만 그 사실을 종종 잊어버리곤 한다. 그래서 아침에 일어나 가장 먼저 떠오르는 생각이 예전에 워싱턴에서 하던 일과 친구들일 때가 많다. 하지만 나는 다시 눈을 비비고 일어나서 새로운 날의 썰물을 기다리며 낚싯줄을 던진다.

중년이 반드시
위기여야만 할까?

중년에 찾아오는 커다란 변화에 대해 이야기할 때면 우리는 그것들을 '위기'로 간주할 때가 많다. 특히 1970년대 이후 작가 게일 쉬이Gail Sheehy의 초 베스트셀러인《통로: 중년의 예측 가능한 위기》Passages: Predictable Crises of Adult Life가 500만 권 넘게 팔려나가며 전 세대 독자들의 상상력을 사로잡은 이후로 더욱 그런 경향이 강해졌다.

그러나 실제로 '중년의 위기'는 거의 근거 없는 믿음에 가깝다. 쉬이는 자신의 저서에 115명의 남녀 성인들과의 인터뷰를 인용하며 인간은 자신의 계획과 목표의 유효성에 의문을 제기하는 시기인 40세 정도가 되면 자연스럽게 중년의 위기를 맞이하게 된다고 주장했다. 쉬이가 무심코 지적하고 있었던 부분은 다름 아닌 유동성 지능이 쇠퇴하기 시작하면서 사람들이 느끼는 불안이었다. 그러나 그녀는 사람들이 단순히 나이가 들어가는 것에 대해 불안해한다고 생각했다(40세가 당신에게 많은 나이로 들리지 않는다면 그 당시에는 평균 기대 수명이 약 70세였고 자식도 아주 일찍 낳아서 40세 정도면 자식들이 부모 곁을 떠나기 시작할 시기였다는 점을 기억하자).

쉬이의 책에 등장한 사례들 중 가장 유명한 것은 제너럴 모터스의 최연소 임원이었던 존 드로리안John DeLorean의 이야기였다. 1969년 그는 은퇴한 제너럴 모터스의 전 회장을 찾아갔다가 커다란 깨우침을 얻게 된다.[14] 자동차 업계의 은퇴한 제왕으로서 만족스러운 삶을 살고 있는 전 회장의 모습을 기대하고 간 드로리안은 외롭고 슬픈 껍데기만 남아 있는 한 노인을 보게 되었다. 그는 삶에 목적도 없고 세상사에 무관심해 보였다. 그저 자신이 회사를 경영하던 당시의 추억담을 늘어놓고 싶어 했을 뿐이었다. 드로리안은 그 노인에게서 자신의 미래를 보고 아주 큰 충격을 받았다. 그 뒤 그는 자문해보았다. "넌 왜 이 모든 일들을 하고 있는 거니? 너는 그냥 기계들 중 하나일 뿐이야. 열심히 일만 하다 어느 날 닳아서 퇴물이 되면 회사는 널 버리겠지. 그게 도대체 말이 된다고 생각하니?"[15] 드로리안은 이에 대한 자구책으로 15년간 함께 살아온 아내와 이혼하고 나이 스무 살의 애인과 재혼했다. 그리고 3년 후 그녀와도 이혼하고 더 어린 여자와 다시 재혼했다. 그에 더해 체중을 18킬로그램 감량하고 머리를 염색하고 성형수술을 하고 핵전쟁을 다룬 소설을 쓰기 시작하는가 하면 '종교적 회심'에 대해 공개 발언하기도 했다.

이 모든 일들에도 불구하고 드로리안은 쉬이의 책에서는 꽤 바람직한 사례처럼 등장했지만 이 이야기는 후에 안타까운 결말을 맞는다. 드로리안은 자신의 이름을 딴 자동차 회사를 설립하지만(드로리안 모터 컴퍼니로, 오늘날에는 영화 〈백투더퓨처〉Back to the Future에 등장했던 자동차를 만든 회사로 기억되고 있다) 자동차의 성능은 형편없었고 아주 느렸다. 그 결과 드로리안은 즉시 파산 위기에 내몰렸다. 기업 파산을 막을 자금을 마련하기 위한 최후의 수단으로 그는 마약 거래 사업에 손을 대기 시작했다. 1981년 당시 57세였던 그는 59파운드의 코카인 거래를 시도하다가 연방 경찰에게 적발되어 붙잡혔다. 돈 한 푼 없이 굴욕까지 당한 그는 전 국민의 조롱거리가 되었다. 그 사건 이후 어린 아내도 그를 떠났다. 자, 당신은 아직도 당신이 중년의 전환기를 잘못 보내고 있다고 생각하는가?

이 모든 사례들은 중년의 변화가 부정적이며 신체적인 쇠퇴로 말미암아 불가피하게 일어나는 변화라는 전통적인 믿음을 뒷받침해준다. 1971년 〈뉴욕 타임스〉에서 보고한 바에 따르면, 중년의 위기를 겪고 있는 남성은 '자신의 몸에서 어떤 변화가 일어나고 있다는 것조차 알아채지 못한다. 또한 신체적인 변화가 감정에도 영향을 미치고 있다는 사실을 모른다'고 한다.[16] 그러나 쉬이는 남성뿐만 아니라 여성 또한 중년의 위기를 경험한다고 언급했다. 그녀는 중년에 접어들었을 때 스스로 이렇게 썼다. "마치 내 마음속으로 누군가가 침입해 들어와 나를 마구 뒤흔들며 이렇게 외치는 것 같았다. '정신 차려! 네 인생의 절반이 이미 날아갔다구.'" 그녀는 이것이 폐경의 초기 신호일 수도 있다고 지적했다. 그녀의 이 같은 분석으로 일각에서는 심지어 남성에게조차도 중년의 위기가 생물학적 현상인지에 대해 의문을 품기도 했다.

이후 이루어진 연구에서는 인생의 전환기는 실제로 존재하고 필연적이지만 그것이 반드시 위기로 이어지지는 않는다고 결론내렸다. '중년의 위기'라는 용어는 1960년대 초반에 정신과 의사 엘리엇 자크Elliott Jaques가 처음으로 사용하기 시작했다.[17] 역설적이게도 그는 자신의 이론을 그렇게 마음에 들어 하지 않았다고 한다. 자크가 세상을 떠난 후 한 매체가 그의 아내와 한 인터뷰에 따르면, 중년의 위기는 '그가 초기에 한 연구 중 아주 작은 일부분에 지나지 않았고, 자크가 '20~30년이 지난 후에는 이야기하고 싶어 하지 않았던 주제'였다.[18] 이것으로 보아 그는 중년의 위기가 누구에게나 찾아온다는 데 확신을 갖지 못했던 것이 분명하다.

또 이후의 연구들이 그의 회의론을 뒷받침했다. 1995년에 위스콘신 대학의 교수들은 〈미국의 중년: 건강과 행복에 관한 종단적 연구〉Midlife in the United States: A National Longitudinal Study of Health and Well-Being라는 논문을 발표했다. 그들이 내린 결론은 무엇이었을까? 이 프로젝트를 총괄 지휘한 연구자 중 한 명인 심리학자 마지 라흐만Margie Lachman의 말에 따르면 '대부분의 사람은 위기를 겪지 않는다'였다. 즉, 사람들은 직장을 옮기거나 직업을 바꾸기도 하지만 대부분은 정서적으로 크게 부정적인 사건을 일으키지 않는다.

요약해보자면, 중년이라고 해서 일시적으로 겪는 정신적 고통 때문에 모두가 존 드로리안처럼 살게 되지는 않는다. 그러나 한 가지 확실한 것은 사람들은 중년이 되면 당연하다는 듯 큰 '전환'을 경험하는 경향이 있다는 사실이다. 우리는 유동성 지능의 쇠퇴를 느끼고 변화가 필요하다고 생각한다. 유동성 지능 곡선 뒤에 결정성 지능 곡선이 있다는 사실을 알고 다시 자기 자리를 잡으려 할 때 비로소 그 경계 공간으로 들어갈 수 있게 된다.

불편하고 무섭겠지만 그렇다고 하늘이 무너지지는 않는다. 삶에서 일어나는 큰 변화가 배우자를 버리거나 빨간색 스포츠카를 사는 것을 의미하지는 않는다. 오히려 그와는 반대로 직업적 리셋을 통해 가족 및 친구들과의 관계가 더 친밀해지고 다른 이들에게 영감을 줄 수도 있다.

역사 속에도 그와 관련된 유명한 사례가 있다. 기원전 458년, 루키우스 퀸크티우스 킨키나투스Lucius Quinctius Cincinnatus는 로마가 포위당했을 당시 독재관이었다. 그는 로마를 승리로 이끌고 도시가 안정을 되찾을 때까지 권좌에 머물렀다. 그리고 어느 날 갑자기 사임했다. 그는 은퇴 후 작은 농장에서 가족들과 함께 일하며 검소하게 살았다. 만약 그가 로마를 승리로 이끈 후에도 독재관으로 계속 남아 있었다면 아마 오늘날 역사서에 '몇 년간 독재관으로 로마를 통치했으나 점차 지도력과 인기가 떨어졌고 가능한 오래 집권하려다가 암살당한 인물'로 기록되었을 것이다. 그리고 우리는 그의 이름을 따서 오하이오주의 도시 이름을 지으려 하지도 않았을 것이다(미국 오하이오주 남쪽에 위치한 도시 신시내티Cincinnati는 '킨키나투스'에서 유래한 이름이다.—옮긴이). 그가 위대하게 기억되고 있는 것은 그가 자리에서 물러나기를 두려워하지 않았기 때문이다.

유명인은 아니지만 개인적으로 내게 영감을 불어넣어준 사례도 있다. 돌아가신 나의 아버지는 언젠가 내게 당신의 어린 시절에 있었던 이해하기 어려운 가족사를 하나 이야기해주었다. 1893년에 덴버에서 태어난 할아버지는 감리교 목사이자 아버지가 태어난 뉴멕시코주의 나바호

족 인디언 보호 구역에 있는 학교의 교장이었다. 할아버지는 사람들에게 사랑받는 성공한 직업인이었다. 겉으로 보기에는 아무런 문제가 없어 보였다. 그런데 1942년 어느 날, 당시 마흔아홉 살이었던 할아버지가 갑자기 이사 계획을 발표했다. 하루아침에 가족들은 이삿짐을 싸서 시카고로 떠났다.

할아버지는 어떤 외부 압력에 의해 직장을 잃은 것도 아니었고 시카고에 다른 일자리가 기다리고 있는 상황도 아니었다. 단지 저항하기 힘든 변화에 대한 갈망이 있었을 뿐이었다. 그리고 직업이 자기표현의 수단으로 인식되기 전이었던 당시로서는 가장이 스스로 직장을 그만두는 일은 아주 드물었다. 특히 미국 경제가 엄청난 압박을 받고 있었던 제2차 세계대전이 한창이었던 시기에는 더욱 있을 수 없는 일이었다.

할아버지의 가족들이 시카고 교외에 도착하자 할아버지는 곧바로 모교인 휘튼 칼리지로 향했다. 할아버지는 모교에 일자리를 달라고 요구했다. 그는 다양한 행정 업무를 맡았고 일을 아주 잘했다. 10여 년의 세월이 흘러 할아버지는 학생처장의 위치에까지 올랐을 뿐만 아니라 학생들에게 신학을 가르치게 되었다. 대학에서 명예 박사 학위도 수여받았고 현재까지도 고령의 동문으로 기억되고 있다.

이처럼 내 할아버지의 직업적 리셋은 인생 2막을 여는 일이었지 중년의 위기라 볼 수는 없다. 견실한 시민들 중에서도 가장 견실했던 우리 할아버지는 할머니를 떠나지도 않았고 신앙심이 흔들리지도 않았으며 스포츠카를 구입하지도 않았다. 그는 근본적으로 드로리안과는 완전히 반대되는 인물이었다. 할아버지는 성공을 구하는 동시에 다른 이들에게 도움을 줄 수 있는 새로운 모험을 찾아 떠났을 뿐이었다. 그리고 필연적으로 할아버지가 선택한 일은 결정성 지능을 크게 향상시키는 일이었다.

나의 아버지는 할아버지가 보여준 모범적인 인생 2막의 사례를 결코 잊지 않았다. 대학을 졸업하고 석사 학위를 취득한 뒤 아버지는 사랑하는 모교에서 수학을 가르치는 꿈의 직업을 가지게 되었다. 그러나 해가 갈수록 아버지는 자신이 뒤처지고 있음을 느꼈다. 박사 학위를 딴 어린 교수들이 승진하고 연봉을 인상받는 일이 잦아졌다. 아버지는 자신이 비대한 공룡이 되어가고 있다고 생각했다. 나이 마흔이 다가오자 아버지는 변화를 도모해야 할 때임을 직감했다. 그래서 1년 정도 고민하다가 아버지에게는 새로운 분야인 생물통계학 박사 학위 과정에 들어가기로 했다. 4년 동안의 노고 끝에 아버지는 〈공변수가 존재하는 비절단 생존 분석을 위한 결정계수(R 스퀘어) 아날로그〉라는 논문을 발표했다. 물론 게일 쉬이의 책만큼 인기를 얻지는 못했다.

아버지가 박사 학위를 취득했을 때 나는 열네 살이었다. 아버지는 꽤 이른 나이라 할 수 있는 60대 중반에 세상을 떠났다. 그러니 해피엔딩이라고 말하기는 힘들 것이다. 그러나 나는 아버지가 인생 2막을 시작한 직후 자부심에 차서 기뻐하던 그 모습을 늘 기억하고 있다. 여기서 핵심은 커리어 리셋이 꼭 중년의 위기여야 할 필요는 없다는 것이다. 존 드로리안이 아니라 나의 할아버지와 아버지처럼 되려고 노력하면 되는 것이다.

인생을 리셋하기에
늦은 때란 없다

나의 할아버지와 아버지 시대에는 인생 리셋이 스스로 알아서 해결해야 할 과제였다. 경계를 지나는 시기에 도움을 주는 사람은 아무도 없었다. 하지만 지금은 도움을 줄 자료들이 아주 많이 있다. 칩 콘리Chip Conley가 설립한 현대 원로 아카데미Modern Elder Academy가 그 좋은 예다.

콘리의 인생 및 커리어 리셋 스토리는 할리우드 전기 영화로 만들어도 될 정도로 파란만장하다. 그는 스물일곱 살에 캘리포니아주에 본사를 둔 호텔 및 레스토랑 기업인 주아 드 비브르joie de vivre hospitality를 창립해 20년 이상 운영하면서 일찍부터 세속적인 성공을 맛봤다. 그러나 40대 후반이 되자 그에게 번아웃이 찾아왔다. "더 이상 일을 하고 싶지 않았어요."라고 그는 말했다. "마치 감옥에 갇힌 기분이었죠." 다섯 명의 친한 친구들이 자살한 일에 대한 충격과 그 스스로도 죽음의 위기를 모면하면서 이런 상태는 더 심각해졌다.

콘리는 앞으로 무엇을 할지에 대한 계획도 없이 회사를 매각하고 숙박 공유 플랫폼인 에어비앤비Airbnb의 고문 역할을 맡게 되었다. 그는 20대 창업자들이 호텔업에 대한 그의 전문성을 보고 그를 영입했다고 생각했지만 그가 중요하다고 생각한 가치는 거기에 있지 않다는 사실을 곧 깨달았다. 그는 자신이 단순한 지식이 아니라 삶과 리더십에 관한 지혜를 나누어주어야 한다고 생각했다. "선생님은 저희의 원로이십니다."라고 에어비앤비의 젊은 창업자들은 말했다. 처음에 콘리는 그 타이틀

이 마음에 들지 않았다. 그는 그들보다 20년은 더 나이가 많았지만 '늙지는' 않았기 때문이다. 그러나 조금씩 그는 그 역할에 적응했고 삶에서 그가 배운 교훈들을 공유하는 것이야말로 중요한 가치를 창조하는 일이라는 사실이 아주 마음에 들었다.

나아가 그는 다른 사람들을 위해 이런 종류의 기회를 만들어야겠다는 생각을 했다. 그와 비슷한 연배의 수없이 많은 사람이 경계를 통과하는 과정에 놓여 있었고, 유동성 지능의 쇠퇴를 인식은 하지만 자신의 결정성 지능이 성장하고 있다는 사실은 잘 모르고 있는 것이 현실이었다. 그래서 그는 현대 사회에서 '원로'의 역할을 정립하고 싶어 2018년 현대 원로 아카데미를 설립했다.

콘리는 14~18명으로 이루어진 그룹을 바하칼리포르니아에 있는 작은 해변 캠퍼스로 불러들여 그곳에 일주일씩 머물면서 수업을 진행했다. 지금까지 아카데미를 거쳐간 800명에 달하는 참가자들은 평균 연령이 53세로, 철강 노동자에서부터 의사와 은퇴한 CEO에 이르기까지 사회 각 분야의 사람들을 아우르고 있다.[19] 그들의 공통점은 그들이 가진 생각과 경험을 이용해 사람들에게 도움을 줄 수 있는 생산적이고 즐거운 방식으로 삶을 리셋하고자 하는 갈망을 가지고 있다는 것이다. '현대 사회에 맞는 원로'가 되기 위해서는 다음의 네 가지를 배워야 한다. 고정형 사고방식에서 성장형 사고방식으로 전환하기, 새로운 것을 받아들일 수 있는 열린 마음 가지기, 팀과 협업하기, 도움이 필요한 사람에게 상담해주기.

맛보기로 현대 원로 아카데미의 프로그램을 조금 소개하자면, 각각의 참여자들은 프로그램이 끝날 때까지 아래 질문들에 답변해야 한다. 콘리는 이것을 '새로운 인생 헌장'이라 부르는데, 우리가 이 책에서 앞서 받은 가르침들과 많은 유사점이 보인다.[20]

당신은 인생의 다음 단계에서…

어떤 활동을 계속 지속할 것인가?

어떤 활동을 발전시키고 다르게 시도해볼 것인가?

어떤 활동을 중단할 것인가?

어떤 활동을 새롭게 배울 것인가?

그리고 새롭게 시작하기 위해…

새로운 자신으로 거듭나기 위해 다음 한 주 동안 어떤 일에 전념할 계획인가?

다음 달에는 어떤 일에 전념할 계획인가?

앞으로 6개월 동안 어떤 일에 전념할 계획인가?

1년 후, 당신이 행한 노력의 결과로 가장 먼저 나타날 성과는 무엇이겠는가?

콘리가 참가자들과 만나 가장 먼저 꺼내는 말은 50세의 인생 리셋이 결코 늦은 게 아니라는 것이다(당신과 나도 이 점을 상기하는 것이 좋겠다). 이렇게 한번 생각해보자. 성인으로서의 삶은 스무 살 정도에 시작된다. 당신의 건강이 양호하다면 50세라는 나이는 성인으로서의 삶을 절반도 살지 않은 나이일 가능성이 높다. 이 책을 출판하는 나의 현재 나이는 쉰일곱이다. 통계 자료에 따르면 나의 생활 방식과 현재의 건강 상태를 감안했을 때(하지만 부모님이 일찍 돌아가신 것은 고려에 넣지 않았다) 나는 대략 40년을 더 살게 되며 그 시간 동안 일을 하면서 살게 될 가능성이 50 대 50이라고 한다. 결론을 말하자면, 내가 인생을 리셋하기에 너무 늦었다고 생각한다면 그것은 무척 어리석은 생각이라는 것이다.

경계의 시기를 잘 보내기 위한
네 가지 조언

이 책의 집필을 마무리하던 중 이전에 만난 적 없는 사람에게서 이메일을 한 통 받았다. 이메일의 내용은 내가 익히 알고 있던 노력가의 저주를 그대로 담고 있었다.

> 저는 50세의 문턱에서 뭔가 크게 잘못되어 있다는 느낌을 지울 수가 없습니다. 단 하나의 목표(일에서의 성공)만을 좇으며 지난 30년을 보냈다는 사실에 회한을 느끼고 있어요. 설사 그 목표를 이루었다 한들 개인적으로 치러야 했던 대가는 너무나도 컸습니다. 지나간 30년의 시간은 절대로 돌이킬 수 없겠지요. 놓쳐버린 인간관계

와 삶에서 중요한 여러 가지 일들은 되돌릴 수가 없네요.

그는 내게 일과 인생에서 커다란 변화를 도모할 준비가 되어 있다고 했다. 그러면서도 그는 이렇게 말했다.

저는 직업적으로 커다란 변화를 시도할 만한 기술이 없어요. 일과 상관이 없는 기술들은 이미 오래전에 녹슬었고요. 허구한 날 이 잘난 금융 일을 당장 그만두고 새로 시작해야 된다고 생각하죠. 그리고 더 의미 있는(그리고 시간 낭비가 아닌) 일과 인간관계, 자원봉사, 여행, 사람들을 위해 시간을 내어주는 일, 새가 지저귀는 소리 듣기, 꽃 가꾸기 등에 더 집중해야 한다고 생각합니다. 하지만 이런 일 또한 별로 생각 없이 다른 사람들이 일반적으로 말하는 것들을 반복하는 것만 같고, 제가 그런 일들을 할 기술을 가지고 있지도 않습니다.

내가 그에게 줄 수 있는 한 가지 확실한 충고는 현대 원로 아카데미에 참석해 칩 콘리와 함께 일주일만 보내보라는 것이다. 아니면 커리어 리셋을 도와주는 국제적인 정규 프로그램에 참여해보는 것도 좋겠다. 하지만 그런 프로그램이 많은 사람에게 실질적인 도움을 주지는 못한다. 그래서 여기서 믿을 만한 연구와 가장 결과가 좋았던 전략을 기반으로 한 실질적인 가르침을 몇 가지 소개해볼까 한다.

조언 1: 당신의 마시멜로를 찾아라

1972년 스탠퍼드 대학의 사회심리학자 월터 미셸Walter Mischel은 취학 전의 아동들을 대상으로 마시멜로 한 봉지를 가지고 심리 실험을 진행했다.[21] 탁자에 아이들을 한 명씩 불러 앉히고 마시멜로를 꺼내 보여주며 "이거 먹고 싶니?"라고 물어보았다. 아이들은 당연히 마시멜로를 먹고 싶어 했다. 그는 아이들에게 마시멜로를 먹어도 된다고 말했지만 거기에는 함정이 있었다. 그는 자신이 자리를 비운 15분 사이 원한다면 마시멜로를 먹어도 되지만 다시 방으로 돌아왔을 때까지 먹지 않고 기다리면 그 보상으로 마시멜로를 두 개 주겠다고 했다.

미셸이 방에서 나가자 대다수의 아이들이 기다리지 못하고 눈 깜짝할 사이에 마시멜로를 집어 먹었다. 그는 실험에 참여했던 아이들을 추적 조사한 결과, 마시멜로의 유혹을 참아내고 나중에 마시멜로를 먹은 아이들이 성장해서 더 크게 성공한다는 사실을 발견했다. 그들은 마시멜로를 먹어버린 아이들보다 더 건강하고 행복하고 소득이 높았으며 SAT에서도 더 우수한 성적을 기록했다.[22] 이후 다른 연구자들은 미셸의 연구 결과가 단순히 의지력의 차이에서 나오지 않았다는 주장을 내놓았다. 가정환경과 사회·경제적 조건, 그리고 그 밖의 다른 요소들도 영향을 미친다는 것이었다.[23] 그러나 그 실험 결과가 시사하는 바는 여전히 유효하다. 기다리고 노력하고 희생하고 심지어 고통까지 감수할 줄 아는 사람에게 좋은 결과가 주어진다는 사실이다.

여기서 내가 당신에게 묻고 싶은 것은 당신이라면 마시멜로 실험을 통과했을지 여부가 아니다. 당신이 마시멜로 실험을 통과할 수 없는 사람이라면 애초에 이 책의 내용에 그다지 관심도 없었을 테니까. 현재 고통스러워할 만큼 충분히 성공하지 못했을 테니까 말이다. 인생 리셋을 고려하고 있는 내가 당신에게 묻고 싶은 것은 '다음에 주어질 마시멜로는 무엇인가?'이다. 또한 '새로운 희생을 감수하면서까지 당신이 무엇을 원하는지 알고 있는가?'이다.

잘 모르겠다고 해도 절망할 필요는 없다. 다음의 세 가지 가르침에 귀를 기울여보자.

조언 2: 당신이 하는 일이 곧 보상이 되게 하라

사람들이 일에서 저지르는 가장 큰 실수 중 하나는 일을 주로 목적에 도달하기 위한 수단으로 대한다는 것이다. 어쩌면 지금까지 직장을 다니면서 줄곧 그렇게 해왔는지도 모르겠다. 만약 그렇다면 당신은 유동성 지능 곡선 위에 놓여 있는 많은 사람이 저지르는 실수를 한 것이고, 이제는 그 행동을 멈추어야 할 때다. 그 목적이 돈이든, 권력이나 명예든, 일을 도구화하면 불행해진다.

이는 목적지에 도착하면 행복하리라는 기대가 잘못된 생각이라는 더 큰 진실을 말해주는 하나의 예일 뿐이다. 랄프 왈도 에머슨은 1841년 에세이 〈자기 신뢰〉Self-Reliance에서 이렇게 말했다. "집에서 나는 나폴리나 로마에 가면 아름다운 정취에 취해 슬픔을 잊을 수 있을 것이라 상상한다. 그래서 가방을 싸고 친구들에게 작별 인사를 한 후 배 위에 몸을 싣는다. 그리고 마침내 나폴리에서 아침을 맞이하면 내 옆에는 내가 도망쳐온 바로 슬픈 나 자신이 엄중한 현실로 누워 있다."[24]

일이 단지 목적을 위한 수단일 뿐일 때는 일에 대한 성과가 나온다 해도 만족스럽지 못하다. 당신도 이 사실을 아주 잘 알고 있다. 당신은 이미 다음 성과가 나오기를 기대하고 있을 것이기 때문이다. 과거에 이런 실수를 저질렀다면 지난 일은 어쩔 수 없지만 앞으로 다시는 그런 실수를 저지르지 말아야 한다. 물론 인생을 리셋한다고 해서 매일 기쁨과 만족감을 느끼고 살 수는 없다. 어떤 날은 다른 때와 마찬가지로 아주 불만스러울지 모른다. 그러나 나의 성공을 추구하는 동시에 다른 사람들을 돕겠다는 올바른 목표가 바로 서 있다면 앞으로 남아 있는 일 자체를 보상으로 만들 수 있다.

조언 3: 당신이 할 수 있는 가장 재미있는 일을 하라

수년 동안 나는 수많은 졸업식에 참석하며 졸업식 연사들의 연설에는 기본적으로 두 가지 주제가 있다는 사실을 발견했다. 하나는 '목표를 찾아라'고 다른 하나는 '사랑하는 일을 찾으면 평생 하루도 일하지 않아도 된다'이다. 둘 중 어떤 것이 졸업생들뿐만 아니라 우리 모두에게 더 중요한 조언일까?

독일과 미국의 연구팀은 2017년 이 질문에 대한 답을 구하려고 했다. 그들은 일명 '직업 선택의 기준'이라는 질문지를 만들어 일을 하는 주된 목적이 '즐기는 것'이었던 사람들의 직업 만족도와 일의 주된 목적이 일에서 '의미를 찾는 것'이었던 사람들의 직업 만족도를 비교해보았다.[25] 1,357명을 표본으로 하여 진행된 이 조사에서 연구팀은 재미를 추구하는 사람이 의미를 찾는 사람보다 일에 대한 열정이 더 낮아 직장을 더 자주 옮긴다는 사실을 발견했다.

이는 학자들이 '헤도니아'hedonia와 '유다이모니아'eudaimonia 라고 부른 행복의 두 가지 개념을 잘 보여주는 연구라 할 수 있다. 헤도니아는 즐거운 기분을 느끼는 행복을 뜻하고 유다이모니아는 목적으로 채워진 삶을 사는 행복을 말한다. 사실 우리에게는 두 가지 행복이 다 필요하다. 유다이모니아가 없는 헤도니아는 공허한 즐거움일 뿐이고, 헤도니아가 없는 유다이모니아는 무미건조해질 수 있다. 마찬가지로 일에서 마시멜로를 찾기 위해서는 재미와 의미가 균형을 이룰 수 있는 일을 찾아야 한다.

그렇게 재미와 의미가 결합했을 때 관심이 생기는 법이다. 신경과학자들은 관심을 변연계에서 처리하는 긍정적인 기본 감정으로 간주한다.[26] 진정으로 당신의 관심을 끄는 일은 강렬한 즐거움을 준다. 또한 당신의 관심을 계속 유지시키려면 그 일에 의미도 있어야만 한다. 따라서 "이 일이 정말 당신의 흥미를 끄는 일인가?"라는 질문이야말로 어떤 새로운 활동이 당신의 새로운 마시멜로인지의 여부를 판단할 수 있는 가늠자라 할 수 있다.

조언 4: 반드시 직선 코스를 고집하지 않아도 된다

현대사회의 많은 사람이 이미 성공에 중독되어 있다. 우리가 성공을 숭배하는 문화 속에서 살고 있기 때문이다. 어마어마한 부가 20대의 기술 스타트업 창업자들에게 몰려 축적되고 그 창업자들은 신화적인 존재로 부상한다. 사실이든 아니든 이 기업가들은 개인적으로 어떤 대가

든 치를 용의가 있다고 할 만큼 한 가지 일에 집요하게 매달렸던 것으로 묘사되곤 한다. 그들이 받게 된 엄청난 세속적 보상은 궁극의 마시멜로라 볼 수 있다.

하지만 이 모델은 행복하고 만족스러운 사람들이 얼마나 많이 살아남고 번영하는지에 대해서는 말해주지 않는다. 서던캘리포니아 대학의 연구자들은 사람들의 직업 패턴을 연구해 크게 네 가지로 분류했다.[27] 첫 번째 패턴은 경력을 차곡차곡 쌓으며 꾸준히 위로 올라가는 직선형 커리어다. 기업 내에서 흔히 볼 수 있는 '계층 서열' 개념이 직선형 커리어의 전형이라 할 수 있다. 억만장자 기업가의 모델 또한 이에 해당한다.

하지만 이것이 유일한 직업 모델인가 하면 그렇지 않다. 세 가지가 더 있다. 고정형 커리어는 한 직장에 계속 머물며 전문성을 키워나가는 모델이다. 이동형 커리어는 이 직장에서 저 직장으로, 혹은 이 분야에서 저 분야로 새로운 도전을 찾아 옮겨다니는 모델을 말한다. 마지막으로 나선형 커리어는 여러 개의 직종들이 모여서 이루어지는 모델이라 볼 수 있는데, 한 직종에서 오랫동안 배우면서 일하고 난 뒤 단순히 새로운 직장을 찾아서가 아니라 이전의 직종에서 연마한 기술을 발전시키기 위해 분야를 옮겨가는 것을 말한다.

그렇다면 이들 중 어떤 모델이 가장 바람직할까? 젊은 시절에는 초직선형 커리어를 가졌을 것이다. 그래도 괜찮다. 하지만 두 번째 곡선으로 옮겨가야 하는 지금은 나선형 패턴이 더 적합할 가능성이 높다. 즉, 과거에 원했던 것보다 지금 정말 원하는 것이 무엇인지에 대해 더 많이 생각해야 한다는 뜻이다. 금전적인 보상에 대한 기대치를 낮추고, 다른 이들에게 명예가 실추된 듯 보일까 봐 걱정하거나 혹은 과거의 경험과 기술을 직접적으로 활용하지 못하게 될까 봐 걱정해서는 안 된다. 다시 말해서 헤지펀드 매니저를 하다가 중학교 역사 교사를 해도 된다는 말이다. 그리고 그것은 좋은 일이 될 수 있다.

한 발짝 더
내딛을 용기

몇 년 전 나는 가족 여행으로 관광과 다양한 활동들이 포함되어 있는 하와이 빅아일랜드 자전거 패키지 여행을 다녀왔다. 하루는 여러 가족들과 함께 카약을 타고 '세상의 끝'이라 불리는 유명한 9미터 높이의 바위 절벽으로 갔다. 거기서는 한 무리의 십 대 아이들이 발아래 펼쳐져 있는 바닷물 속으로 뛰어들고 있었다. 그걸 보고 우리 그룹의 어른 중 한 사람이 "저거 도전해보실 분 계신가요?"라고 물었다. 모두가 머리를 설레설레 흔들길래 내가 자원했다. 화산 절벽 위에서 아래를 내려다보니 물까지의 거리가 십 리는 되어 보였다. 현기증이 나면서 '내가 왜 한다고 했지? 이건 미친 짓이야, 미친 짓'이라는 생각이 머릿속을 맴돌기 시작했다.

나는 머뭇거리며 옆에 서 있는 한 아이를 곁눈질로 지켜보았다. 보아하니 한두 번 해본 솜씨가 아니었다. 아이는 활짝 웃으며 내게 말했다. "아무 생각하지 마세요, 아저씨! 그냥 뛰어내리세요!" 그래서 나는 소년의 말대로 했다. 잠시 후 내 몸은 바닷물을 가르며 물속으로 들어갔다 (물론 아팠다). 그리고 몇 초 후 물 밖으로 다시 나왔다. 머리가 물 밖으로 빠져나온 순간 나는 다시 태어난 기분이었다.

티베트 불교에는 '바르도'bardo라는 개념이 있다. 바르도는 죽음과 환생 사이에 존재하는 상태를 일컫는 말이다. 티베트 불교 지도자인 소걀 린포체Sogyal Rinpoche는 《삶과 죽음을 바라보는 티베트의 지혜》에서 바르도를 '벼랑 끝을 향해 한 발짝 걸음을 옮기는 순간'이라고 표현했다.[28] 당신은 자유로워지기 위해 뛰어내려야 한다는 사실을 알고 있다. 하지만 그렇게 하기가 두렵다. 그러나 뛰어내리면 그 순간 전환이 일어난다. 그리고 그것으로 완전히 다시 태어나는 것이다.

싱크탱크의 대표직에서 물러났을 때 나는 마치 죽음을 직면한 것과 비슷한 느낌을 받았다. 그 사건은 나의 생활 습관 전체와 일련의 경험들, 그리고 (짐작하듯이) 인간관계의 종언을 의미했다. 이 책의 독자들 중 많은 이가 이것이 무슨 뜻인지 정확히 이해할 것이다. 어쩌면 지금 당신도 지나간 전성기에 고통스러워하고 있을지 모른다. 당신의 직업적인 삶 전체가 마치 금이 간 결혼 생활처럼 느껴질 수도 있다. 그럼에도 불구하고 일을 그만두지 못한다. 그것이 죽음이나 이혼처럼 느껴지기 때문이다.

당신은 지금 절벽 끝에 서 있다. 당신이 가지고 있는 것과 지금까지 쌓아올린 것, 그리고 '나는 누구인가?'라는 질문에 답을 주는 직업적 삶을 내려놓을 순간이다. 그 '직업적 죽음'을 경험해야만 당신은 두 번째 곡선 위로 올라설 수 있다. 물론 당신을 기다리고 있는 것이 완전한 기쁨일지 혹은 고통일지, 아니면 둘 다일지 알지 못한다. 당신은 그저 벼랑 건너편을 바라보고 있을 뿐이다.

하지만 무엇을 해야 하는지는 이미 알고 있다.

"아무 생각하지 마세요, 아저씨! 그냥 뛰어내리세요!"

변화를 위해 기억해야 할 세 문장

이 책의 시작을 기억하는가? 이 책은 밤 비행기 안에서 우연히 듣게 된 한 남자의 이야기에서 시작되었다. 나는 여러분에게 이 세상에서 대단한 성취를 이룬 한 남자가 차라리 죽는 게 낫겠다고 고백하는 것에 귀 기울여볼 것을 권했다. 그의 능력은 쇠퇴했고 삶은 좌절과 불만족만을 안겨주었다. 아무도 예전처럼 그에게 관심을 가지지 않았다. 마치 애초에 그에게 정말 관심이 있었는지 의심스러울 정도였다.

그 모습을 목격한 후, 나는 무척 혼란스러워졌고 그 남자의 운명이 필연적으로 나의 운명이 될 수도 있는가에 대해, 아니면 그런 상황을 방지하기 위해 무엇을 할 수 있는지 알아보기 위해 개인적으로 연구를 시작했다. 그 결과 나는 내 삶을 크게 변화시켰다. 직장을 관두고 경계 상태로 뛰어들었으며 결정성 지능에 초점을 맞춘 일을 하게 되었고 집착을 버리게 되었다. 친구 관계와 가족들과의 관계를 발전시켰고 신앙생활을 더 열심히 했다. 나 자신을 대상화하지 않을 것을 다짐했고 새로운 일을 배우고 타인에게 도움이 될 수 있도록 나의 약점을 솔직히 드러내기로 했다.

이 모든 일들 중 어느 것 하나 쉽지도, 저절로 이루어지지도 않았다. 이 모든 일들은 노력가로서의 본성을 거스르는 일들이었다. 그래서 나는 본성이 우리가 무조건 따라야 할 운명이 아니며, 행복해지기를 원한다면 가끔은 본성에 맞서 싸워야 한다는 진실을 다시 한 번 이야기하고 싶다.

어떤 사람들에게 이 진실은 믿기 어려운 것이라는 걸 잘 알고 있다. 돈과 권력, 즐거움, 명예에 대한 세속적인 욕망은 예로부터 대뇌 변연계에서 일어나는 자연스러운 욕망이다. 또한 우리는 본능적으로 행복하고 만족스러운 삶을 살고 싶어 한다. 그 결과 잘못된 결론을 도출하게 되는 것이다. "내가 이러한 욕망을 가지고 있으니 이 욕망을 따르면 분명히 행복해질 거야."

하지만 그것은 대자연의 잔인한 속임수다. 대자연은 당신이 행복하든 불행하든 그다지 관심이 없다. 당신이 생존의 문제를 행복한 삶과 연결시킨다면 그것은 당신의 문제지 대자연이 상관할 바가 아니다. 그리고 "기분이 좋은 걸 추구하라"라는 인생을 망치는 통속적인 조언을 전파하는 사회의 어리석은 자들 덕분에 상황은 나아질 기미를 보이지 않는다. 원생동물과 실존적 목표가 똑같지 않는 한 이는 완전히 잘못된 생각이다.

계속 성공을 이어나가기 위해서는 일련의 '새로운 삶의 기술'들을 배워야 한다. 그리고 이 책에서 각 장마다 자세히 설명한 새로운 공식을 채택해야 한다. 하지만 앞에 나온 모든 내용을 기억하기는 어려울 것이므로 여기서 전체 내용을 몇 문장으로 정리해보고자 한다. 이는 내가 늘 가슴에 새기고 생활 속에서 실천하기 위해 노력하는 모든 가르침을 압축해놓은 하나의 공식이다.

물질을 활용하라.
사람을 사랑하라.
신성을 숭배하라.

내가 하는 말을 부디 오해하지 말길 바란다. 당신에게 세상을 미워하고 거부하라고 권하는 것이 아니다. 히말라야 동굴에서 홀로 살라는 얘기도 아니다. 물질적 풍요가 나쁘거나 부끄러운 것이라는 말도 아니다. 우리에게는 그것을 즐길 권리가 있다. 물질적 풍요는 우리에게 일용할 양식을 주고 우리의 형제자매들을 가난에서 구제해준다. 뿐만 아니라 우리의 창조성과 노력의 결과를 보여주며 단조로운 날들에 편안함과 즐거움을 제공해준다.

문제는 '물질'이라는 명사가 아니라 '사랑하라'는 동사다. 물질은 사용하는 것이지 사랑할 대상이 아니다. 이 책에서 절대로 잊어서는 안 되는 단 한 가지 가르침이 있다면 그것은 사랑이 우리 행복의 가장 중심에 놓여 있어야 한다는 점이다. 약 400년쯤 성 아우구스티누스는 이 가르침을 훌륭한 삶의 비결로 설교했다. "신을 사랑하고 그 사랑으로 모든 일을 행하라."[1] 하지만 사랑은 물질이 아닌 사람들을 위한 사랑이어야 한다. 잘못된 대상을 사랑하게 되면 좌절과 허망함이 따른다. 물질을 사랑하게 되면 쾌락의 쳇바퀴 속에서 빠른 속도로 계속 쳇바퀴만 돌게 될 것이다.

사랑을 한 차원 높이면 숭배가 된다. 작가 데이비드 포스터 월리스David Foster Wallace는 날카로운 통찰력으로 이렇게 말했다. "숭배를 하지 않는 경우란 없다. 모든 사람은 무언가를 숭배한다. 우리가 선택할 수 있는 것은 무엇을 숭배할지이다."[2] 물질을 사랑한다면 당신은 돈과 권력, 즐거움, 명예를 가진 자기 자신을 대상화하려 노력할 것이다. 그 모든 것들을 우상화한다. 당신은 자신을 숭배하려 할 것이다. 아니면 평면적인 자신의 단편적인 모습을 숭배할 것이다.

그것이 바로 행복을 가져다준다고 세상이 보장하는 모습이기 때문이다. 그러나 세상도 거짓말을 한다. 우상은 행복을 가져다주지 못한다. 그러므로 자기 자신을 숭배해서는 안 될 일이다. 우상에 관해서라면 신명기에 나오는 모세의 계명을 가슴에 새겨야 한다. "그러므로 당신들은 그들(우상)에게 이렇게 하여야 합니다. 그들의 제단을 허물고 석상을 부수고 우상들을 불사르십시오."[3] 지금까지 이 책에서 그 방법을 알려주었다. 그렇게 할 것인지는 당신의 결정에 달려 있다.

비행기에서 만난
남자의 현재

        앞서 비행기에서 만났던 그 남자의 이야기로 이 책을 마칠까 한다. 그는 여전히 꽤 유명해서 이따금씩 뉴스에 모습을 비추고 있다. 비록 매년 조금씩 덜 나오고 있긴 하지만 말이다. 그는 지금 아주 늙었다. 일찍이 그에 대한 뉴스를 보고 나는 불현듯 연민 같은 것이 느껴졌다. 하지만 지금 생각해보니 그것은 미래의 나에 대한 공포의 투영이었다. "불쌍한 노인이군."이라는 말은 "내 인생은 망했어."의 다른 표현이었던 것이다.

    그러나 삶을 살아가는 올바른 공식에 대한 이해가(그리고 이 책의 가르침이) 깊어지자 내 두려움은 사라졌다. 사실 책의 말미에 나오는 '감사의 말'에 그의 이름을 넣어야 하지 않을까 하는 생각을 했다. 내가 인생을 바꾸는 여정에 오를 수 있도록 계기를 마련해준 사람이기 때문이다. 그 덕분에 나는 인생에서 '승자'라고 불리는 많은 사람이 비참함을 느끼는 근원을 알아내기 위해 조사를 진행했고, 그가 아니었다면 도모하지 않았을 삶의 변화들을 도모할 수 있었다. 또한 이 변화들을 만드는 비결을 하나씩 공식화할 수 있었고, 또 그것을 다른 이들과 공유할 수 있게 되었다.

    비행기에서 만난 남자는 내가 남은 인생을 행복하고 만족스럽게 살 수 있도록 해주었으므로 그 누구보다도 감사해야 할 사람이다. 남아 있는 인생이 2년이 되었든 40년이 되었든 말이다. 그러나 유명인이기에 그가 누구인지는 끝까지 알리지 않고 무덤까지 가지고 갈 생각이다. 희망하건대, 그가 내면의 평화와 기쁨을 찾게 되길 바란다.

그리고 당신 또한 그러길 희망한다.

늘 밝게 빛나는 인생의 오후를 살길 바라며.

감사의 말

이 책에 오류나 누락된 부분이 있다면 그것은 전적으로 나의 책임이다. 하지만 이 책은 나 혼자만의 노력으로 나오지 않았다. 연구 조교 리스 브라운의 노고가 없었다면 이 책은 나오지 못했을 것이다. 또한 세시 갤로글리, 캔디스 게일, 몰리 글래서, 리즈 필즈의 지원과 팀워크가 큰 힘이 되었다. 이들이 매일 내 옆에서 행복의 기술과 과학을 새로운 독자들에게 선보이기 위해 노력하고 있는 사람들이다.

아이디어와 영감을 준 하버드 케네디 스쿨과 경영대학원의 동료들에게 감사드린다. 특히 내가 이 책에 대해 거의 3년 동안 이야기를 했는데도 불평 한 번 없이 들어준 렌 슐레진저에게 고마움을 전하고 싶다. 케네디 스쿨과 경영대학원의 대학원장인 더그 엘멘도르프, 니틴 노리아,

스리칸트 다타르는 하버드에서의 나의 창작 활동을 한결같이 지지해주었다. 또한 나의 '리더십과 행복' 수업을 듣는 MBA 석사 과정의 학생들은 나이와 상관없이 우리가 행복을 증진시키고 공유할 수 있다는 사실을 내게 확인시켜주었다.

집필하는 내내 격려와 지도를 아끼지 않은 포트폴리오 출판사의 편집자 브리아 샌포드와 CAACreative Artists Agency의 도서 부문 에이전트 앤서니 매테로와 레드라이트 PRRed Light PR의 젠 필립스 존슨과 그녀의 팀에게도 심심한 감사를 표한다.

이 책에 나오는 내용 중 많은 부분과 일부 구절들은 원래 2019년과 2020년 사이에 〈워싱턴 포스트〉 칼럼에 실렸고 나중에는 〈디 애틀랜틱〉의 '어떻게 인생을 건설할 것인가'라는 칼럼에 소개되었던 내용들이다. 〈워싱턴 포스트〉의 편집자인 마크 라스웰과 프레드 히아트, 그리고 〈디 애틀랜틱〉의 레이첼 굿만, 제프 골드버그, 줄리 벡, 에나 앨바라도−에스텔러에게도 감사드린다. 칩 콘리의 사업은 내게 많은 영감이 되었다. 그 밖에도 많은 분들이(대다수는 익명으로) 이 책에 개인적인 이야기를 제공해주었다.

언제나 내가 하는 일을 지지해주는 나의 친구들 댄 다니엘로, 툴리 프리드만, 에릭 슈미트, 라브넬 커리, 바레 사이드에게 항상 감사한다. 그리고 크리스토퍼 챈들러, 알란 맥코믹, 필립파 스트라우드, 마크 스톨슨, 필립 바실리우를 비롯해 레가툼의 친구들에게도 고맙다는 말을 전하고 싶다.

또한 수많은 영적 스승들이 이 책에 직간접적으로 영향을 미쳤다. 먼저 제14대 달라이 라마인 텐진 갸초Tenzin Gyatso가 지난 9년 동안 나의 집필 멘토가 되어주었고 내 사고의 많은 부분을 형성해주었다. 두 번째 스승은 로버트 배런Robert Barron 주교였다. 그는 나의 삶과 일을 사도의 임무로 바라볼 수 있도록 도와주었다. 마지막으로 30년 넘게 내 아내로 살고 있는 에스터 문트-브룩스다. 사람에 대한 사랑과 연민을 그녀만큼 내게 몸소 가르쳐준 사람은 없었다. 나의 구루인 그녀에게 이 책을 바친다.

들어가며_ 밤 비행기 안에서 만난 한 남자

1   Bowman, James. (2013). "Herb Stein's Law." *The New Criterion*, 31(5), 1.

제1장_ 인생의 파티는 계속되지 않는다

1   Bowlby, J. (1991). *Charles Darwin: A New Life*(1st American ed.). New York: W. W. Norton, 437.

2   Taylor, P., Morin, R., Parker, K., et al. (2009). "Growing Old in America:Expectations vs. Reality." Pew Research Center's Social and DemographicTrends Project, June 29, 2009. https://www.pew research.org/social-trends/2009/06/29/growing-old-in-america-expectations-vs-reality.

3   초장거리 사이클 종목의 경우 선수들이 최고 정점을 찍는 나이는 서른아

흡 살이다. Allen, Sian V., and Hopkins, Will G. (2015). "Age of Peak Competitive Performance of Elite Athletes: A Systematic Review." *Sports Medicine (Auckland)*, 45(10), 1431 – 41.

4   Jones, Benjamin F. (2010). "Age and Great Invention." *The Review of Economics and Statistics*, 92(1), 1 – 14.

5   Ortiz, M. H. (n.d.). "New York Times Bestsellers: Ages of Authors." *It's Harder Not To* (blog). http://martinhillortiz.blogspot.com/2015/05/new-york-times-bestsellers-ages-of.html.

6   Korniotis, George M., and Kumar, Alok. (2011). "Do Older Investors Make Better Investment Decisions?" *The Review of Economics and Statistics*, 93(1), 244 – 65.

7   Tessler, M., Shrier, I., and Steele, R. (2012). "Association Between Anesthesiologist Age and Litigation." *Anesthesiology*, 116(3), 574 – 79. 의사들은 우리의 수명을 점점 더 길게 늘려주면서 그들 또한 더 오래 살아서 더 늦은 나이까지 진료 활동을 한다. 《미국 의학협회 저널》의 발표에 따르면 1975~2013년 사이 65세 이상의 의사 수는 373퍼센트 증가한 것으로 나타났다. Dellinger, E., Pellegrini, C., and Gallagher, T. (2017). "The Aging Physician and the Medical Profession: A Review." *JAMA Surgery*, 152(10), 967 – 71.

8   Azoulay, Pierre, and Jones, Benjamin F. (2019). "Research: The Average Age of a Successful Startup Founder Is 45." *Harvard Business Review*, March 14, 2019. https://hbr.org/2018/07/research-the-average-age-of-a-successful-startup-founder-is-45.

9   Warr, P. (1995). "Age and Job Performance." In J. Snel and R. Cremer (eds.), *Work and Aging: A European Perspective*. London: Taylor & Francis, 309 – 22.

10   "Civil Service Retirement System (CSRS)." (2017). Federal Aviation Administration website, January 13, 2017. https://www.faa.gov/jobs/ employment_ information/benefits/csrs.

11   Adapted from Simonton, D. (1997). "Creative Productivity: A Predictive and Explanatory Model of Career Trajectories and Landmarks." Psychological Review, 104(1), 66-89. 그래프의 곡선을 방 정식으로 나타내보면 다음과 같다. $p(t) = 61(e^{-0.04t} - e^{-0.05t})$.

12   Tribune News Services. (2016). "World's Longest Serving Orchestra Musician, Collapses and Dies During Performance." *Chicago Tribune*, May 16, 2016. https://www.chicagotribune.com/entertainment/ music/ct-jane-little-dead-20160516-story.html.

13   Reynolds, Jeremy. (2018). "Fired or Retired? What Happens to the Aging Orchestral Musician." *Pittsburgh Post-Gazette*, September 17, 2018. https://www.post-gazette.com/ae/music/2018/09/17/ Orchestra-musician-retirement-age-discrimination-lawsuit-urbanski-michigan-symphony-audition-pso/stories/201808290133. 2014년 음악 잡지 《뮤지카 사이엔시아》Musicae Scientiae에서는 클래식 음악 연주자들을 대상으로 이들이 최고 기량을 발휘하는 정점이 몇 살인지에 관 한 이례적인 연구 조사 결과를 발표했다. 연구진들은 20~69세 연령에 있 는 2,536명의 음악가들을 대상으로 설문조사를 벌였다. 연구자들은 음악 가들이 30대를 최고 기량을 발휘하는 전성기로 느끼고 40대부터 퇴보를 느 낀다는 사실을 발견했다. 이는 경쟁이 치열하고 고도의 집중력이 요구되 는 체스에서 얻은 결과와 동일하다. 체스의 경우도 보통 스타 선수들이 30 대에 등장한다. Gembris, H., and Heye, A. (2014). "Growing Older in a Symphony Orchestra: The Development of the Age-RelatedSelf-Concept and the Self-Estimated Performance of Professional

Musicians in a Lifespan Perspective." *Musicae Scientiae*, 18(4), 371–91.

14 Myers, David G., and DeWall, C. Nathan. (2009). *Exploring Psychology*. New York: Macmillan Learning, 400–401.

15 Davies, D. Roy, Matthews, Gerald, Stammers, Rob B., and Westerman, Steve J. (2013). *Human Performance: Cognition, Stress and Individual Differences*. Hoboken, NJ: Taylor & Francis, 306.

16 Kramer, A., Larish, J., and Strayer, D. (1995). "Training for Attentional Control in Dual Task Settings: A Comparison of Young and Old Adults." *Journal of Experimental Psychology: Applied*, 1(1), 50–76.

17 Ramscar, M., Hendrix, P., Shaoul, C., et al. (2014). "The Myth of Cognitive Decline: Non-Linear Dynamics of Lifelong Learning." *Topics in Cognitive Science*, 6(1), 5–42.

18 Pais, A., and Goddard, P. (1998). *Paul Dirac: The Man and His Work*. Cambridge and New York: Cambridge University Press.

19 Cave, Stephen. (2011). *Immortality: The Quest to Live Forever and How It Drives Civilization* (1st ed.). New York: Crown.

20 $A=\alpha P^{\beta}E^{\gamma}$라는 단순한 모델을 한번 살펴보자. A는 인생 후반부에 겪는 고통이고 P는 자신의 커리어에서 최정상에 올랐을 때 얻는 직업적 성공, 그리고 E는 그 성공에 대해 느끼는 정서적 애착을 나타내며, 여기서 α, β, γ는 매개 변수다. 만약 E > 0이라면 그 성공은 인생 후반부에 느끼는 고통을 가중시킬 것이다. 또한 β > 1이라면 A는 P에 대해 아래로 처지는 볼록한 형태의 곡선으로 그려질 것이다. 즉, $\frac{\partial^2 A}{\partial P^2} > 0$이라면 직업적 성공이 한 단계씩 높아질 때마다 나이가 들어 겪는 고통은 더 커진다는 의미다. 이 얼마나 비통한 일인가.

21 Gruszczyńska, Ewa, Kroemeke, Aleksandra, Knoll, Nina, et al. (2019). "Well-Being Trajectories Following Retirement: A Compensatory

Role of Self—Enhancement Values in Disadvantaged Women." *Journal of Happiness Studies*, 21(7), 2309.

22   Holahan, Carole K., and Holahan, Charles J. (1999). "Being Labeled as Gifted, Self—Appraisal, and Psychological Well—Being: A Life Span Developmental Perspective." *International Journal of Aging and Human Development*, 48(3), 161–73.

제2장_ 나이 듦을 어떻게 극복할 것인가

1   Keuleers, Emmanuel, Stevens, Michael, Mandera, Paweł, and Brysbaert, Marc. (2015). "Word Knowledge in the Crowd: Measuring Vocabulary Size and Word Prevalence in a Massive Online Experiment." *Quarterly Journal of Experimental Psychology*, 68(8), 1665–92.

2   Hartshorne, Joshua K., and Germine, Laura T. (2015). "When Does Cognitive Functioning Peak? The Asynchronous Rise and Fall of Different Cognitive Abilities Across the Life Span." Psychological Science, 26(4), 433–43; Vaci, N., Cocic ´, D., Gula, B., and Bilalic ´, M. (2019). "Large Data and Bayesian Modeling—Aging Curves of NBA Players." *Behavior Research Methods*, 51(4), 1544–64.

3   카텔의 다른 연구들은 그다지 인정을 받지 못했다. 우생학에 큰 관심을 보였으며 심지어 '비욘디즘'Beyondism이라는 사이비 종교까지 만들었기 때문이다. 하지만 여기서 언급하고 있는 그의 두 가지 지능 이론은 그것과는 관계가 없으며 세월의 검증을 거친 내용이다.

4   Peng, Peng, Wang, Tengfei, Wang, Cuicui, and Lin, Xin. (2019). "A Meta—Analysis on the Relation Between Fluid Intelligence and Reading/Mathematics: Effects of Tasks, Age, and Social Economics Status." *Psychological Bulletin*, 145(2), 189–236.

5   일각에서는 레이먼드 카텔이 아니라 도널드 헤브Donald Hebb가 실제 이론의 창시자라는 주장도 있다. 리처드 브라운Richard Brown은 "카텔의 유동성 지능과 결정성 지능 이론은 헤브의 지능 A와 지능 B 이론이며 카텔이 그것에 다른 이름을 붙여 대중화한 것이다. 카텔의 이론은 헤브의 아이디어였다"고 말한다. 두 사람은 실제로 이것이 누구의 이론인지를 놓고 대립각을 세우기도 했다. Brown, Richard E. (2016). "Hebb and Cattell: The Genesis of the Theory of Fluid and Crystallized Intelligence." *Frontiers in Human Neuroscience*, 10(2016), 606.

6   Horn, J. L. (2008). "Spearman, G, Expertise, and the Nature of Human Cognitive Capability." In P. C. Kyllonen, R. D. Roberts, and L. Stankov(eds.), *Extending Intelligence: Enhancement and New Constructs.* New York: Lawrence Erlbaum Associates, 185 – 230.

7   Kinney, Daniel P., and Smith, Sharon P. (1992). "Age and Teaching Performance." *The Journal of Higher Education*, 63(3), 282 – 302.

8   Hicken, Melanie. (2013). "Professors Teach into Their Golden Years." CNN, June 17, 2013. http://money.cnn.com/2013/06/17/retirement/professors-retire/index.html.

9   Harrison, Stephen. (2008). A Companion to Latin Literature (1st ed.). Blackwell Companions to the Ancient World series. Williston, VT: Wiley-Blackwell, 31.

10   Cicero, Marcus Tullius. (1913). *De Officiis* (Walter Miller, trans.). William Heinemann: London; Macmillan: New York, 127.

11   Seneca. (1928). Suasoria 6:18 (W. A. Edward, trans.). http://www.attalus.org/translate/suasoria6.html.

12   시편 90편 12절

13   J. S. 바흐가 작곡한 곡은 현재까지 1,128곡으로 알려져 있다. "The Bach-

Werke-Verzeichnis." (1996). Johann Sebastian Bach Midi Page website, June 16, 1996. http://www.bachcentral.com/BWV/index. html.

14   Elie, P. (2012). Reinventing Bach (1st ed.). New York: Farrar, Straus and Giroux, 447.

15   카를 필리프 에마누엘은 바흐의 다섯 번째 자녀이자 11명의 아들 중 셋째였다. 그는 바흐가 스물여덟 살이었을 때 태어났으며, 그의 대부인 작곡가 게오르크 필리프 텔레만Georg Philipp Telemann의 이름을 따라 카를 필리프 에마누엘이라는 이름을 가지게 되었다.

16   실제로 이때 J. S. 바흐가 사망했는지에 대해서는 일부 학자들 사이에서도 의견이 분분하다. 《푸가의 기법》은 J. S. 바흐가 말년에 시력을 서서히 잃어가면서 작곡이 힘들어질 즈음 직접 작곡한 곡이었다. 그러나 으레 그렇듯 어디까지나 이 모든 이야기는 학계의 추측에 불과하다.

17   Miles, Russell Hancock. (1962). *Johann Sebastian Bach: An Introduction to His Life and Works.* Englewood Cliffs, NJ: Prentice-Hall, 19.

제3장_ 불행으로 이끄는 성공 중독에서 벗어나기

1   OECD. (2015). *Tackling Harmful Alcohol Use.* Paris: Organisation for Economic Cooperation and Development, 64.

2   Oates, Wayne Edward. (1971). *Confessions of a Workaholic: The Facts About Work Addiction.* New York: World Publishing.

3   Porter, Michael E., and Nohria, Nitin. (2018). "How CEOs Manage Time." *Harvard Business Review*, 96(4), 42-51; "A Brief History of the 8-hour Workday, Which Changed How Americans Work." CNBC, May 5, 2017. https://www.cnbc.com/2017/05/03/how-the-8-hour-workday-changed-how-americans-work.html.

4   Killinger, Barbara. (2006). "The Workaholic Breakdown Syndrome." *In Research Companion to Working Time and Work Addiction.* New Horizons in Management series. Cheltenham, UK: Edward Elgar, 61–88.

5   Robinson, Bryan E. (2001). "Workaholism and Family Functioning: A Profile of Familial Relationships, Psychological Outcomes, and Research Considerations." *Contemporary Family Therapy,* 23(1), 123–35; Robinson, Bryan E., Carroll, Jane J., and Flowers, Claudia. (2001). "Marital Estrangement, Positive Affect, and Locus of Control Among Spouses of Workaholics and Spouses of Nonworkaholics: A National Study." *American Journal of Family Therapy,* 29(5), 397–410.

6   Robinson, Carroll, and Flowers. "Marital Estrangement, Positive Affect, and Locus of Control Among Spouses of Workaholics and Spouses of Nonworkaholics," 397–410; Farrell, Maureen. (2012). "So You Married a Workaholic." *Forbes,* July 19, 2012. https://www. forbes.com/2007/10/03/work–workaholics–careers–entrepreneurs– cx_mf_1004workspouse.html#63db1bb32060.

7   C.W. (2014). "Proof That You Should Get a Life." *The Economist,* December 9, 2014. https://www.economist.com/free–exchange/ 2014/12/09/proof–that–you–should–get–a–life.

8   Sugawara, Sho K., Tanaka, Satoshi, Okazaki, Shuntaro, et al. (2012). "Social Rewards Enhance Offline Improvements in Motor Skill." *PloSOne,* 7(11), E48174.

9   Shenk, J. (2005). *Lincoln's Melancholy: How Depression Challenged a President and Fueled His Greatness.* Boston: Houghton Mifflin.

10   Gartner, J. (2005). *The Hypomanic Edge: The Link Between (a Little)*

Craziness and (a Lot of) Success in America. New York: Simon & Schuster.

11   Goldman, B., Bush, P., and Klatz, R. (1984). *Death in the Locker Room: Steroids and Sports.* South Bend, IN: Icarus Press.

12   Ribeiro, Alex Dias. (2014). "Is There Life After Success?" *Wondering Fair,* August 11, 2014. https://wonderingfair.com/2014/08/11/ is-there-life-after-success.

13   Papadaki, Evangelia. (2021). "Feminist Perspectives on Objecti fication." *The Stanford Encyclopedia of Philosophy* (Spring 2021 ed.), Edward N. Zalta (ed.). https://plato.stanford.edu/archives/spr2021/entries/ feminism-objectification.

14   Marx, Karl. (1959). "Estranged Labour." In *Economic and Philosophic Manuscripts of 1844.* Moscow: Progress Publishers. https://www. marxists.org/archive/marx/works/1844/manuscripts/labour.htm.

15   Crone, Lola, Brunel, Lionel, and Auzoult, Laurent. (2021). "Validation of a Perception of Objectification in the Workplace Short Scale(POWS)." *Frontiers in Psychology* 12:651071.

16   Auzoult, Laurent, and Personnaz, Bernard. (2016). "The Role of Organi zational Culture and Self-Consciousness in Self-Objectification in the Workplace." *Testing, Psychometrics, Methodology in Applied Psychology,* 23(3), 271-84.

17   Mercurio, Andrea E., and Landry, Laura J. (2008). "Self-Objectification and Well-Being: The Impact of Self-Objectification on Women's Overall Sense of Self-Worth and Life Satisfaction." *Sex Roles,* 58(7), 458-66.

18   Bell, Beth T., Cassarly, Jennifer A., and Dunbar, Lucy. (2018). "Selfie-Objectification: Self-Objectification and Positive Feedback ('Likes')

Are Associated with Frequency of Posting Sexually Objectifying Self—
Images on Social Media." *Body Image*, 26, 83 – 89.

19   Talmon, Anat, and Ginzburg, Karni. (2016). "The Nullifying
Experience of Self—Objectification: The Development and Psychometric
Evaluation of the Self—Objectification Scale." *Child Abuse and Neglect*,
60, 46 – 57; Muehlenkamp, Jennifer J., and Saris—Baglama, Renee
N. (2002). "Self—Objectification and Its Psychological Outcomes for
College Women." *Psychology of Women Quarterly*, 26(4), 371 – 79.

20   Quinn, Diane M., Kallen, Rachel W., Twenge, Jean M., and Fredrickson,
Barbara L. (2006). "The Disruptive Effect of Self—Objectification on
Performance." *Psychology of Women Quarterly*, 30(1), 59 – 64.

21   McLuhan, M. (1964). *Understanding Media: The Extensions of Man* (1st
ed.). New York: McGraw—Hill.

22   Thomas Aquinas. (1920/2008). *Summa Theologica* (Fathers of the English
Dominican Province, trans.; 2nd, rev. ed.). New Advent website, part 2,
quest. 162, art. 1. https://www.newadvent.org/summa/3162.htm.

23   Canning, Raymond, trans. (1986). *The Rule of Saint Augustine*. Garden
City, NY: Image Books, 56; Dwyer, Karen Kangas, and Davidson,
Marlina M. (2012). "Is Public Speaking Really More Feared Than
Death?" *Communication Research Reports*, 29(2), 99 – 107.

24   Croston, Glenn. (2012). "The Thing We Fear More Than Death."
Psychology Today, November 29, 2012. https://www.psychologytoday.
com/us/blog/the—real—story—risk/201211/the—thing—we—fear—
more—death.

25   "2018 Norwest CEO Journey Study." (2018). Norwest Venture Partners
website, August 22, 2018. https://nvp.com/ceojourneystudy/#fear—of

-failure.

26   Rousseau, Jean-Jacques. (1904). *The Confessions of Jean Jacques Rousseau: Now for the First Time Completely Translated into English Without Expurgation*. Edinburgh: Oliver and Boyd, 86.

27   Schultheiss, Oliver C., and Brunstein, Joachim C. (2010). *Implicit Motives*. New York and Oxford: Oxford University Press, 30.

28   Schopenhauer, A., and Payne, E. (1974). *Parerga and Paralipomena: Short Philosophical Essays*. Oxford: Clarendon Press.

29   Lyubomirsky, Sonja, and Ross, Lee. (1997). "Hedonic Consequences of Social Comparison." *Journal of Personality and Social Psychology*, 73(6), 1141-57.

30   너무 많은 은유를 섞어놓아 죄송하다. 아마도 나에겐 은유법이 벗어던져야 할 외피인지도 모르겠다.

제4장_ 버킷리스트와 행복의 관계

1   동양 철학이 동양의 현대적 생활 방식과 반드시 맥을 같이한다고 보기는 어렵다. 서양에서와 마찬가지로 중국과 인도에서도 물질주의와 소유욕이 문제가 되기도 한다.

2   *Tao Te Ching*, ch. 37.

3   Forbes, R. (2019). "My Father, Malcolm Forbes: A Never-Ending Adventure." *Forbes*, August 19, 2019. https://www.forbes.com/sites/forbesdigitalcovers/2019/08/19/my-father-malcolm-forbes-a-never-ending-adventure/?sh= 4e80c42219fb.

4   역설적이게도 자발적으로 가난을 선택한 이 인물은 사후 서방 세계에서 가장 위대한 철학자 중 한 사람으로 꼽히고 있다. 그의 저작은 교회 교리를 정의하고 수 세기에 걸쳐 서양 사상의 방향을 제시해왔다. 고대 그리스 철학을

근간으로 한 그의 방대한 저작들은 어디에도 견줄 데 없는 위대한 명작으로 오늘날에도 여전히 연구되고 있다. 그는 세인에게 잊혀 있던 아리스토텔레스를 오늘날 유명 철학자의 반열에 올린 장본인이기도 하다.

5 신학자이자 가톨릭 주교였던 로버트 배런은 토마스가 그의 사상을 정립하는 데 지대한 영향을 끼친 인물이다. Barron, Robert E.(2011). *Catholicism: A Journey to the Heart of the Faith.* New York: Random House, 43.

6 Barron. *Catholicism,* 43.

7 말하기 부끄럽지만, 오랫동안 인류에게 잊혀 있었던 나의 박사 학위 논문은 교향악단의 경제 전략을 정량적으로 모델링하는 것과 관련된 내용이었다. 누군가에게 그걸 읽으라고 강요한다면 그건 제네바 협정을 위반하는 행위일 것이다.

8 Cannon, W. (1932). *The Wisdom of the Body.* Human Relations Collection. New York: W. W. Norton & Company.

9 Swallow, S., and Kuiper, N. (1988). "Social Comparison and Negative Self-Evaluations: An Application to Depression." *Clinical Psychology Review,* 8(1), 55 – 76.

10 Lyubomirsky, S. (1995). "The Hedonic Consequences of Social Comparison: Implications for Enduring Happiness and Transient Mood." *Dissertation Abstracts International: Section B, The Sciences and Engineering,* 55(10–B), 4641.

11 Kahneman, D., and Tversky, A. (1979). "Prospect Theory: An Analysis of Decision under Risk." *Econometrica,* 47, 263 – 91.

12 Gill, D., and Prowse, V. (2012). "A Structural Analysis of Disappointment Aversion in a Real Effort Competition." *American Economic Review,* 102(1), 469 – 503.

13 Shaffer, Howard J. (2017). "What Is Addiction?" Harvard Health

website, June 20, 2017. https://www.health.harvard.edu/blog/what-is-addiction-2-2017061914490.

14   Tobler, P. (2009). "Behavioral Functions of Dopamine Neurons." In *Dopamine Handbook.* New York: Oxford University Press, ch. 6.4.

15   Gibbon, E. (1906). *The History of the Decline and Fall of the Roman Empire.* London: Oxford University Press.

16   Senior, J. (2020). "Happiness Won't Save You." The New York Times, November 24, 2020. https://www.nytimes.com/2020/11/24/opinion/happiness-depression-suicide-psychology.html.

17   Au-Yeung, Angel, and Jeans, David. (2020). "Tony Hsieh's American Tragedy: The Self-Destructive Last Months of the Zappos Visionary." Forbes, December 7, 2020. https://www.forbes.com/sites/angelauyeung/2020/12/04/tony-hsiehs-american-tragedy-the-self-destructive-last-months-of-the-zappos-visionary/?sh=64c29a0f4f22; Henry, Larry. (2020). "Tony Hsieh Death: Report Says Las Vegas Investor Threatened Self-HarmMonths Before—Casino.org Caller Phones 911 Months Before Las Vegas Investor Tony Hsieh's Death in Effort to Help: Report." Casino.org website, December 19, 2020. https://www.casino.org/news/caller-phones-911-months-before-las-vegas-investor-tony-hsiehs-death-in-effort-to-help-report.

18   Cutler, Howard C. (1998). *The Art of Happiness: A Handbook for Living.* New York: Riverhead Books, 27.

19   Escriva, Josemaria. "The Way, Poverty." Josemaria Escriva: A Website Dedicated to the Writings of Opus Dei's Founder. http://www.escrivaworks.org/book/the_way-point-630.htm.

20 Sinek, Simon. (2009). *Start with Why.* New York: Portfolio.

21 Sullivan, J., Thornton Snider, J., Van Eijndhoven, E., et al. (2018). "The Well-Beingof Long-Term Cancer Survivors." *American Journal of Managed Care*, 24(4), 188 – 95.

22 Wallis, Glenn. (2004). *The Dhammapada: Verses on the Way.* New York: Modern Library, 70.

23 Voltaire, Francois. (2013). *Candide, Or Optimism.* London: Penguin Books Limited.

24 Hanh, Thich Nhat. (1987). *The Miracle of Mindfulness: A Manual on Meditation*(Gift ed.). Boston: Beacon Press.

25 Bowerman, Mary. (2017). "These Are the Top 10 Bucket List Items on Singles' Lists." *USA Today*, May 18, 2017. https://www.usatoday.com/story/life/nation-now/2017/05/15/these-top-10-bucket-list-items-singles-lists/319931001.

제5장_ 죽음에 대해 구체적으로 생각하기

1 Becker, Ernest. (1973). *The Denial of Death.* New York: Free Press, 17.

2 "America's Top Fears 2016—Chapman University Survey of AmericanFears." (2016). *The Voice of Wilkinson*(blog), Chapman University, October 11, 2016. https://blogs.chapman.edu/wilkinson/2016/10/11/americas-top-fears-2016.

3 Hoelter, Jon W., and Hoelter, Janice A. (1978). "The Relationship Between Fear of Death and Anxiety." *The Journal of Psychology*, 99(2), 225 – 26.

4 Cave, Stephen. (2011). *Immortality: The Quest to Live Forever and How It Drives Civilization* (1st ed.). New York: Crown, 23.

5   Mosley, Leonard. (1985). *Disney's World: A Biography.* New York: Stein and Day, 123.

6   Laderman, G. (2000). "The Disney Way of Death." *Journal of the American Academy of Religion,* 68(1), 27–46.

7   Barroll, J. L. (1958). "Gulliver and the Struldbruggs." *PMLA,* 73(1), 43–50.

8   Homer. (1990). *The Iliad* (Robert Fagles, trans.). New York: Viking.

9   Marcus Aurelius. (1912). *The Thoughts of the Emperor Marcus Aurelius Antoninus*(George Long, trans.). London: Macmillan, 8.25.

10 Brooks, David. (2015). *The Road to Character.* New York: Penguin Random House.

11 Kalat, James W. (2021.) *Introduction to Psychology.* United States: Cengage Learning.

12 Bohnlein, Joscha, Altegoer, Luisa, Muck, Nina Kristin, et al. (2020). "Factors Influencing the Success of Exposure Therapy for Specific Phobia: A Systematic Review." *Neuroscience and Biobehavioral Reviews,* 108, 796–820.

13 Goranson, Amelia, Ritter, Ryan S., Waytz, Adam, et al. (2017). "Dying Is Unexpectedly Positive." *Psychological Science,* 28(7), 988–99.

14 Montaigne, Michel. (2004). *The Complete Essays.* London: Penguin Books Limited, 89.

15 Forster, E. M. (1999). *Howards End.* New York: Modern Library.

16 García Márquez, Gabriel. (2005). *Memories of My Melancholy Whores* (Edith Grossman, trans; 1st ed.). New York: Knopf.

1   Kilmer, Joyce. (1914). *Trees and Other Poems.* New York: George H. Doran Company.

2   Psalms 1:3 (King James Version).

3   Ricard, Matthieu. (2018). "The Illusion of the Self." Blog post, October 9, 2018. https://www.matthieuricard.org/en/blog/posts/the-illusion-of-the-self—2.

4   Mineo, Liz. (2018). "Good Genes Are Nice, but Joy Is Better." Harvard Gazette, November 26, 2018. https://news.harvard.edu/gazette/story/2017/04/over-nearly-80-years-harvard-study-has-been-showing-how-to-live-a-healthy-and-happy-life.

5   Vaillant, George E. (2002). *Aging Well: Surprising Guideposts to a Happier Life from the Landmark Harvard Study of Adult Development* (1st ed.). New York: Little, Brown, 202.

6   Vaillant, George E., and Mukamal, Kenneth. (2001). "Successful Aging." *American Journal of Psychiatry*, 158(6), 839 – 47.

7   Vaillant, George E. (2012). *Triumphs of Experience: The Men of the Harvard Grant Study.* Cambridge, MA: Belknap Press of Harvard University Press, 52.

8   Vaillant. *Triumphs of Experience*, 50.

9   Tillich, Paul. (1963). *The Eternal Now.* New York: Scribner.

10   Wolfe, Thomas. (1962). *The Thomas Wolfe Reader* (C. Hugh Holman, ed.). New York: Scribner.

11   Cacioppo, John T., Hawkley, Louise C., Norman, Greg J., and Berntson, Gary G. (2011). "Social Isolation." *Annals of the New York Academy of Sciences*, 1231(1), 17 – 22; Rokach, Ami. (2014). "Leadership

and Loneliness," *International Journal of Leadership and Change*, 2(1), article 6.

12   Hertz, Noreena. (2021). *The Lonely Century : How to Restore Human Connection in a World That's Pulling Apart* (1st U.S. ed.). New York: Currency; Holt-Lunstad, J., Smith, T., Baker, M., et al. (2015). "Loneliness and Social Isolation as Risk Factors for Mortality: A Meta-Analytic Review." *Perspectives on Psychological Science*, 10(2), 227–37.

13   Murthy, Vivek Hallegere. (2020). *Together: The Healing Power of Human Connection in a Sometimes Lonely World* (1st ed.). New York: Harper Wave.

14   "The 'Loneliness Epidemic.' " (2019). U.S. Health Resources and Services Administration website, January 10, 2019. https://www.hrsa. gov/enews/past-issues/2019/january-17/loneliness-epidemic.

15   "Loneliness Is at Epidemic Levels in America." Cigna website. https://www.cigna.com/about-us/newsroom/studies-and-reports/ combatting-loneliness.

16   Segel-Karpas, Dikla, Ayalon, Liat, and Lachman, Margie E. (2016). "Loneliness and Depressive Symptoms: The Moderating Role of the Transition into Retirement." *Aging and Mental Health*, 22(1), 135–40.

17   Achor, S., Kellerman, G. R., Reece, A., and Robichaux, A. (2018). "America's Loneliest Workers, According to Research." Harvard Business Review, March 19, 2018, 2–6.

18   Keefe, Patrick Radden, Ioffe, Julia, Collins, Lauren, et al. (2017). "Anthony Bourdain's Moveable Feast." The New Yorker, February 5, 2017. https://www.newyorker.com/magazine/2017/02/13/anthony-bourdains-moveable-feast.

19   Almario, Alex. (2018). "The Unfathomable Loneliness." Medium, June 13, 2018. https://medium.com/@AlexAlmario/the−unfathomable−loneliness−df909556d50d.

20   Cacioppo, John T., and Patrick, William. (2008). *Loneliness: Human Nature and the Need for Social Connection* (1st ed.). New York: W. W. Norton.

21   Schawbel, Dan. (2018). "Why Work Friendships Are Critical for Long−Term Happiness." CNBC, November 13, 2018. https://www.cnbc.com/2018/11/13/why−work−friendships−are−critical−for−long−term−happiness.html. 댄은 퓨처 워크플레이스Future Workplace의 파트너이자 연구부장이다.

22   Saporito, Thomas J. (2014). "It's Time to Acknowledge CEO Loneliness." *Harvard Business Review*, July 23, 2014. https://hbr.org/2012/02/its−time−to−acknowledge−ceo−lo.

23   Fernet, Claude, Torres, Olivier, Austin, Stephanie, and St−Pierre, Josee. (2016). "The Psychological Costs of Owning and Managing an SME: Linking Job Stressors, Occupational Loneliness, Entrepreneurial Orientation, and Burnout." *Burnout Research*, 3(2), 45 – 53.

24   Kahneman, Daniel, Krueger, Alan B., Schkade, David A., et al. (2004). "A Survey Method for Characterizing Daily Life Experience: The Day Reconstruction Method." *Science*, 306(5702), 1776 – 80.

25   Kipnis, David. (1972). "Does Power Corrupt?" *Journal of Personality and Social Psychology*, 24(1), 33 – 41.

26   Mao, Hsiao−Yen.(2006). "The Relationship Between Organizational Level and Workplace Friendship." *International Journal of Human Resource Management*, 17(10), 1819 – 33.

27   Cooper, Cary L., and Quick, James Campbell. (2003). "The Stress and Loneliness of Success." *Counselling Psychology Quarterly*, 16(1), 1–7.

28   Riesman, David, Glazer, Nathan, Denney, Reuel, and Gitlin, Todd. (2001). *The Lonely Crowd.* New Haven: Yale University Press.

29   Rokach. "Leadership and Loneliness."

30   Payne, K. K. (2018). "Charting Marriage and Divorce in the U.S.: The Adjusted Divorce Rate." National Center for Family and Marriage Research. https://doi.org/10.25035/ncfmr/adr–2008–2017; Amato, Paul R. (2010). "Research on Divorce: Continuing Trends and New Developments." *Journal of Marriage and Family*, 72(3), 650–66.

31   Waldinger, Robert J., and Schulz, Marc S. (2010). "What's Love Got to Do with It? Social Functioning, Perceived Health, and Daily Happiness in Married Octogenarians." *Psychology and Aging*, 25(2), 422–31.

32   Finkel, E. J., Burnette, J. L., and Scissors, L. E. (2007). "Vengefully Ever After: Destiny Beliefs, State Attachment Anxiety, and Forgiveness." *Journal of Personality and Social Psychology*, 92(5), 871–86.

33   Aron, Arthur, Fisher, Helen, Mashek, Debra J., et al. (2005). "Reward, Motivation, and Emotion Systems Associated with Early–Stage Intense Romantic Love." *Journal of Neurophysiology*, 94(1), 327–37.

34   Kim, Jungsik, and Hatfield, Elaine. (2004). "Love Types and Subjective Well–Being: A Cross–Cultural Study." *Social Behavior and Personality*, 32(2), 173–82.

35   "Companionate Love" (2016). Psychology. IResearchNet website, January 23, 2016. http://psychology.iresearchnet.com/social–psychology/interpersonal–relationships/companionate–love.

36   Grover, Shawn, and Helliwell, John F. (2019). "How's Life at Home? New Evidence on Marriage and the Set Point for Happiness." *Journal of Happiness Studies*, 20(2), 373 – 90.

37   "Coolidge Effect." (n.d.). Oxford Reference website. https://www.oxfordreference.com/view/10.1093/oi/authority.20110803095637122.

38   Blanchflower, D. G., and Oswald, A. J. (2004). "Money, Sex and Happiness: An Empirical Study." *Scandinavian Journal of Economics*, 106, 393 – 415.

39   Birditt, Kira S., and Antonucci, Toni C. (2007). "Relationship Quality Profiles and Well–Being Among Married Adults." *Journal of Family Psychology*, 21(4), 595 – 604.

40   Adams, Rebecca G. (1988). "Which Comes First: Poor Psychological Well–Being or Decreased Friendship Activity?" *Activities, Adaptation, and Aging*, 12(1 – 2), 27 – 41.

41   Dykstra, P. A., and de Jong Gierveld, J. (2004). "Gender and Marital–History Differences in Emotional and Social Loneliness among Dutch Older Adults." *Canadian Journal on Aging*, 23, 141 – 55.

42   Pinquart, M., and Sorensen, S. (2000). "Influences of Socioeconomic Status, Social Network, and Competence on Subjective Well–Being in Later Life: A Meta–Analysis." *Psychology and Aging*, 15, 187 – 224.

43   Fiori, Katherine L., and Denckla, Christy A. (2015). "Friendship and Happiness Among Middle–Aged Adults." In Meliks,ah Demir (ed.), *Friendship and Happiness*. Dordrecht: Springer Netherlands, 137 – 54.

44   Cigna. (2018). *2018 Cigna U.S. Loneliness Index*. Cigna website, Studies and Reports, May 1, 2018. https://www.multivu.com/players/English/8294451–cigna–us–loneliness–survey/docs/IndexRepor

t_1524069371598−173525450.pdf.

45   Leavy, R. L. (1983). "Social Support and Psychological Disorder: A Review." *Journal of Community Psychology*, 11(1), 3 – 21.

46   Leavy. "Social Support and Psychological Disorder: A Review," 3 – 21.

47   Cohen, S. (1988). "Psychosocial Models of the Role of Social Support in the Etiology of Physical Disease." *Health Psychology*, 7, 269 – 97; House, J. S., Landis, K. R., and Umberson, D. (1988). "Social Relationships and Health." *Science*, 241(4865), 540 – 45.

48   Carstensen, Laura L., Isaacowitz, Derek M., and Charles, Susan T.(1999). "Taking Time Seriously." *The American Psychologist*, 54(3), 165 – 81.

49   Golding, Barry, ed. (2015). *The Men's Shed Movement: The Company of Men.* Champaign, IL: Common Ground Publishing.

50   Fallik, Dawn. (2018). "What to Do About Lonely Older Men? Put Them to Work." *The Washington Post*, June 24, 2018. https://www.washingtonpost.com/national/health−science/what−to−do−about−lonely−older−men−put−them−to−work/2018/06/22/0c07efc8−53ab−11e8−a551−5b648abe29ef_ story.html.

51   Christensen, Clayton M., Dillon, Karen, and Allworth, James. (2012). *How Will You Measure Your Life?* (1st ed.). New York: Harper Business.

52   Niemiec, C., Ryan, R., and Deci, E. (2009). "The Path Taken: Consequences of Attaining Intrinsic and Extrinsic Aspirations in Post−College Life." *Journal of Research in Personality*, 43(3), 291 – 306.

53   Thoreau, H., Sanborn, F., Scudder, H., Blake, H., and Emerson, R.(1894). *The Writings of Henry David Thoreau: With Bibliographical Introductions and Full Indexes. In ten volumes* (Riverside ed., vol. 7).

Boston and New York: Houghton Mifflin, 42 – 43.

제7장_ 두 번째 도약을 위한 은둔의 시간

1   In Sanskrit: वनप्रस्.

2   Fowler, James W. (1981). *Stages of Faith: The Psychology of Human Development and the Quest for Meaning* (1st ed.). San Francisco: Harper & Row.

3   Fowler, James W. (2001). "Faith Development Theory and the Postmodern Challenges." *International Journal for the Psychology of Religion,* 11(3), 159 – 72; Jones, J. M. (2020). "U.S. Church Membership Down Sharply in Past Two Decades." Gallup, November 23, 2020. https://news.gallup.com/poll/248837/church-membership-down-sharply-past-two-decades.aspx.

4   Marshall, J. (2020). "Are Religious People Happier, Healthier? Our New Global Study Explores This Question." Pew Research Center website. https://www.pewresearch.org/fact-tank/2019/01/31/are-religious-people-happier-healthier-our-new-global-study-explores-this-question/;McCullough, Michael E., and Larson, David B. (1999). "Religion and Depression: A Review of the Literature." Twin Research, 2(2), 126 – 36.

5   Miller, W. R., and Thoresen, C. E. (1999). "Spirituality and Health." In W. R. Miller (ed.), *Integrating Spirituality into Treatment: Resources for Practitioners.* Washington, DC: American Psychological Association, 3 – 18.

6   Koenig, Harold G. (2016). "Religion and Medicine II: Religion, Mental Health, and Related Behaviors." *International Journal of Psychiatry in*

Medicine, 31(1), 97–109.

7   Gardiner, J. (2013). *Bach: Music in the Castle of Heaven* (1st U.S. ed.). New York: Knopf, 126.

8   Saraswati, Ambikananda. (2002). *The Uddhava Gita.* Berkeley, CA: Seastone.

9   Longfellow, Henry Wadsworth. (1922). *The Complete Poetical Works of Henry Wadsworth Longfellow.* Boston and New York: Houghton Mifflin, 492.

10   Koch, S., ed. (1959). *Psychology: A Study of a Science: Vol. 3. Formulations of the Person and the Social Context.* New York: McGraw–Hill.

11   Pew Research. (2020). " 'Nones' on the Rise." https://www.pewforum .org/2012/10/09/nones-on-the-rise.

12   Scriven, Richard. (2014). "Geographies of Pilgrimage: Meaningful Movements and Embodied Mobilities." *Geography Compass*, 8(4), 249–61.

13   Santiago de Compostela Pilgrim Office (n.d.). "Statistical Report—2019." https://oficinadelperegrino.com/estadisticas.

14   Hahn, T. N., and Lion's Roar. (2019). *Thich Nhat Hanh on Walking Meditation.* Lion's Roar. https://www.lionsroar.com/how-o-editate-thich-nhat-hanh-on-walking-meditation.

15   Koyama, Kosuke. (1980). *Three Mile an Hour God.* Maryknoll, NY: Orbis Books.

16   Aks · apada.(2019). *The Analects of Rumi.* Self-published, 82.

제8장_ 약점을 강점으로 전환시켜라

1   고린도후서 12장 7–10절

2　가장 많이 알려져 있는 성흔으로는 '피에트렐치나의 성 비오'로도 알려져 있는 파드레 피오(피오 신부)의 성흔이 있다. 20세기 가톨릭계에서 신비한 인물로 알려진 그는 거의 평생 동안 성흔을 지니고 있었던 것으로 알려져 있다. 사도 바울이 성흔으로 고통받았다고 믿는 사람들은 갈라디아서에서 "나는 몸에 예수의 흔적을 가졌노라"라고 쓰여져 있는 6장 17절을 그 근거로 제시한다.

3　Landsborough, D. (1987). "St. Paul and Temporal Lobe Epilepsy." *Journal of Neurology, Neurosurgery and Psychiatry*, 50(6), 659 – 64.

4　디모데후서 4장 10–16절

5　Welborn, L. (2011). "Paul and Pain: Paul's Emotional Therapy in 2 Corinthians 1.1 – 2.13; 7.5 – 16 in the Context of Ancient Psychagogic Literature." *New Testament Studies*, 57(4), 547 – 70.

6　고린도후서 2장 4절

7　Thorup, C. B., Rundqvist, E., Roberts, C., and Delmar, C. (2012). "Care as a Matter of Courage: Vulnerability, Suffering and Ethical Formation in Nursing Care." *Scandinavian Journal of Caring Sciences*, 26(3), 427 – 35.

8　Lopez, Stephanie O. (2018). "Vulnerability in Leadership: The Power of the Courage to Descend." *Industrial-Organizational Psychology Dissertations*, 16.

9　Peck, Edward W. D. (1998). "Leadership and Defensive Communication: A Grounded Theory Study of Leadership Reaction to Defensive Communication." Dissertation, University of British Columbia. http://dx.doi.org/10.14288/1.0053974.

10　Fitzpatrick, Kevin. (2019). "Stephen Colbert's Outlook on Grief Moved Anderson Cooper to Tears." *Vanity Fair*, August 16, 2019. https://www.vanityfair.com/hollywood/2019/08/colbert−anderson−cooper−

father–grief–tears.

11 Frankl, V. (1992). *Man's Search for Meaning: An Introduction to Logothe rapy* (4th ed.). Boston: Beacon Press.

12 Freud, S. (1922). "Mourning and Melancholia." *The Journal of Nervous and Mental Disease*, 56(5), 543 – 45.

13 Bonanno, G. (2004). "Loss, Trauma, and Human Resilience." *American Psychologist*, 59(1), 20 – 28.

14 Helgeson, V., Reynolds, K., and Tomich, P. (2006). "A Meta–Analytic Review of Benefit Finding and Growth." *Journal of Consulting and Clinical Psychology*, 74(5), 797 – 816.

15 Andrews, Paul W., and Thomson, J. Anderson. (2009). "The Bright Side of Being Blue." *Psychological Review*, 116(3), 620 – 54. https://doi. org/10.1037/a0016242.

16 University of Alberta. (2001). "Sad Workers May Make Better Wor kers." *ScienceDaily*, June 14, 2001. www.sciencedaily.com/releases /2001/06/010612065304.htm.

17 Baumeister, Roy F., Vohs, Kathleen D., Aaker, Jennifer L., and Garbinsky, Emily N. (2013). "Some Key Differences Between a Happy Life and a Meaningful Life." *The Journal of Positive Psychology*, 8(6), 505 – 16.

18 Lane, David J., and Mathes, Eugene W. (2018). "The Pros and Cons of Having a Meaningful Life." *Personality and Individual Differences*, 120, 13 – 16.

19 Saunders, T., Driskell, J. E., Johnston, J. H., and Salas, E. (1996). "The Effect of Stress Inoculation Training on Anxiety and Performance." *Journal of Occupational Health Psychology*, 1(2), 170 – 86.

20   McCabe, B. (2004). "Beethoven's Deafness." *Annals of Otology, Rhino logy and Laryngology*, 113(7), 511 – 25.

21   Saccenti, E., Smilde, A., and Saris, W. (2011). "Beethoven's Deafness and His Three Styles." *BMJ, 343*(7837), D7589.

22   Saccenti, Smilde, and Saris. "Beethoven's Deafness and His Three Styles," D7589.

23   Austin, Michael. (2003). "Berlioz and Beethoven." The Hector Berlioz website, January 12, 2003. http://www.hberlioz.com/Predecessors/beethoven.htm.

제9장_ 물이 빠질 때 낚싯대를 던져라

1   Blauw, A., Beninca, E., Laane, R., et al. (2012). "Dancing with the Tides: Fluctuations of Coastal Phytoplankton Orchestrated by Different Oscillatory Modes of the Tidal Cycle." *PLoS One 7*(11), E49319.

2   Dante Alighieri. (1995). *The Divine Comedy* (A. Mandelbaum, trans.). London: David Campbell.

3   Ibarra, H., and Obodaru, O. (2016). "Betwixt and Between Identities: Liminal Experience in Contemporary Careers." *Research in Organizational Behavior*, 36, 47 – 64.

4   Feiler, B. (2020). *Life Is in the Transitions.* New York: Penguin Books.

5   Brooks, Arthur (host). (2020). "Managing Transitions in Life." In *The Art of Happiness with Arthur Brooks*, Apple Podcasts, August 4, 2020. https://podcasts.apple.com/us/podcast/managing-transitions-in-life/id1505581039? i= 1000487081784.

6   Hammond, M., and Clay, D. (2006). *Meditations.* London: Penguin Books Limited, 24.

7   Conroy, S., and O'Leary–Kelly, A. (2014). "Letting Go and Moving On: Work–Related Identity Loss and Recovery." *The Academy of Management Review, 39*(1), 67 – 87.

8   Ibarra and Obodaru. "Betwixt and Between Identities," 47 – 64.

9   Walker, W. Richard, Skowronski, John J., and Thompson, Charles P. (2003). "Life Is Pleasant—and Memory Helps to Keep It That Way." *Review of General Psychology, 7*(2), 203 – 10.

10   Baumeister, Roy F., Vohs, Kathleen D., Aaker, Jennifer L., and Garbinsky, Emily N. (2013). "Some Key Differences Between a Happy Life and a Meaningful Life." *The Journal of Positive Psychology, 8*(6), 505 – 16.

11   Baumeister, R. (1991). *Meanings of Life*. New York: Guilford Press.

12   Andreasen, N. C. (2008). "The Relationship Between Creativity and Mood Disorders." *Dialogues in Clinical Neuroscience, 10*(2), 251 – 55; Garcia, E. E. (2004). "Rachmaninoff and Scriabin: Creativity and Suffering in Talent and Genius." *The Psychoanalytic Review, 91*(3), 423 – 42.

13   Emerson, R. W. (2001). *The Later Lectures of Ralph Waldo Emerson, 1843–1871: Vol. 1. 1843–1854* (R. A. Bosco and J. Myerson, eds.). Athens: University of Georgia Press; Oxford Scholarly Editions Online (2018). doi:10.1093/actrade/9780820334622.book.1.

14   Sheehy, G. (1976). *Passages: Predictable Crises of Adult Life* (1st ed.). New York: Dutton.

15   Sheehy, *Passages*, 400.

16   Cook, Joan. (1971). "The Male Menopause: For Some, There's 'a Sense of Panic,'" *The New York Times*, April 5, 1971. https://www.nytimes.com/1971/04/05/archives/the–male–menopause–for–some–

theres-a-sense-of-panic.html.

17   Jaques, E. (1965). "Death and the Mid-Life Crisis." *The International Journal of Psychoanalysis*, 46(4), 502 – 14.

18   Druckerman, Pamela. (2018). "How the Midlife Crisis Came to Be." *The Atlantic*, May 29, 2018. https://www.theatlantic.com/family/ archive/2018/05/the-invention-of-the-midlife-crisis/561203.

19   Modern Elder Academy. https://www.modernelderacademy.com.

20   허락하에 인용함

21   Mischel, W., Ebbesen, E., and Raskoff Zeiss, A. (1972). "Cognitive and Attentional Mechanisms in Delay of Gratification." *Journal of Personality and Social Psychology*, 21(2), 204 – 18.

22   Mischel, Ebbesen, and Raskoff Zeiss. "Cognitive and Attentional Mechanisms in Delay of Gratification," 204 – 18.

23   Urist, Jacoba. (2014). "What the Marshmallow Test Really Teaches About Self-Control." *The Atlantic*, September 24, 2014. https://www. theatlantic.com/health/archive/2014/09/what-the-marshmallow-test-really-teaches-about-self-control/380673.

24   Emerson, R. (1979). *The Collected Works of Ralph Waldo Emerson: Vol. 2. Essays: First Series* (J. Carr, A. Ferguson, and J. Slater, eds.). Cambridge, MA: Belknap Press of Harvard University Press.

25   Jachimowicz, Jon, To, Christopher, Menges, Jochen, and Akinola, Modupe. (2017). "Igniting Passion from Within: How Lay Beliefs Guide the Pursuit of Work Passion and Influence Turnover." PsyArXiv, December 7, 2017. doi:10.31234/osf.io/qj6y9.

26   Izard, C. (n.d.). "Emotion Theory and Research: Highlights, Unanswered Questions, and Emerging Issues." *Annual Review of Psychology*, 60(1),

1 – 25.

27   Patz, Alan L., Milliman, John, and Driver, Michael John. (1991). "Career
      Concepts and Total Enterprise Simulation Performance." *Developments
      in Business Simulation & Experiential Exercises*, 18.

28   Gaffney, P., and Harvey, A. (1992). *The Tibetan Book of Living and Dying*
      (1st ed.). San Francisco: HarperSanFrancisco.

나가며_ 변화를 위해 기억해야 할 세 문장

1   Graves, Dan. "Augustine's Love Sermon." Christian History Institute
     website. https://christianhistoryinstitute.org/study/module/augustine.

2   Wallace, David Foster. (2009). *This Is Water: Some Thoughts, Delivered on
     a Significant Occasion, About Living a Compassionate Life* (1st ed.). New
     York: Little, Brown.

3   신명기 7장 5절

From Strength to Strength